考えてみよう
先住民族と法

小坂田裕子・深山直子・丸山淳子・守谷賢輔　編

信山社
6811-01011

は し が き

　日本政府に先立ってアイヌ民族を先住民族と認めた二風谷ダム事件判決（札幌地裁 1997（平成 9）年 3 月 27 日）から 25 年が過ぎた。同判決では、国内法である憲法だけでなく、国家間の法である国際法の一分野の国際人権法、中でも自由権規約という人権条約が決定的な役割を果たした。二風谷ダム事件判決から四半世紀、今度は、浦幌町を拠点とするアイヌ民族の集団、ラポロアイヌネイションがサケの漁業権確認訴訟を起こし、日本の裁判所は再び、国際人権法に向き合うことが求められている。

　この間、一定の展開が見られた。すなわち、2007 年 9 月に「先住民族の権利に関する国連宣言」（国連宣言）が採択されたことを受け、2008 年 6 月に衆参両院で「アイヌ民族を先住民族とすることを求める決議」が全会一致で採択された。これに続き、「政府としても、アイヌの人々が日本列島北部周辺、とりわけ北海道に先住し、独自の言語、宗教や文化の独自性を有する先住民族である」との認識を有する旨の内閣官房長官談話が発表された。さらに 2019 年 5 月に施行された「アイヌの人々の誇りが尊重される社会を実現するための施策の推進に関する法律」（アイヌ施策推進法）は、1 条でアイヌ民族を先住民族と明記した。

　二風谷ダム事件判決は、「土地、資源及び政治等についての自決権であるいわゆる先住権まで認めるか否かはともかく」と述べ、先住民族の自決権（自己決定権）や先住権までは踏み込まなかった。またアイヌ施策推進法も、アイヌ民族の自決権や先住権を認めておらず、そのことが批判の対象となっている。ラポロアイヌネイションによる訴訟提起は、まさにこの土地および資源に対する集団の権利、自決権や先住権を求めるものである。

　もともとサケはアイヌ民族にとって食料として、また衣服等の材料として生活の重要な資源であったが、明治政府が環境保全の名の下で河川でのサケ漁を法により次第に禁止していったという経緯がある。ラポロアイヌネイションの訴訟提起は、日本の近代化の過程に対して異議を申し立て、自分達の権利を回復する運動といえる。このような権利を規定する国内法が存在しないため、ラポロアイヌネイションの主張の法的基盤として自由権規約や国連宣言等の国際人権法が重要な役割を果たしている。

はしがき

　アイヌ民族と同様の経験をもつ先住民族は、世界各地に存在する。すなわち、先住民族の多くは、その歴史の中でときに法に基づいて、土地や資源を剥奪され、自らの文化や言語を禁止される等して、抑圧されたり同化を強制されたりしてきた。

　しかし、現在、先住民族の中には、自ら法形成に参加したり、既存の法の解釈を発展させたりすることによって、権利回復や権利主張を行う者も出てきている。このような法として、特に注目されるのが、国際人権法、中でも、国連宣言である。西欧起源の伝統的人権とは異なり、自由権規約と社会権規約から成る国際人権規約は共通１条で人民の自決権を規定する等、国際人権法は集団の権利を認めている。先住民族がその対象となるかについては争いがあったが、国連宣言３条は明確に先住民族を自決権の主体として認めた。国連宣言は国際人権法の一部に位置付けられるが、当初から先住民族自身が起草過程に参加し、自分達の声を反映させたものとして重要である。日本では、ラポロアイヌネイションの漁業権確認訴訟のみならず、琉球民族遺骨返還請求訴訟においても、国連宣言や自由権規約に依拠した訴えが提起されている。なお、日本政府は琉球／沖縄の人々を先住民族と認めていないが、人種差別撤廃条約の監視機関である人種差別撤廃委員会等からは先住民族と認めるよう勧告を受けている。

　その一方で、編者の２人である小坂田裕子と丸山淳子は、2016 年５月にニューヨークで開催された国連先住民族問題に関する常設フォーラム（PFII）15 会期に参加した際に、国連宣言が果たして多様な先住民族にとって本当に役に立つものなのか、という共通の問題意識をもった。例えば、国連宣言は、先住民族集団との協議や同意を前提とした国家の義務規定を多数おいているが、集団内の意見を集約するような代表機関をもたない先住民族も少なからず存在する。そのような場合、先住民族はどうしたらいいのだろうか。あるいは、国家はそのことを理由に、国連宣言の適用を拒絶しうるだろうか。先住民族社会の多様性という困難さにも関わらず見出されうる国連宣言の意義とは何かについて、改めて向き合う必要がある。

　また、法が往々にして先住民族にとっては異文化に依拠している、あるいは法を利用するためには専門的な知識が必要とされる等といったことから、法による権利回復の困難さが指摘されることもある。実際、小坂田が 2018 年８月にアラスカのアンカレッジとバローにおいて、現地の先住民族であるイヌイットを主たる対象に行なった聞き取り調査では、国連宣言を利用したいが、利用の仕方が分からないといった意見も聞かれた。

iv

　以上のことを踏まえて、本書は、歴史においても現状においても密接だが複雑な先住民族と法の関係を、法学、人類学、政治学、考古学、地域研究等の多様な視点から解きほぐすことを目的としている。各章は、対象としている地域やテーマは多様であるが、近年、先住民族運動において使用されることが増えてきた、国際人権法、特に国連宣言に可能な限り言及している。そして国連宣言が、先住民族、国家、国際機関等に対して、具体的にどのような影響を与えたのか／与えなかったのかを明らかにし、その意義と課題を検討することを目指している。ただし、各章の見解はあくまで執筆者のものであり、全体に共有されるものでないことを断っておく。

　なお、本書の素敵な表紙の基となるアイヌ文様は、アイヌの文化伝承者として著名な山本多助さんの次女、広野とよさんの着物をベースにしたもので、この着物を受け継いだ平良智子さんに提供していただいた。本書の表紙は、「一般社団法人阿寒アイヌコンサルン」の認証を得ている。阿寒アイヌコンサルンの代表理事である廣野洋さんは、海外の先住民族との交流を通じて、観光や芸術分野で先住民族の特性が活かされており、その収益が先住民族の生活を支える仕組が整っていることに刺激を受けたという。廣野さんらは、これをアイヌ文化に応用できないかを考え、アイヌの知的財産権を保護しながら文化を広く発信するために、阿寒アイヌコンサルンを立ち上げた。まさに先住民族の国際的な交流に基づいた権利回復の試みの１つといえ、本書の内容と重なる部分があることから、文様の提供を依頼したものである。

　最後に謝辞を述べたい。本書では、多様な専門分野の研究者に執筆していただいた。御礼申し上げる。また、大島崇彰さん（東京都立大学博士後期課程）と鈴木海斗さん（マギル大学／一橋大学博士後期課程）には、編集助手として、原稿の細かなところまでチェックしていただいた。感謝を申し上げるとともに、彼らが次世代の研究者として順調に成長されることを願う。編者らの様々な要求にめげずに付き合ってくださった信山社の今井守さんにも感謝したい。ここではお名前をあげることのできなかったが、編者らをサポートしてくださっている多くの方に、厚く御礼申し上げる。

　本書は、科研費基盤研究Ｂ「『先住民族の権利に関する国連宣言』の実効性—先住民族・国家・国際機関への影響」（課題番号：18H00810）の成果の一部である。

編者一同

〈目 次〉

目　次

考えてみよう

先住民族と法

序　章

なぜ先住民族と法を考えるのか

小坂田裕子

1. 本書の目的および主たる問題意識

(1) 本書の目的

　世界には少なくとも3億7千万人の先住民族が存在するといわれる。それは世界人口の5％にあたるが、先住民族は世界の貧困層の15％を、さらに最貧困層の3分の1を占めるとされる。先住民族は社会の中で最も周辺化された存在といえる。このような先住民族の苦難は今に始まったことではなく、多くの場合、植民地化や近代国家形成の時期にまでさかのぼる。すなわち先住民族の多くは、その歴史の中で、土地や資源を剥奪され、自らの文化や言語を禁止される等、迫害や同化といった経験をもつ。植民地化や近代国家形成のプロセスにおいて、植民者あるいは国家は、ときに国内法や国際法といった法を駆使して、先住民族をそのような惨状に陥れたのである。

　しかし、現在、先住民族の中には、権利回復や権利主張を行う過程で、自ら法形成に参加したり、既存の法の解釈を発展させたりする者も出てきている。先住民族が自ら法形成に参加した法として、特に注目されるのが、国際法の一分野である国際人権法、中でも2007年9月13日に国連総会で採択された「先住民族の権利に関する国連宣言」（国連宣言）である。西欧起源の伝統的人権とは異なり、国際人権法は、「市民的及び政治的権利に関する国際規約」（自由権規約）と「経済的、社会的及び文化的権利に関する国際規約」（社会権規約）という2つの人権条約から構成される国際人権規約共通1条で人民の自決権を規定する等、集団の権利を認めている。先住民族がその対象となるかについては争いがあったが、国連宣言3条は先住民族を自決権の主体として認め、さらに詳しくは第1章で見るように、国連宣言採択に前後して、複数の人権条約機関でも

先住民族の集団の権利を認めるようになっている。国連宣言は国際人権法の一部に位置付けられるが、当初から先住民族自身が起草過程に参加し、自分達の声を反映させたものとして重要である。

　もっとも、法による先住民族の権利回復は容易ではない。まず先住民族は、多くの場合、国家におけるマイノリティであるため、民主的なプロセスを通じた立法による権利回復は非常に困難である。実際、国内法は先住民族の価値観を取り入れていないことが一般的である。先住民族の価値観を取り入れることは、マジョリティにとって、自分達が当然と思っている価値や考え方を覆すことになるため、受け入れがたいのである。しかも、マイノリティの権利の最後の砦であるはずの国内裁判所を通じた訴えも、先住民族が苦戦するケースが少なくない。その理由は各国により異なりうるだろうが、既に述べた国内法の性質に加え、裁判官の多くが非先住民族であることも、その一因であろう。さらに、ときに法の利用には専門的知識を要することが、法による先住民族の権利回復を阻むこともある。

　このようにみてくると、先住民族と法の関係は、法が先住民族の迫害や同化の道具となったり、先住民族の権利回復運動の支えとなると言われたり、しかし本当に支えになるのかには疑問もあったりと、極めて複雑であることがわかる。この複雑な関係性に、法学、人類学、政治学、考古学、地域研究等、異なる専門分野の研究者が、具体的なケースを示しながら考察し、その一端を明らかにすることが本書の目的である。

　本書は、多様な専門分野の研究者の対話から生み出された。本書作成の過程で行われた学際的対話は、それぞれの分野の研究者が、自らの弱点を認めた上で、それを互いに補い合う作業でもあった。例えば、法学者は憲法や国際人権法の知識はあるが、具体的な当事者へのその影響を把握するには、人類学者の草の根レベルでの現地調査に基づく知見や、政治学者による国内政治における法の役割の検討が必要、といった具合である。ただし、各章の見解はあくまで執筆者のものであり、全体に共有されるものでない。

(2) 主たる問題意識

　本書の主たる問題意識は、国連宣言をはじめとする国際人権法の限界がどこにあるのかを見極めつつも、先住民族、国家、国際機関に対する影響力を明らかにすることにより、その意義を示すことにある。各章では、先住民族と法の

関係について広く考察しているが、近年、先住民族運動において使用されることが増えてきた、国際人権法、特に国連宣言に可能な限り言及してもらった。

　国連宣言が国連総会で採択されてから 10 年が経過した 2017 年、先住民族に関する国連諸機関では、宣言の実施状況に関する総括がおこなわれた。国連宣言の実効性が検討されたわけだが、その際には裁判所による言及の有無に主な焦点があてられた。しかし、真の実効性を考える上では、裁判所だけを対象にしたのでは不十分であり、行政・立法機関や、当事者である先住民族の権利運動、人権・環境・開発・貿易・投資等、多分野の国際機関に国連宣言がいかなる影響を与えたか、あるいは与えなかったかのより包括的な検討が必要である。

　また、先住民族の権利運動を支える国際法的ツールは、国連宣言だけではない。先住民族の権利を規定する ILO 第 169 号条約や、先住民族に関する規定はないが、人権条約機関の実行の発展を通じて、先住民族の権利を保障するようになった自由権規約や人種差別撤廃条約等の既存の人権条約がある。国連宣言とこれらの人権条約は相互に影響を与えあっている。すなわち国連宣言 3 条は、先住民族の要請に基づき、国際人権規約共通 1 条と主語以外は同じ文言で、自決権を規定する等、既存の人権条約を参考にして作成された条項も複数存在しており、人権条約は国連宣言の基礎となっている。また、国連宣言の影響を受けて複数の人権条約機関はその実行を発展させ、先住民族の権利を保障するようになっている。例えば、米州人権裁判所やアフリカ人権裁判所といった地域的人権裁判所では、それぞれ米州人権条約や人および人民の権利に関するアフリカ憲章（バンジュール憲章）といった既存の人権条約が援用され、先住民族の集団の権利の保障につながっているが、その解釈に際して国連宣言が参照される場合がある。そして先住民族が国内裁判所において権利主張を行うにあたっては、国連宣言だけでなく、人権条約や慣習国際法の援用も行うことが多い。

　そのため本書は、国連宣言をはじめとする国際人権法が、多様な先住民族とそれに関する様々な問題に対してどのような意味を持つのか、具体事例を通じて考察することを試みている。

2. 訳語と先住民族の定義について

(1) 本書における訳語について

　本書では、"indigenous peoples"の訳語として、原則として、「先住民族」を用いている。1993年のウィーン世界人権会議では、"indigenous people"（「先住民」と訳されることが多い）という用語が使われた。それに対して、国連宣言の起草作業では、先住民族代表は、国際人権規約共通1条の人民の自決権（right to self-determination of peoples）が自らにも適用されることを明記するよう要求し、規約と同じ"peoples"という用語を使うよう固執した。その結果、ウィーン世界人権会議で用いられた"indigenous people"ではなく、"indigenous peoples"という用語が国連宣言では用いられている。こうした経緯を背景に、先住民族の自決権を強調する活動家を中心に、"indigenous peoples"の訳語に、"indigenous people"の訳語として用いられることの多かった「先住民」ではなく、「先住民族」を使うことが提唱された。この点は、未だに議論のあるところで、各研究者によって使用法は異なるが、初学者向け分野横断という本書の性質に鑑み、混乱を招かないように、原則として「先住民族」という用語で統一した。各章の執筆者の判断で「先住民」等の他の用語を使用する場合には、その旨を明記している。

　また本書では、"right to self-determination"の訳語として、国際法で一般的に用いられる「自決権」を原則として使っている。ただし、"right to self-determination"は、「自己決定権」と訳される場合もある。これについても議論のあるところだが、本書の性質に鑑み、原則として「自決権」で統一し、各章の執筆者の判断で「自己決定権」を使用する場合にはその旨を明記している。

　なお、本書は初学者向けのため、本文中には基本的に引用を入れていないが、末尾の参考文献に基づいて執筆されている。ただしこの点もまた、各章の執筆者の判断で引用を本文中に入れる場合もある。

(2) 先住民族の定義について

　本書で扱う先住民族とは誰のことを指すのだろうか。先住民族の地位や権利に関する議論が最初に盛んになったのは、アメリカ大陸やオーストラリア等のいわゆる入植国家であったため、当初は、先住民族とは、ヨーロッパ系入植者より「先に」暮らしていたことが自明である人々という理解が漠然と存在して

いた。ところが、1990年前後には、アジアやアフリカのエスニック・マイノリ
ティが先住民族運動に参加するようになり、従来の先住民族概念の問い直しを
迫るようになった。こうした先住民族運動の拡張の過程は、アジアやアフリカ
の各国政府の反対を受けつつも、国連宣言起草過程や人権条約機関による先住
民族の理解に少なからず影響を及ぼしている。

　国連宣言には先住民族の定義は存在しない。ただし国連では1983年に特別
報告者のホセ・マルチネス・コーボが提出した「先住民への差別問題に関する
研究」報告書の中で示した先住民族の「作業上の定義」が広く普及してきた。

　　「先住の共同体、人民および民族は、彼／彼女らの領域に発達した侵略前や
　植民地化前の社会との歴史的継続性を保ちながら、その領域またはその一部
　で現在優勢である他の社会集団から自らを異なっていると考える人びとであ
　る。彼／彼女らは、現在、社会の被支配的な集団を形成しており、自らの独
　自の文化様式、社会制度および法制度に従って、自らが民族として継続的に
　存在するための基礎として、その先祖伝来の領域と民族的アイデンティティ
　を維持し、発展させ、将来世代に伝えることを決意している。」

　コーボは、この作業上の定義を示す前に、定義は本来、先住民族自身に委ね
られるべきもので、自らを先住民族と決定する権利が先住民族に認められなけ
ればならないことを強調している。作業上の定義における先住民族の要素は、
先に住んでいたことを示す先住性、歴史的継続性、文化的独自性、被支配性、
自己認識の5つに集約でき、自己認識がその中心に位置付けられていた位置付
けられていた。

　1983年の作業上の定義に対しては、「侵略前や植民地化前の社会との歴史的
継続性」を要求しているため、従来の先住民族概念から脱しきれていないとい
う評価がある一方で、逆に1972年段階の作業上の定義と比べると、侵略者等が
「世界の他の地域から」来ることを要求していないため、アフリカやアジアのエ
スニック・マイノリティも先住民族に包含されるようになったという評価もあ
る。この点、コーボ自身は、従来の先住民族概念に含まれない民族も「先住民
族」とみなされるべきことを主張しており、実際、この作業上の定義を前提と
する研究には、アジアの民族も対象として含まれていた。もっとも、この作業
上の定義は、上述のように先住性を要求していたため、ある地域に他の民族よ
り先に暮らしていた証拠がないことも多いアジアやアフリカのエスニック・マ

イノリティは、この定義から外れると解される余地があった。

　実際、国連宣言の起草作業では、1980年代から1990年代前半にかけて、国連宣言草案がアジアおよびアフリカのエスニック・マイノリティにも適用されうるのかが、しばしば議論された。起草作業に参加したアジアおよびアフリカのエスニック・マイノリティの代表達は、自らがおかれている苦境がヨーロッパ植民地主義の産物としての先住民族の経験に類似していることを主張し、国連宣言草案の適用対象として自分達を含めるよう要求した。

　1994年に国連人権委員会差別撤廃・少数者保護小委員会で採択された国連宣言草案（小委員会草案）には、「自らを先住民族と認定しかつ認められる権利」を含む、自己アイデンティティを維持・発展させる個人および集団の権利を規定しており、先住民族の認定権は政府ではなく、先住民族自身にあることが明確にされた。小委員会草案は先住民族の定義を含んでいなかったが、その原案を作成した同委員会議長のエリカ・イレーネ・ダエスは、1996年に提出した「『先住民族』の概念について」と題する文書において、その理由を次のように述べていた。ダエスは、先住性を先住民族の必要条件とは捉えないことを示した上で、「いかなる単一の定義も世界中の先住民族の多様性を捉えることができておらず、同じ定義の中で明確性と限定性を達成しようとしたすべての過去の試みは、大いなる曖昧さに行きついた。さらに、普遍的な定義にたどり着くことは、望ましくも可能でもない」と説明した。

　その後、ある領域に最初に暮らしていた証拠に乏しいアジアおよびアフリカのエスニック・マイノリティを含めて、普遍的に宣言を適用すべきという考え方は、1990年代後半には、国連宣言起草作業に参加した多くの国家代表および先住民族組織によって共有されていった。宣言を実行可能なものにするために普遍的に受諾されうる定義を行うべきと主張するアメリカ等の国家代表もいたが、多くの国家代表および先住民族組織は、歴史的および民族的複雑さを考慮すれば、すべての状況をカバーする普遍的な定義は不可能であるという点で一致していたという。もっとも、小委員会草案では先住民族の自己認定権が規定されていたので、普遍的な定義は不要でもあった。

　小委員会草案を基に、その後の議論も考慮して先住民族の権利宣言草案作業部会で作成された新たな草案が2006年6月に国連人権理事会採択された（人権理事会草案）。人権理事会草案では、小委員会草案同様、先住民族の定義は存在しなかったが、政府の中には、先住民族の認定権を国家に帰属させたいと望

むものもあり、それを受けて、小委員会草案では規定された先住民族の自己認定権が人権理事会草案では削除されてしまった。

　先住性が先住民族の必要条件でなくなり、かつ先住民族の自己認定権が削除されてしまった以上、宣言の適用対象である先住民族と対象でないエスニック・マイノリティをどう区別するのかについて、少なくとも条文上は、解決策はない。この点、多くの先住民族は自己認定権が自決権の表れとして自らにあることを主張しており、コーボも ILO 第 169 号条約も、また第 1 章でみるようにアフリカ人権委員会も自己認識の重要性を認めている。国連宣言実施の時代においても、先住民族の認定権をめぐる先住民族と国家の駆け引きは続いているが、少なくとも、国際人権法においては自己認識の尊重が志向されている。

　先住民族の定義をめぐる以上のような議論を念頭において、本書では、アメリカ、カナダ、オーストラリア、ニュージーランドといったいわゆる入植国家の先住民族だけでなく、従来は先住民族という切り口で論じられてこなかった人々も考察の対象としている。

3.　本書の構成と各章の紹介

　本書は以下のように構成されている。まず第 1 部「多様なテーマから考える」では、国連宣言をはじめとする国際人権法の他の法分野への影響について考えることを目指している。各章の中心論点は、必ずしもこれに限定されるわけではないが、先に述べた本書の主たる問題意識に基づいて、次のように分類、順番を決めている。まず第 1 章で、国連宣言の採択を通じて、先住民族と国際法の関係がどのように変化したのかが明らかにされる。その後、国連宣言をはじめとする国際人権法の影響が認められる分野として、影響が強いと思われる順に、第 2 章の開発、第 3 章の世界遺産、第 4 章の遺骨返還が取り上げられる。

　第 2 章では、開発分野において、人権条約や国連宣言に基づく先住民族の権利が、国内裁判所や世界銀行を通じて、いかに保護されているのかが論じられている。第 3 章では、国連宣言に具体化された先住民族の権利は、世界遺産委員会が決定する作業指針に組み入れられ、世界遺産条約と国際人権法との矛盾・抵触は、文面上は克服されたが、「排除から包摂への転換」にはまだ多くの課題が残されていることを明らかにしている。第 4 章は、アメリカの連邦法「アメリカ先住民族墓地保護・返還法」は、その制定は独自に行われたが、国連

宣言で示された先祖の遺骨や副葬品等の返還に関する理念を具現化するための模範として位置付けられると指摘し、日本を含む各国において先住民族の法的立場や法体系に合わせて適宜参照されてきたと論じる。

　続く第5章の国際投資と第6章の貿易は、先住民族の権利について言えば、国連宣言をはじめとする国際人権法の影響が一般的にほとんど認められないとされる分野である。ただし、第5章では、投資仲裁において原告である先住民族が国連宣言の内容が慣習国際法になっていると主張し、裁判所が先住民族団体との協議義務が慣習国際法上の義務であることを確認したケースに言及している。第6章では、原則として、すべてのアザラシ製品のEUへの輸入や域内販売を禁止する措置を導入するEC規則の執行停止を求めたEU司法裁判所での訴訟において、先住民族側が国連宣言違反を主張したケースに着目し、国連宣言が条約ではないので義務が生じない等として認められなかった点に触れている。

　第2部「国や地域の中で考える」では、国連宣言をはじめとする国際人権法が、それぞれの国や地域にどのような影響を与えたのかについて考えることを目指している。こちらも各章の中心論点は、必ずしもこれに限定されるわけではないが、先に述べた本書の主たる問題意識に基づいて、国連宣言をはじめとする国際人権法の影響が強いと考えられる順に並べた。なお、原則として国ごとに分析をおこなっているが、地域をまたいで一定の共通性が認められる場合は、地域として分析をおこなった。

　まず、国連宣言をはじめとする国際人権が先住民族の権利に関する国内法または政策の形成に影響を与えている地域として、第7章のオーストラリア、第8章のラテンアメリカ、第9章の北欧が取り上げられる。第7章では、オーストラリア先住民族の立法措置や行政の対応は、国際的な先住民族の権利をめぐる動きに呼応したものであったとしつつも、近年のオーストラリア政府による国連宣言の集団の権利や自由意思による事前の十分な情報に基づく同意（FPIC）の捉え方に警鐘を鳴らす。第8章は、ラテンアメリカにおいて先住民族の権利に関する法整備は、ILO第169号条約を批准した結果、進んできた面があり、特にボリビアでは国連宣言を国内法とする立法もおこなわれたが、それらの国内法が執行されない実態を明らかにし、その理由を考察している。第9章は、北欧のうちノルウェーでは、先住民族の主体的な運動が国内でのサーミの復権とそれを保障する国内法（サーミ法等）の整備につながり、復権の進展

をベースにした ILO 第 169 号条約の批准により更なる国内法（フィンマルク法）の制定が実現し、その動きがさらに北欧全体の先住民族の復権を後押しする可能性をもつ北欧サーミ条約の起草につながったことを論じている。

　次は、先住民族の権利を承認する国内法の形成は独自におこなわれてきたが、国連宣言をはじめとする国際人権法の影響も一定程度見られる地域として、第 10 章のカナダ、第 11 章の台湾、第 12 章のニュージーランド、第 13 章のアメリカ合衆国があげられる。第 10 章では、カナダでは国際的な潮流とは独立して、憲法に基づく先住民族の権利保障がなされてきたが、2021 年に連邦法と国連宣言の両立確保のために必要なあらゆる措置をとることを義務付ける国内法が成立したことを指摘する。第 11 章では、国連宣言は、ある種の「権威」として、間接的に台湾政府の原住民族政策に影響を及ぼしてきたが、原住民族による権利要求は、国連宣言や人権条約の監視制度を直接利用するのではなく、国内外の政治・社会状況を見据えながら展開されてきたことを論じる。第 12 章は、イフマータオにおける開発反対運動で、比較的若年のマオリが国連において国連宣言や自由権規約、人種差別撤廃条約等に言及した訴えをおこない、積極的な解決を得る結果に結びついたことに注目する。第 13 章では、アメリカ合衆国では近年の先住民族の権利運動において国連宣言に言及される等、一定の影響は認められるが、本章で焦点をあてた連邦インディアン法の形成についていえば、基本的に国際法の影響は受けていないことを強調する。

　最後に、国による先住民族の権利の承認には至っていないが、権利運動のレベルで国連宣言をはじめとする国際人権法が利用されている地域として、第 14 章のボツワナ、第 15 章および第 16 章の日本を取り上げた。第 14 章は、先住民族の権利という考え方が中央カラハリ動物保護区の立ち退き問題という事例に関して一定の成果を生んだことは間違いないとしつつも、それと同時に、アフリカの文脈におけるこの考え方の使いにくさ、なじみにくさを露呈させたことを論じる。第 15 章は、国連宣言の採択を機に、アイヌ民族が先住民族と認められたことを指摘するが、「アイヌの人々の誇りが尊重される社会を実現するための施策の推進に関する法律（アイヌ施策推進法）」には先住民族としての権利は何も認められておらず、アイヌ民族への理解が国民に広がらなければ権利の議論はできないという視点も変わらず、本質的な課題は未解決なままであることを確認する。第 16 章は、琉球／沖縄の人々は国から先住民族として認定されていないが、人権条約諸機関から先住民族として認めるよう勧告を受けてい

ること、また米軍基地や遺骨返還といった琉球／沖縄が抱える問題について、国連宣言が根拠の１つとして援用され、権利運動がおこなわれていることに注目する。

　以上のように、多様な視点から先住民族と法の関係を考察する彩り豊かな章から、本書の主たる問題意識である国連宣言をはじめとする国際人権法の意義が明らかになると同時に、その限界も浮かび上がってくるだろう。それによりこのような法がもつ先住民族、国家、国際機関に対する真の影響力が明らかになり、過度に楽観することも、過度に悲観することも避けながら、これら当事者による有意義な利用に結びつくのではないかと考えている。そのことを通じて、法の周辺に位置付けられ、国内法や国際法の正当性に疑問を提起する先住民族が、国際人権法を道具にしながら、それらを鍛えなおすことにつながるのであれば幸いである。

【参考文献】

小坂田裕子『先住民族と国際法——剥奪の歴史から権利の承認へ』（信山社、2017 年）

Patrick Thornberry, *Indigenous Peoples and Human Rights*, Manchester University Press, 2002

United Nations, *State of the World's Indigenous Peoples*, U.N. Doc ST/ESA/328, 2008

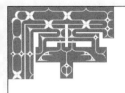

第 1 部
多様なテーマから考える

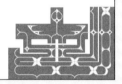

第1章　国連宣言

先住民族と国際法の関係はどのように変化したのか

小坂田裕子

1. はじめに

　国際法とは、国家間に適用される法である。主な国際法の成立形式として
は、「条約」と国際社会における慣行の積み重ねが法として認識された「慣習国
際法」がある。本章では、先住民族と国際法の関係がどのように変化してきた
のかについて、先住民族の権利運動の1つの到達点である「先住民族の権利に
関する国連宣言」（国連宣言）を中心に検討しながら、明らかにする。

2. 近代国際法による先住民族の土地の剥奪

　先住民族は、自らを国際法の被害者として位置付けてきた。先住民族の多く
は植民地化や近代国家形成プロセスにおいて、先祖伝来の土地を剥奪され、大
量殺戮や強制同化の対象となる等、抑圧・差別の歴史をもつが、先住民族をそ
のような惨状に陥れる理論的道具を提供したのは、近代国際法だったからであ
る。その例として、伝統的な領域取得方式である「先占」と「割譲」をあげる
ことができる。先占とは、国家が領有意思を示して、いずれの国家の領域にも
属さない地域（無主地）を実効的に占有して取得する方式で、欧州諸国が植民地
を獲得する際に用いた。注目すべきは、対象領域にある程度の社会的・政治的
組織を備えた先住民族が居住していても、ヨーロッパ近代国家の「文明」基準
を満たしていないとして、無主地とみなされたことである。また割譲とは、2
つの国家の合意に基づいて、領土の一部を一方から他方に譲り渡す方法であ
る。西欧諸国は、先住民族の首長と条約を締結する場合もあったが、そこには

割譲規定が含まれることもあった。しかしそれは、先住民族を強制したり、領域や条約といった西欧的観念に対する無知を利用したりして条約を締結させた側面を否定できない。

3.　国連宣言の意義と課題

　では、現代国際法、特に第二次世界大戦後の国際人権法の登場により、先住民族の位置付けはどのように変化したのだろうか。以下では、現代国際法における先住民族の権利の発展について、国連宣言を主軸にしてみていく。

(1)　国連宣言採択までの道のり

　欧米諸国からなる文明国のみに一人前の法主体性を認めた近代国際法とは異なり、現代国際法は主権国家の平等を掲げており、文明基準に基づく無主地概念はもはや認められない。もっとも、第二次世界大戦後、人権条約が制定されるようになった国際人権法の創成期においてさえ、先住民族は同化により最終的には消滅すべき存在とみなす考えが支配的であった。1957年に採択されたILO第107号条約は、先住民族の権利を明文化する初めての国際条約であったが、先住民族を同化し、国家に統合すべきことを基本方針としていた（2条）。

　国際的および国内的に最も周辺化された存在である先住民族の声が国際社会に届くようになるのは、1970年代以降のことである。1960年代に成功したアフリカ系アメリカ人の公民権運動の影響を受けて、北アメリカで先住民族の権利運動が活発化し、1970年代半ばには地域的、国際的志向をもつ組織が誕生するようになる。このような動きを受けて、国連も先住民族問題に関心を向けるようになる。1982年には、国連人権委員会が先住民作業部会（WGIP）を設置し、1985年からWGIPで国連宣言の起草作業が始められた。

　WGIPの注目すべき点は、国連機関の中で初めて、国連との協議資格をもたないNGOや先住民族組織の代表に参加が認められており、先住民族も各国政府代表もオブザーバー資格しか与えられておらず対等の地位におかれたことである。それゆえWGIPの議論に基づいて作成された草案は、先住民族の声を多く反映しており、1994年に国連人権委員会差別撤廃・少数者保護小委員会において無修正で採択された（小委員会草案）。ところが、小委員会草案の検討が行われた先住民族の権利宣言草案作業部会（WGDD）では、政府代表のみが議決

権をもち、先住民族はオブザーバーとなった。先住民族代表は、小委員会草案
の無修正一括採択を求めたが、わずかな政府代表がそれを支持したのみだった
ため、こう着状態が続いた。しかし、2006年2月、原則的には無修正派であっ
たWGDD議長のペルー大使が、小委員会草案を基礎に、WGDDでの議論の成
果を議長権限で新たな草案にまとめ、これを廃止直前の国連人権委員会に提出
した。その後、新設された人権理事会でこの草案が賛成多数で採択され（人権
理事会草案）、国連総会に送付されることが決定した。人権理事会草案はまず国
連総会第三委員会で審議され、若干の修正を施した後、2007年9月13日、国連
総会本会議で、賛成144か国、反対4か国（アメリカ、オーストラリア、カナダ、
ニュージーランド: CANZUS）、棄権11か国で採択された。採択された国連宣言
は、小委員会草案と比べると、表現が弱められた箇所も少なからず存在するが、
先住民族自身が参加して、先住民族が直面する様々な問題に対応する包括的な
権利が国際的に承認された意義は大きい。

(2) 国連宣言の内容

　国連宣言の内容の特徴として、まず、先住民族の定義が行われていないこと
を指摘できる。国連宣言を実行可能なものにするためには普遍的に受諾されう
る定義を行うべきと主張するアメリカ等の国家代表もいたが、多くの政府代表
および先住民族代表は、先住民族のおかれている状況の多様性からすれば、普
遍的な定義は不可能であるという点で一致していた。しかし、その意図は必ず
しも同じではなく、国連宣言の国内レベルにおける適用対象は、各国の決定に
委ねられるべきとする政府代表が複数存在したのに対して、先住民族代表は、
先住民族性について自ら定義する権利を自決権の一部として有すると主張し
た。

　次に特筆すべきは、国際文書として初めて、先住民族の自決権が明記された
ことである。国連宣言3条は、植民地従属人民の外的自決権としての分離独立
の権利を含む国際人権規約共通1条と、主語以外は同じ規定になっているた
め、多数の政府代表が領土保全を害されることへの懸念を表明した。先住民族
代表は、必ずしも分離独立の権利を求めなかったが、規制のない自決権に固執
することで、国家と平等な立場にあることを主張してきた。しかし、最終的に
は、46条2項における領土保全への言及に応じた。それは、分離独立の権利を
除けば、自決権を含めて、多くの国家代表の合意を得られる可能性が高いとい

国連宣言

1条	集団および個人としての人権の享有
2条	平等の原則、差別からの自由
3条	自決権
4条	自治権
5条	国政への参加と独自の制度の維持
6条	国籍に対する権利
7条	生命、身体の自由と安全
8条	同化を強制されない権利
9条	共同体に属する権利
10条	強制移住の禁止
11条	文化的伝統と慣習の権利
12条	宗教的伝統の権利、儀式用具と遺骨の返還
13条	歴史、言語、口承伝統の権利
14条	教育の権利
15条	教育と公共情報に対する権利、偏見と差別の除去
16条	メディアに関する権利
17条	労働権の平等と子どもの労働への特別措置
18条	意思決定への参加権と制度の維持
19条	影響する立法・行政措置に関する事前協議
20条	民族としての生存および発展の権利
21条	経済的・社会的条件の改善と特別措置
22条	高齢者、女性、青年、子ども、障害者等への特別措置
23条	発展の権利の行使
24条	伝統的医療と保健の権利
25条	土地、領域、資源との精神的つながり
26条	土地、領域、資源に対する権利
27条	土地、資源、領域に関する権利の承認
28条	土地、領域、資源に関する救済を受ける権利
29条	環境に対する権利
30条	軍事活動の禁止
31条	文化遺産、伝統的知識等に関する知的財産権
32条	開発に関する権利と影響を受ける事業に関する事前協議
33条	アイデンティティと構成員決定の権利
34条	独自の慣習と制度を発展させ維持する権利
35条	共同体に対する個人の責任
36条	国境によって分断されている先住民族の権利
37条	先住民族と国家の間の条約や協定の遵守と尊重

う合理的計算があったからと考えられる。

　国連宣言では、自決権を筆頭に、多くの集団の権利が認められた。起草過程では、いくつかの政府代表から集団の権利を受け入れられないとする発言がおこなわれていた。例えば、アメリカ代表は、人権は集団に対抗して個人の権利を促進および保護するものであるから、先住民族に集団の権利を認めることは混乱を招くとして、「民族的、宗教的、および言語的マイノリティに属する者の権利宣言」(1992年)でとられている個人の権利アプローチをとるように主張した。しかし、先住民族代表は、集団の権利が先住民族の社会関係および意思決定にとって本質的であることを強調し、それが認められたのである。

　国連宣言で認められた集団の権利の中でも土地および資源に対する権利は重要だ。かつて西欧諸国が先住民族の居住する土地を無主地とみなし、先占理論に基づいて自国領域に編入・支配してきたことは植民地主義と同様に不当なものであるとして、先住民族は自らの伝統的土地および資源に対する権利を「回復」するよう要求してきた。このような要求に対しては、他の市民と異なる特別の権利を認めることになり新たな

市民階級を創ることになるという伝統的自由主義の立場からの根強い反対や、植民地主義という過去の不正義に対する救済を要求することは時際法の観点から問題があるのではという疑問が存在した。時際法とは、時間的に前後して存在する、複数の異なる法規則のうちどれを適用法規とするかについての規則である。そして原則として、ある行為の効果は、訴訟上の請求がなされた時点の法律によってではなく、その行為がなされた時点の法律によって決定されるべきとされる。

　国連宣言では、一部の国家の強い反対にも関わらず、包括的内容の土地および資源に対する集団的権利が認められた。すなわち 26 条 1 項は、先住民族が「伝統的に所有、占有またはその他の方法で使用、もしくは取得してきた」（which they have traditionally owned, occupied or otherwise used or acquired）土地、領域および資源に対する権利を認めている。また、28 条 1 項は、「没収、剥奪、占拠、使用され、または損害を与えられた」先住民族が伝統的に所有、占有、使用してきた（which they have traditionally owned or otherwise occupied or used）土地について、「返還を含む方法により、それが可能でない場合には正当で公平かつ衡平な補償によって、救済を受ける権利」を規定しているが、過去に剥奪され、現に占有等していない土地等の遡及効をもつ返還権を認めるものと解釈することが可能になっている。起草作業において先住民族が脱植民地化を掲げ、それを受けて前文に、「先住民族が、特に植民地化ならびその土地、領域および資源の剥奪の結果、歴史的な不正義に苦しんできたこと…も懸念し」という一文が加えられた経緯も、そのような解釈を支持する。

　また、自由意思による事前の十分な情報に基づく同意（FPIC）を得る義務の承認も注目される。それにより計画の規模や影響等についての情報が、先住民族が完全に理解できる言語で提供された上で、先住民族が強制されたり脅迫されたりせずに、その同意が計画の許可または開始に先立って求められ、最終的な同意を付与し、あるいは付与しないという先住民族の選択が尊重されなければならないことを確保するよう要求される。FPIC を得る義務は、先住民族に影響を与える事柄について自ら決定する権利を認めるものであるが、先住民族に特別な拒否権を認め、新たな市民階級を創設することになるとして、起草過程で一部の国家から強い反対を受けた。国連宣言では、強制移住（10 条）と先住民族の領域における有害物質の貯蔵または処分の場合（29 条 2 項）において、FPIC を得る義務が認められた。他方で、先住民族の領域および資源に影響を

与える開発計画の承認（32条2項）については、一部の国家の強い反対を受けて、FPIC を得るための協議義務にとどめられている。

(3) 国連宣言の政府に対するインパクト

　国連総会における国連宣言の採択に反対票を投じた CANZUS は、主に土地に対する権利および FPIC を得る義務をその理由にあげていた。その後、CANZUS はいずれも国連宣言支持に転じている。このことは、土地に対する権利や FPIC を得る義務を含め、国連宣言全体への国際的コンセンサスが成立したことを意味するのだろうか。CANZUS は、それぞれ先住民族の地位や権利に関する国内法を有しており、土地に対する権利についても国連宣言採択以前から一定の承認を行っていた。CANZUS が国連宣言に反対したのは、自国内における土地問題の解決や政策が覆されることを危惧していたからである。CANZUS の国連宣言支持の声明を具体的にみると、土地に対する権利についてはいずれも国内法の枠内で宣言を受諾することを表明している。また、FPIC を得る義務についても、声明をよく読むと、FPIC を先住民族の合意を要求しない協議と同義に捉える等、拒否権を意味する FPIC を得る義務の不承認は、維持されている。そのため、CANZUS が国連宣言支持を表明したからといって、国連宣言が規定する包括的権利のすべてについて国際的コンセンサスが成立しているということは難しい。

　実際、国連宣言が採択されてから 10 年以上がたった現在も、国連宣言が関係国の国内法や政策を直接的に転換させた事例は少ない。国連宣言を国内法化した例としては、2007 年にボリビアが国連宣言の規定に同国内における法的効力を承認する法を採択したことがある。当時のボリビアの大統領は先住民族出身で、しかも先住民族が国民の多数派を占めており、他の多くの国と事情を異にすることに留意する必要があるものの、国連宣言が国内法に直接的に取り込まれた先例として評価しうる。

　では、なぜ多くの政府は国連宣言を実施しないのだろうか。国連の人権理事会で行われている加盟国の人権状況を審査する普遍的定期審査（UPR）では、国連宣言の実施を求める勧告が行われる場合があるが、それを支持するかどうかの確認において、被審査国から反論が行われることもある。反論には、第1に、自国には先住民族は存在しないと主張するもの、第2に、国連宣言の法的拘束力のなさを指摘するもの、第3に、国連宣言の原則は支持する一方で、宣

言の無条件の実施は受け入れられないとするもの、第4に、自国の政策等は既に国連宣言と合致していることを主張する例がある。

　他方で、近時、注目すべき動きが生じている。それは2019年にカナダのブリティッシュ・コロンビア州（BC州）が「先住民族の権利に関する宣言」法（Bill 41-2019）を採択し、州法と国連宣言との両立を確保するために、BC州の先住民族と協議および協力をして、州政府が必要なあらゆる措置をとることを義務付けたことである。2021年6月には、連邦法と国連宣言の両立を確保するために必要なあらゆる措置をとることをカナダ政府に義務付ける法（Bill C-15）がカナダ議会を通過した。これらは、それ自体としては法的拘束力のない国連宣言を、法的拘束力のある国内法を通じて実施しようとする動きであり注目されるが、その実効性を評価することは時期尚早である。

4.　人権条約機関の実行の発展

　このように国連宣言が政府に及ぼす響力が限定的である一方で、国連宣言は人権条約の解釈の発展により大きな影響を及ぼしている。市民的および政治的権利に関する国際規約（自由権規約）、米州人権条約、人および人民の権利に関するアフリカ憲章（バンジュール憲章）には、先住民族の権利への言及はないが、これらの人権条約機関の実行では、国連宣言の採択に先立って、あるいは国連宣言採択後に、宣言(案)を参照しながら、先住民族の集団の権利を保障するよう条約解釈を発展させてきた。以下では、これらの人権条約の解釈がいかに発展してきたのか、またそこにおいて国連宣言はどのような役割を果たしているのかをみる。

(1) 自由権条約

　自由権規約27条は、民族的、宗教的または言語的マイノリティに属する者が文化等を享有する権利を否定されないことを規定しており、消極的保護のみを要求する個人の権利として構成されている。そのため、マイノリティに属する者の文化享有権の行使を妨げなければ足り、その保護のために積極的措置をとることまでは要求されないと解釈されうるものであった。しかし自由権規約委員会は、規約解釈を示す一般的意見23（1994年）において、27条の個人の権利を保障する前提として集団自体も保護されること、また、27条の趣旨が起草時

には想定されていなかったマイノリティの集団的アイデンティティ保護にまでおよび、国家はその保護のために積極的措置をとる必要があることを明確にした。さらに先住民族については、土地資源の利用がその文化の一側面であることを認め、それに影響を与える決定への効果的参加を確保する義務を締約国が負っていることを明らかにした。

　自由権規約委員会は、個人からの権利侵害の申立を審査し、「見解」（Views）を出すことができるが、それを通じて、先住民族の権利は以下のように発展してきた。なお、委員会の見解には法的拘束力はないが、個人資格の専門家から構成される条約機関の示す解釈には高い権威が認められる。サーミのトナカイ飼育地を含む地域における森林伐採等を許可する政府の計画が争われたランスマン対フィンランド（第 2 回通報審査、1996 年）以降、先住民族の伝統的活動に対する干渉の違法性は、①構成員達がその意思決定に参加する機会を与えられたかどうか、②構成員達が伝統的活動から恩恵を受け続けられるかどうかによって判断されている。この基準について、アンジェラ・ポマ・ポマ対ペルー（2009 年）で更なる進展がみられた。本件で、ラマを伝統的慣行に従って育てている通報者は、ペルー政府が認可して川の水流を方向転換させ、さらに井戸を掘ったことによって、牧草地が干上がり、多くの家畜を死滅させ、生活手段を奪われたとして、自由権規約違反を訴えた。自由権規約委員会は、マイノリティまたは先住民共同体の文化にとって重要な経済活動に対する重大な侵害または干渉にあたる措置の許容性について、意思決定プロセスへの参加は効果的でなければならず、そのことは単なる協議ではなく FPIC の取得を要するとしたのである。

　サニラ・アイキオ対フィンランド（2018 年）では、サーミ議会の選挙の有権者登録に関し、サーミ議会が登録を認めなかった申請者達について最高行政裁判所が投票権を認めたことを不服として、サーミ議長が申立を行った。サーミ議長は、個人の権利である 25 条（政治参加の権利）と 27 条に加えて、集団の権利である 1 条（自決権）違反も主張した。自決権には、統治に参加する民主主義的な権利としての内的自決権と、分離独立の権利を含む政治的独立権としての外的自決権がある。もっとも、個人通報制度では個人の権利の侵害のみが扱われることになっているため、1 条違反については受理許容性が否定された。ところが、本件で自由権規約委員会は、国連宣言と規約 1 条の観点から規約 27 条を解釈し、そこから先住民族の内的自決権を導き出した。さらに委員会は 27 条

が集団的側面を認めるだけでなく、そのいくつかは、他の構成員と共同しての
み享受されうるとした。27 条は個人の権利を規定するものであるが、国連宣言
と規約1条を通じた同条の解釈により、実質的には、個人の権利には解体でき
ない集団の権利としての内的自決権をサーミ議会に認めたといえる。

　これまで自由権規約委員会は、1条と 27 条を、前者は集団の権利であるのに
対して、後者は個人の権利であるから、両者は関連するが異なる権利であるこ
とを強調してきた。それは、分離独立の権利に対する国家の懸念を考慮してい
たからである。本件で委員会は、国連宣言を考慮して、27 条から先住民族の自
決権まで導き出したが、それは内的自決権に限定されており、分離独立の権利
は慎重に避けている。

(2) 米州人権条約

　米州人権裁判所には、米州人権委員会と米州人権条約の加盟国が訴えを提起
することができるが、同裁判所は以下に見るように、先住民族の権利について
先駆的な判決を出してきた。なお、裁判所の判決には、法的拘束力がある。

　米州人権裁判所は、アワス・ティグニ共同体対ニカラグア（2001 年）におい
て、人権条約機関として初めて、先住民族の集団的共同財産権を承認した。本
件では、ニカラグア政府がアワス・ティグニ共同体との事前の協議を行わずに、
共同体の土地における伐採の許可を付与したことが問題となった。米州人権裁
判所は、人権条約は生きている文書であり、現在の生活状況に応じて解釈され
る必要性を指摘し、さらに締約国の法律またはその締結する条約によって認め
られる権利を制限するような解釈を禁止する米州人権条約 29 条(b)に従って、
ニカラグア憲法でも承認されている先住民族の土地に対する集団的財産権を、
同条約第 21 条（財産権条項）が保護していることを認めた。裁判所は、先住民
族にとって土地が経済的のみならず精神的重要性をも有していることを強調し
て、「先住民族集団は、存在そのものの事実により、自己の領域で自由に暮らす
権利を有する」と述べる。本件では国内法が大西洋岸自治区の先住民族の集団
的財産権を承認しているが、裁判所は国際人権文書が自律的意味を有してお
り、それゆえたとえ国内法で承認されていない場合でも、先住民族の集団的財
産権が米州人権条約に基づいて認められるとした。そしてニカラグアが先住民
族の集団的財産権を登記や権利証付与という形で公的に承認しなかったこと、
またその前提として共同体の土地の境界画定を怠ってきたことを条約違反とし

て認定した。なお、2008年12月にアワス・ティグニ共同体に対する土地の公的権利付与が実現し、これにより本件は、人権条約機関の判決を受けて、先住民族の土地の境界画定および権利付与が現実に行われた初めての事例となった。

　米州人権裁判所は、サラマカ民族（アフロ系共同体）対スリナム（2007年）において、先住民族または部族の先祖伝来の領域に存在する天然資源の調査または採取のためのコンセッションを付与する場合、次の3つのセーフガードを遵守しなければならないとした。第1に、開発計画の初期段階において同意に達する目的で先住民族または部族との効果的協議がなされなければならず、第2に、領域内のあらゆる計画について先住民族または部族に利益配分する保証を行い、第3に、独立かつ技術的能力のある実体が国家の監視の下で事前の環境および社会影響評価を実施するまで領域内でのいかなるコンセッションも発布しないよう確保しなければならない。さらに裁判所は、先住民族または部族の財産権に深刻な影響をもたらしうる大規模開発または投資計画を扱う場合、FPICの取得まで要求されるとした。米州人権裁判所は、これらのセーフガードが自由権規約委員会の見解や複数の国際文書の条文等と両立することを指摘し、国連宣言32条に言及している。裁判所は、自ら示した権利制限に対するセーフガードを強化する根拠として国連宣言に言及したのである。

(3) バンジュール憲章

　アフリカ人権委員会は、バンジュール憲章違反を主張する個人からの申立を審査する個人通報制度を設けているが、その判断に法的拘束力はない。米州人権裁判所判決の影響を受けて、アフリカ人権委員会もエンドロイス共同体対ケニア（2010年）において、先住民族の土地に対する集団的財産権や天然資源に対する権利を承認している。憲章14条の財産権条項の解釈では、委員会は国連宣言を参照し、先住民族の土地に対する所有権まで導き出している。

　本件で注目されるのは、エンドロイスを先住民族であると認定した上で、そのような判断を行っていることである。そもそもアフリカでは、ヨーロッパ植民地主義との関係で、すべてのアフリカ人は先住民族であるとして、先住民族概念の適用を政府が否定してきた。しかし、1990年代以降、アフリカの複数のエスニック・マイノリティが、自らの経験が先住民族のそれと共通性を有することを見出し、「先住民族」を名乗るようになり、2000年代には国内裁判所で先

住民族の土地権が認められる事例が出現するまでになっている。このようなアフリカにおける新しい動向は、アフリカ人権委員会にも影響を与え、2003年に同委員会で採択された専門家作業部会の報告書は、新しい先住民族概念を提唱している。すなわち報告書は、現在における先住民族概念は、「最初にやって来た者」という伝統的な理解を超えて、国際的により広い意味合いを有するようになっていることを指摘する。そして先住民族は、「開発の周辺に置き去りにされ、支配的な主流の開発パラダイムにより消極的に捉えられ、その文化や生き方が差別や侮辱にさらされており、その存在自体が絶滅の危機にある特殊な集団が、権利や正義を求めて闘う世界的運動」において利用される、現代の分析概念として把握されるべきと主張している。報告書は、厳格な定義を行うことは「必要ではないし、望ましくない」としつつ、先住民族の4つの要素を提示する。「①一定の領域の占有および使用、②文化的特殊性の自発的継続、③独特な集団としての自己認識および他の集団からの承認、④従属、周辺化、剥奪、排斥または差別の経験」である。これら4要素が先住民族を特徴づける指針であるが、4要素すべてが必ずしも同時で満たされなければならないわけではないとする。エンドロイス共同体事件では、この4要素に基づき、同共同体が先住民族であることを認定している。

5. おわりに

　近代国際法において先住民族は見えない存在であり、その先祖伝来の土地の剥奪に国際法は加担してきた。しかし、本章で確認したように、先住民族の権利運動は国連に届き、先住民族は国連宣言の起草過程に参加するようになった。国連宣言は、国際文書として初めて先住民族の自決権を明記し、遡及効をもつと解されうる土地および資源に対する権利をはじめ、集団の権利を多く規定した画期的な内容となっている。このことから、先住民族は国際法の「被害者」から「アクター」となったといわれることもある。また国連宣言は、既存の人権条約の解釈に影響を与え、複数の人権条約機関の実行において、先住民族の集団の権利が認められるようになった。このように先住民族による国際人権法における規範面での要求は、多くの成果を収めてきたが、それらの政府に対する実際の影響力は、法的拘束力のある米州人権裁判所判決に履行例があるものの、総じて限定的である。今後は、この法と実行の乖離をいかに埋めてい

くのかが課題である。

考えてみよう

・国際法上、国家は先住民族との協議を行う義務を負っているが、統一的な意思決定機関をもたない先住民族の場合、どのように協議は行われるべきだろうか。

・アフリカ系アメリカ人の公民権運動が先住民族の権利運動に影響を与えたように、先住民族の運動が、その他の周縁化されてきた人々の権利運動に影響する可能性を考えてみよう。

【参考文献】

上村英明「先住民族の権利に関する国連宣言獲得への長い道のり」『PRIME』27 号（2008 年）53-68 頁

小坂田裕子『先住民族と国際法──剥奪の歴史から権利の承認へ』（信山社、2017 年）

同「先住民族の個人認定をめぐる国家、集団、個人の対立」浅田正彦他編『坂元茂樹・薬師寺公夫両先生古稀記念論文集　現代国際法の潮流 II──人権、刑事、遵守・責任、武力紛争』（東信堂、2020 年）128-140 頁

Jérémie Gilbert, *Indigenous Peoples' Land Rights under International Law: From Victims to Actors*, Martinus Nijhoff, 2006

Jessie Hohmann and Marc Weller (eds.), *The UN Declaration on the Rights of Indigenous Peoples: A Commentary*, Oxford University Press, 2018

第2章　開　発

国の開発政策において先住民族の権利はどのように守られるか

桐　山　孝　信

1. はじめに

　本章では、国や地域の経済発展を目的として実施される開発について、先住民族の土地が対象となる場合にどのような権利や利益が問題となるか、特に先住民族の「土地、領域および資源に対する権利」（以下、「土地に対する権利」）にはどのような保護が与えられるかを、実際の事例を踏まえながら、国内外のルールの状況と、そうしたルール遵守のための監視メカニズムについて検討する。

　「先住民族の権利に関する国連宣言」（国連宣言）でも、先住民族の土地に対する権利を承認する一方で、その権利と主権国家が自らの発展のために自国資源を利用する権利とはどのような関係に立つのかが問題となった。日本国憲法でも、「財産権は、これを侵してはならない」と規定しつつ「財産権の内容は、公共の福祉に適合するやうに、法律でこれを定める」（29条）として、私有財産を公目的で利用することの正当性を規定しており、先住民族の土地も対象となる可能性がある。

　しかし歴史を振り返ってみれば、また今日でも、国の開発政策のために先住民族の文化のみならず生存自体が危機にさらされてきた。日本でもアイヌ民族の文化破壊をめぐって、法的問題として顕在化した。二風谷ダム事件がそれである。そこでまずこの問題を振り返り、本章のテーマである「先住民族の土地における開発」にあたってどのような点が争われ、明らかにされるべきなのかを考察する。

2.　二風谷ダム事件

(1) 事件の概要

　二風谷ダム事件とは、北海道の日高地方における国の総合開発事業の一環として計画された二風谷ダム建設に伴う用地取得問題であるが、地域の関係住民の約7割以上がアイヌ民族、また長くアイヌ民族の伝統文化が保存されてきた地域であったこともあり強い反対が起こった。これに対して国は、土地収用法に基づく二風谷ダム建設の事業認定を行い、その後北海道収用委員会が収用採決を行ったので、アイヌ民族である萱野茂ら住民はそれに対する取消訴訟を提起した。

　原告らは、ダム建設の事業認定がアイヌ民族およびアイヌ文化に対する影響を考慮しておらず、土地収用法20条3号にいう「事業計画が土地の適正且つ合理的な利用に寄与するものであること」という要件を満たさず違法だと主張した。

(2) 判　決

　判決は、1997年3月27日に札幌地方裁判所で下された（判例時報1598号33頁以下）。以下はその要点である。

　(i) 土地収用法20条3号の要件は、「事業計画の達成によって得られる公共の利益と事業計画により失われる公共ないし私的利益とを比較衡量し、前者が後者に優越すると認められるかどうか」であり、本件において得られる公共の利益は、洪水調節、流水の正常な機能の維持、各種用水の供給および発電等であり、一方で失われる利益は、アイヌ民族の文化であり、少数民族の文化享有権として保障されているものの1つである。

　(ii) 少数民族の文化享有権は、自由権規約27条で保障されており、国は憲法98条2項により誠実に遵守する義務がある。また憲法13条もその属する少数民族たるアイヌ民族の固有の文化を享有する権利を保障している。もっとも、憲法13条も公共の福祉による制限を受ける。

　(iii) 自由権規約27条は「少数民族」とのみ規定しているから、民族の先住性は要件ではないが、当該少数民族が先住民族の場合には、一層の配慮を要することは当然である。ここで「先住民族とは、歴史的に国家の統治が及ぶ前にその統治に取り込まれた地域に、国家の支持母体である多数民族と異なる文化と

アイデンティティを持つ少数民族が居住していて、その後右の多数民族の支配を受けながらも、なお従前と連続性のある独自の文化およびアイデンティティを喪失していない社会集団であるということができる」。アイヌ民族はこの先住民族に該当する。

　(iv)　以上を総合すると、国は、安易に前者の利益が後者の利益に優越するものと判断したものであり違法といえる。したがって本件事業認定は土地収用法20条3号に違反する。しかし、既にダム本体が完成し湛水している現状においては、裁決を取り消すことにより公の利益に著しい障害を生じるので、行政事件訴訟法31条1項（いわゆる事情判決に関する規定）を適用して棄却する。

(3) 判決の意義とその後の状況

　こうして裁判所はダム建設がアイヌ民族の文化享有権を侵害して違法であることを宣言したが、原状回復まで求めるものではなかった。以下にこの判決の意義と判決後の現地の状況についてまとめておく。

　まず、判決が自由権規約を国内法の解釈を行うための手段として利用したことは、国内問題であっても国際法の遵守を意識すべきであることを想起させる重要な機会となったことは強調しておきたい。

　他方で、自由権規約は国内法と同じように「公共の福祉」によって制限されるかという課題が残った。自由権規約は「法律で定める制限であって公共の安全、公の秩序、公衆の健康もしくは道徳の保護」等、制約事由がある場合には明文化されているが（18、19、21、22条等）、これに対して27条には、そのような制限を行う文言がない。したがって権利濫用や他の権利との衝突の場合等は当然考慮されるとしても、「公共の福祉」といった抽象的・一般的な制約には服さないと考えられる。この立場は、日本政府が自由権規約に基づいて自国の人権保障状況を定期的に報告する義務を負い、報告書に対して自由権規約委員会が審査し懸念事項や勧告を行う国家報告手続で、同委員会によっても示された。

　この地域では二風谷ダムの建設とともに計画されていた平取ダム建設計画が改めて提出された際に、再び開発とアイヌ文化とのかかわりが問題となった。2003年5月に平取町によりアイヌ文化環境保全対策調査委員会が組織された。調査員はすべて平取町民で、その半分はアイヌであった。この研究調査員により沙流川流域文化評価業務が行われ、2006年には『アイヌ文化環境保全対策調

査総括報告書』がまとめられ、ダム建設がどのようにアイヌ文化と地域の生活に影響を及ぼすかが検討され、ダム建設のアイヌ文化への影響を少なくするための処置の提案がなされた。その意味でこの事業は二風谷ダム事件判決がなければなかったものと思われるが、この報告書にいう勧告がどの程度実施されたかという点では実際にダムが建設された後の事後点検はなされていないようであり、最終的には計画の変更なく平取ダムは建設された。

　二風谷ダム事件は先住民族が暮らす地域での開発事業で遭遇する事件の1つであり、類似事件は世界中で生じている。その際に、先にみた国際人権規約や、以下にみる国際労働機関（ILO）の条約や世界銀行のセーフガード・ポリシー等、世界的な先住民族の権利状況を踏まえて、日本で初めてアイヌが先住民族に該当すると認めたことに大きな意義があり、この判決を振り返る価値を高めている。では、世界的な先住民族の権利状況はどのようなものであり、そこでの論点はどのようなものかを次に検討する。

3. 国際規範の形成

(1) ILO 第169号条約

　国際的な場面で先住民族の権利が問題とされたのは比較的早く、1957年に採択されたILO第107号条約（先住民および部族民条約）であったが、その内容は「遅れた原住民」を政府が責任を持って発展させ統合を図るといったもので、パターナリズムとか同化政策であるとして批判されるようになった。以後、改訂作業が続いていたが、1989年に、ILO第169号条約（先住民および部族民条約：2022年9月末時点で24か国批准、日本は未批准）として採択され現在に至っている。

　ILO第169号条約の特徴をいくつか挙げると、①対象となる先住民族については、国による認定ではなく自らが決定できること、②国や自治体が開発事業を行う際には、先住民族と協議する必要があること（7条）、③先住民族に対する優先政策（アファーマティブ・アクション：積極的差別是正政策）を認めたこと、④国内法の適用に当たっては、先住民族の慣習または慣習法に適切な考慮を払うこと（8条、9条）、⑤土地に対する権利、奪われた財産に対する補償等にも言及し、土地の権利にかかわって詳しく規定した（13条〜19条）。

　他方で限界も多く指摘されている。①先住民族側が強く主張していた自決権

への言及は、前文での国際人権規約への言及にとどまること、②条約の性質上、労働者の権利に即した先住民族の権利（第 3 部 20 条、第 4 部 21 条〜23 条の諸規定）は詳しいがその他の権利については必ずしも十分には規定されないこと、③ ILO への訴えは、労働者代表と使用者代表に限られていることの制約、そして何より④締約国の少なさがある。

　そのほか、土地の開発に関わる論点としては、①剥奪された土地について補償が認められたものの、回復権という位置付けは与えられていないこと、②開発目的での土地収用について、先住民族の同意が必要条件とされていないこと、③自決権に言及がないことの結果として天然資源に関する先住民族の決定権が認められない、というように次に述べる国連宣言での論点とつながる問題を抱えていたことを指摘できる。

(2)　先住民族の権利に関する国連宣言

　国連宣言は 2007 年の国連総会で決議されたが、実は 1982 年以来の取り組みであり 1994 年には国連人権委員会差別撤廃・少数者保護小委員会で草案を採択している。その意味では ILO 第 169 号条約の策定と並行して議論され、その内容を超える革新的なものと評価されている。しかし公式の採択が 2007 年までかかったことに問題の深さを感じずにはいられない。

　国連宣言は、先住民族の自決権と、自決権から導かれる土地や資源に対する管理権を最終的には承認したが、宣言採択にあたってカナダ、オーストラリア、ニュージーランド、アメリカが反対し、他の諸国もまた国家の発展を理由とした先住民族の土地開発の必要性を主張して、先住民族の土地に対する管理権を問題にした。

　この問題に関わる条文には以下のものがある。

　① 25 条は、土地、領域、資源（以下、土地で一括するが、領域や資源も入っていることに留意）との精神的つながり、② 26 条では土地に対する所有・使用・開発・管理の権利、③ 27 条は土地に関する参加を認め国内手続を実施するよう国家に要求すること、④ 28 条で土地に関する自由意思による事前の十分な情報に基づく同意（FPIC）なくして収用された場合の返還、またはそれが不可能な場合は正当、公正かつ衡平な補償を含む救済を受ける権利、⑤ 32 条で、先住民族の土地や資源の開発計画については、国家による承認に先立ち、当該先住民族の FPIC を得るために、代表組織を通じて協議することを国家に義務付け

た。

　こうして国連宣言では先住民族の権利とそれに対応する国家の義務が詳細に規定された。もっとも、これらの権利をどのように実施し、あるいは国の側の義務をどのように監視していくのかが明確ではないことが指摘されている。先住民族の権利に関わるルールの実施と監視という観点から注目されるのが、世界銀行の活動である。世界銀行が融資するプロジェクトが先住民族の権利を侵害すると主張され、批判されてきたからである。そこで以下では、世界銀行の活動を規制する「規範」であるセーフガード・ポリシーと規範を「監視」するインスペクション・パネルの活動を検討する。なお、自由権規約 27 条をはじめ、米州やアフリカにおける地域人権条約に関わる実行に着目し、関連規定の発展的解釈となっているのかどうかを検証する試みも重要であるがここでは紙幅の関係もあり省略する。

4.　世界銀行と開発

(1)　世界銀行の活動

　(i) セーフガード・ポリシーの策定

　世界銀行の正式名称は「国際復興開発銀行 (IBRD)」であり、第二次世界大戦で荒廃したヨーロッパ地域での復興や発展途上地域での開発支援を目的に創設された。日本でも、かつて東海道新幹線や黒部ダムの建設にあたって世界銀行から融資を受けたこともあるように、その活動は国の経済発展に必要とされた。IBRD の他に、途上国向け貸付業務専門の国際開発協会 (IDA、第二世銀ともいう)、民間企業への貸付業務を行う国際金融公社 (IFC)、途上国での政治的リスク等から生じた投資の損失を補填する保険を提供している多数国間投資保証機関 (MIGA) や国家と私企業との投資紛争解決を図る国際投資紛争解決センター (ICSID) とともに、世界銀行グループを形成している。

　他方で後年になると、世界銀行 (以下、銀行) の活動が発展途上国の環境を破壊したり人権を侵害したりしているとして批判が起こり、銀行が融資するプロジェクトを行う場合には社会・環境上の配慮がなされるべきであるという意識が高まった。本格的には 1990 年代以降、銀行が融資する際には、環境に配慮し強制移住を抑制し、また先住民族の権利等を保護するためのルール等、銀行自らが策定した規則 (セーフガード・ポリシーと呼ばれる) を遵守しなければならな

いとされた。

　本章のテーマに関するものとして、先住民族に関するセーフガード・ポリシーがあり、何度か改訂された。

　まず、1982 年に「銀行の融資プロジェクトにおける部族民（Tribal People）」と題する OMS（業務規則）2.34 が策定された。この業務規則では、部族民を相対的に孤立した存在とみて、慣習的に利用・占拠された土地を保護すべきとする原則を導入し、保護措置を重視したところに特徴がある。

　次に 1991 年に OD（業務指令）4.20 が策定された。これは、①先住民族についての指標を示し、同時に国内の主流の文化から孤絶している集団もあれば賃金労働者となって国内市場に統合されている集団もあるといったように、様々な先住民族がいることを確認したこと、② ILO 第 169 号条約と連携し、銀行が融資するプロジェクトの決定過程に影響を受ける先住民族を関与させることを要件とする。③先住民族の参加を確保するために先住民族発展計画の準備を行う。「尊厳、人権および文化的ユニークさ」の完全な尊重を初めて導入したこと、さらに、④環境アセスメント等、先住民族が関心を持つ事項についても、関連して考慮すべきとされた。

　改訂はさらに続くが、後述するように、1994 年にインスペクション・パネルが設置されたことは、銀行内のルール実施に関係住民の声を聴く点で画期的であった。

　2005 年になると OP/BP（業務手続／銀行手続）4.10 が策定され、提案されたプロジェクトが先住民族の利益に悪影響を及ぼさないようにし、文化的に適切な利益を確保するために十分に情報を得た上での事前の自由な協議（FPICon）を要件としたことが注目された。また、先住民族に関する潜在的な悪影響を避けること、それが不可能な場合にその影響を最小限まで緩和し、補償を行うこと、銀行が融資するプロジェクトは先住民族が社会的経済的利益を確保するものになることを規定した。

　ここでは当時、起草中であった国連宣言の規定とのかかわりが気になるが、先住民族との協議あるいはその参加が「生じつつある国際法原則」、つまり未だ拘束力ある規範になっていないとみるか、拘束力あるものとみて先住民族によるいわゆる拒否権を認めるかが争点となった。現状では前者が一般的な理解であくまでも協議であることが強調されており、妥協的には「共同体の広範な支持の存在」が必要とされると銀行レベルでは考えられた。

　こうした状況から、セーフガード・ポリシーは銀行が融資する際に遵守しなければならない内部ルールに過ぎないものの、実質的に先住民族の権利保障にとって重要な発展とみて、国際的なルール形成の可能性があることに言及する見解もある。

（ii）インスペクション・パネルの設置

　以上のルール形成によって、業務政策の内容は充実したものの、実行が伴わなかったことへの批判が激しくなり、ルールの履行に関して監視が必要との反省が生じた。具体的には、インドのナルマダ・ダムプロジェクトによって周辺の多くの住民の生活が脅かされたことが国際的に批判されただけでなく銀行内部でも厳しい批判の対象となり、銀行活動に対する監視メカニズムの設置を促すことになった。その1つがインスペクション・パネルである。

　インスペクション・パネルは、1993年9月IBRDとIDAで設置が認められた銀行内部の独立機関であり、その任務は、公的機関への融資を業務対象とするIBRDとIDAが、そのプロジェクトの計画から承認そして実施の段階において、銀行自らが策定した業務政策や手続を遵守しなかったために、実質的な悪影響を被った（あるいは、被るおそれがある）人々およびグループからの申立を受けて、理事会に対して調査を勧告し、遵守の有無を調査するものである。これにより、「草の根」の住民たちが銀行の理事会に直接アクセスできるようになった。

　このパネルの手続的特徴は次のようにまとめられる。

　第1に、IBRDやIDAのプロジェクトが対象であり、同じ世界銀行グループでも、IFCやMIGAの業務に対しては審査が及ばない。もっともこの2機関については、遵守について助言を行うオンブズマン（Compliance Advisor Ombudsman）に説明責任の役割を負わせた。

　第2に、申立人は、複数の人または集団が調査の申立を行うことが認められ、特定のコミュニティの損害が問題とされる。

　第3に、時間的な制約として、プロジェクトの計画段階から融資の終了（具体的には95％融資終了）までのものについて申立を認めており、それ以後は認めていない。

　第4に、パネルは司法的任務をもつのではなく、理事会に対するアドバイザーないし補足的任務を果たすに過ぎないといわれる。また、パネルが当該申立の事例に関して理事会に対して調査を行うよう勧告をしても、理事会がそれを

認めるか否かは理事会独自の判断に任されている。さらに調査段階では、当該プロジェクトが銀行の政策や手続に違反するかどうかをパネルが判断することになるが、パネルの調査報告を承認するかどうかは理事会が判断する。このことは理事会の裁量に対する危惧が常に存在することを示している。

(2)　先住民族に関するインスペクション・パネルの実際的機能

　インスペクション・パネルが司法的任務をもつものでないとしても、パネルによるルール違反の指摘を通じて、ルールについての判断が蓄積することによってルールそのものが定着するといった事態や、パネルの判断が世界銀行に法的責任を負わせるものではないにせよ、銀行の活動の透明性を高めたり関係住民に説明を行ったりする「アカウンタビリティ（説明責任）」が向上するといった実際上の機能が考えられる。以下では実際にどのような機能を果たしたのかを振り返ってみる。

　(ⅰ) 申立状況

　パネルは、1994 年から 2020 年までに 147 件の申立を受けた（世界銀行のウェブサイトより）。申立件数は、受付開始から 2000 年までで 21 件、2001 年から 05 年までの 5 年間で 15 件、06 年から 10 年は 32 件、11 年から 15 年が 35 件、2016 年以降は 44 件で、漸増傾向にある。そのうちで最も多いのは環境アセスメント違反申立で 123 件、ついで投資プロジェクト融資に関わる申立が 107 件、その他、強制移住が 76 件、先住民族は 43 件で、多くは複数の政策について違反申立が行われている。以下では先住民族に関する政策違反の申立についていくつか見てみる。

　(ⅱ) 申立認定例

　パネルが設置されてすぐに申し立てられたものにブラジルでの天然資源管理プロジェクトの事例がある（CaseNo.4,1995）。これは、プロジェクトの地域内で違法な森林伐採が行われており、伐採者やそれを守るための武装グループ等によって、先住民族が追い立てられ威嚇されているという事情があった。こうした背景で申立は当該プロジェクトには先住民族を適切に保護するプログラムが組み込まれていないとした。パネルは申立に理由があると認め調査し、理事会に対して状況改善のために計画を再考することを求めた。その後プロジェクトは実質的に変更されて実施されたが、先住民族の権利保護等に課題が残されたと NGO 等に批判された。

　また、インドのエコ開発の事例では（Case No.11,1998）、生物多様性を保護する計画について、影響を被る先住民族に対して情報を与え、参加を促す機会を与えるべき先住民族発展計画が作成されなかったとして申し立てられたほか、先住民族は現在居住する地域に留まるか立ち去るかを選択する権利があると主張された。そしてこれについてパネルはインドの国内法も、最高裁判所も認めていることだと述べ、理事会に調査を行うよう勧告した。その後地域の生物多様性を保護する計画が見直され、先住民族へのマイナスの影響が出ないような措置について住民との協力で作成された。

(iii) パネル審査の限界と教訓

　中国の西部地域貧困削減プロジェクトは、チベット民族が多数居住するチベットでの貧困削減を目的として様々な少数民族を現地に移住させて開発を行うことが計画され中国政府が世界銀行に融資を求められた事例であった。この事例では、外国のNGOが現地住民（チベット民族）の代理として申し立てたものだが、パネルは、様々な少数民族を文化的相違にもかかわらず1つの地域に混在させることの問題性を指摘し、業務指令に違反すると述べ、少数民族ごとに開発計画を作成する必要があると報告した。これに対して中国政府は、パネル報告書が業務政策の遵守調査ではなく中国のチベット民族に対する政策を批判しているとして、銀行からの融資そのものを辞退し、銀行は撤退せざるを得なくなったのである。この事例で注目されたのは、外国のNGOもパネルへの申立を認めたことであり、以後もいくつかの事例で申立が行われた。

　また最近の事例として、2019年12月に、ブラジルの伝統的共同体のメンバーが、土地保有の法制化のプロセスから外されていると申し立てたものがある。土地の法制化が主にアグリビジネスや大土地所有者のために行われており、彼らの農業開発が生物多様性や土地および水質を悪化させているというのだ。パネルは、銀行の融資するプロジェクトは伝統的共同体を害しないとして調査する必要はないと理事会に対して勧告したが、他方で、プロジェクトの対象外で大規模なアグリビジネスや大土地所有者による開発が進んでいることを認めていた。これは、銀行が関わらない問題には関与しないという原則を貫いたものであるが伝統的共同体が破壊されることを黙認せざるを得ない限界を示している。この点については、他の国際機関、例えば国連人権理事会との連携の強化による改善も考えられよう。

　パネルの活動開始から4半世紀が経過して、先住民族に関わるパネルの活動

から様々な教訓が得られているが、特に注目できるのは、先住民族との自由で
事前の情報を得たうえでの協議（FPICon）の重要性であり、共同体の広範な支
持に至る FPICon は、先住民族および彼らの権利を保護するための中心的なも
のと考えられよう。そして先住民族との協議や彼らの参加は包摂的なものであ
り、代表機関および決定プロセスに関わるべきであること、文化的に適切な様
式、方法および言語によってプロジェクトの情報を完全に公開すること、プロ
ジェクトとその目的について共同体の広範な支持を確保することが重要であ
る。

(3) 環境社会フレームワーク（ESF）の制定と、インスペクション・パネル
への影響

　2016 年に銀行は環境社会配慮に関する新たな内部ルールを制定した。これ
はプロジェクトにおいて銀行と借入国の双方が果たすべき義務を定め、特に借
入国に対して、環境や社会配慮に関係する多数国間条約の遵守を求めるもので
ある。従来はセーフガード・ポリシーとして環境影響評価や強制的移住、害虫
対策等、事項ごとに分かれて制定していたものを、単一の文書に置き換えたこ
とが注目される。先住民族に関しては、OP/BP4.10 にとって代わり、名称も先
住民族だけでなく、「先住民族・サハラ以南アフリカの歴史的に十分な（行政）
サービスを受けられなかった伝統的な現地共同体（Sub-Saharan African Histor-
ically Underserved Traditional Local Communities)」に修正された。各国の社会に
おける主流の集団とは区別されるアイデンティティと願望を有する集団でしば
しば従来の発展モデルによって不利益を被っている者が保護対象とされた。
　そしてこの ESF が遵守されたかどうかは、インスペクション・パネルが審査
する。インスペクション・パネルは「銀行職員が ESF という内部ルールを遵守
していたかどうか」について審査しその結果としてプロジェクトを見直すこと
につながり、結果として借入国の環境社会配慮に影響を及ぼすとみられてい
た。しかし、借入国にも義務を定める新たな枠組は内政への関与を強めること
につながるため、銀行と借入国との緊張関係が増すことになる。他方で、中国
を中心に設置されたアジアインフラ投資銀行（AIIB）や中国のほかブラジル、
ロシア、インド等（BRICS とも言われる）諸国の台頭によって、そうした国際機
構や諸国による融資が増大し、世界銀行の相対的地位が低下したことによる途
上国側の反発が強まることもあり、世界銀行ではルール違反等の白黒をつける

のではなく、借入国との間での問題解決を優先することに重点を置くことが考えられている。こうした動向は従来の国際法規範の発展に対する逆流とも考えられるが、いずれにせよこれからの実行を観察していく必要がある。

5.　おわりに

　以上見たように国際人権条約や国連宣言の規範等によって保護される先住民族の権利が、国内裁判所や世界銀行のインスペクション・パネル等により、実質的に保護されてきていることは間違いない。しかし、そこには今後考えていくべき課題も多い。

　まず、規範レベルの問題でいえば、自由権規約27条にいう「マイノリティ」の範囲は広いが、国家報告審査や個人通報手続で対象となった集団（の代表）は主として先住民族であった。また米州人権条約やアフリカ人権憲章の関連規定も先住民族の権利問題に焦点が置かれている。つまり、先住民族の権利をめぐっては広範な規範の定着がみられる。したがって本章で注目した世界銀行の規範やそのインスペクション・パネルによる遵守確保の実行だけでなく、こうした国際的レベルでの規範と実行、国内法レベルの規範と実行を包括的に把握する必要性がある。

　第2に、インスペクション・パネルのユニークな特徴は、上に述べたように「草の根」の住民たちが銀行の理事会に直接アクセスできるようになったことであり、市民たちが銀行の活動の透明性やアカウンタビリティを監視し改善する方法となっている。他方、銀行事務局は、パネルの存在が融資を行う際の圧力として働いていると感じることは明らかであるし、借入国にとっても、パネル設置決議の意図にかかわりなく調査という脅威の下に置かれていると感じられており、多くの事例で「査察」を避けようとした。ここには開発をめぐって、先住民族の権利を保護しつつ開発を進める際の矛盾と葛藤を見て取ることができる。パネルの活動を見れば、そうした矛盾と葛藤の構造を具体的に理解することができ、また解決策を見いだせる可能性もある。したがってパネルの活動は今後も目を離すことはできない重要なものである。

考えてみよう

・先住民族の土地における開発に関して、先住民族には FPIC に基づいた拒否権が認められるべきだろうか。
・先住民族の中で開発への賛否が分かれている場合、国や国際機関、開発事業者はどのように対応すべきだろうか。

【参考文献】

小坂田裕子「先住民族の事前の自由なインフォームド・コンセントを得る義務」『世界法年報』33 号（2014 年）94-122 頁

同『先住民族と国際法——剥奪の歴史から権利の承認へ』（信山社、2017 年）

萱野茂・田中宏編『アイヌ民族二人の叛乱——二風谷ダム裁判の記録』（三省堂、1999 年）

桐山孝信「世界銀行における開発と人権の相克——先住民族に関する業務政策とインスペクション」『国際法外交雑誌』102 巻 4 号（2004 年）23-45 頁

佐俣紀仁「世界銀行のアカウンタビリティの新局面——環境社会フレームワーク制定とそのインスペクションパネルへの影響」浅田正彦ほか編『現代国際法の潮流 I』（東信堂、2020 年）299-312 頁

中村尚弘『現代のアイヌ文化とは——二風谷アイヌ文化博物館の取り組み』（東京図書出版会、2009 年）

Corinne Lennox and Damien Short (eds.), *Handbook of Indigenous Peoples' Rights,* Routledge, 2016

J. Hohmann, M. Weller (eds.), *The UN Declaration on the Rights of Indigenous Peoples; A Commentary,* Oxford University Press, 2018

World Bank Inspection Panel, *Indigenous Peoples, Emerging Lessons Series* 2, 2016

第3章　世界遺産

排除から包摂への転換は実現されたか

遠井朗子

1. はじめに

　流氷が育む雄大な自然で知られる知床から、古来、山岳信仰の場として賑わいをみせ、北斎や広重の浮世絵にも描かれた富士山まで、日本では、世界遺産は魅力的な観光資源として人気が高い。世界遺産とは、1972年、国連教育科学文化機関（ユネスコ）総会で採択された世界遺産条約（正式名称は「世界の文化遺産および自然遺産の保護に関する条約」）に基づいて、「世界遺産リスト」に登録された物件（不動産）である。

　世界遺産条約は、普遍的価値のある文化遺産と自然遺産を人類全体の遺産として保護し、領域国の保護が不十分な場合には、国際的な支援を行うことを定めた条約である。同条約はユネスコのフラッグシップ条約として抜群の知名度を誇り、世界遺産の登録審査は政治的、経済的な観点からも高い関心を集めている。

　しかし、同条約の成立当初には欧州の文化財保護の伝統を継受して、記念碑的な建造物や堅牢な石造りの建築物が次々と登録される一方で、アジア・アフリカ等の非西欧圏の遺産の価値は評価されず、世界遺産の西欧中心主義的偏向には次第に批判の目が向けられるようになった。自然遺産については、米国の国立公園制度に倣い、人の活動の影響を受けていない原生自然の保護が重視されていたため、例えばピーター・ラビットで有名な英国の湖水地方のように、人と自然の相互作用が織りなす農村景観や、その自然美に触発されて多くの文学作品が生み出されてきた点は評価されず、この点は欧州諸国にとって不都合であった。

　そこで、1990 年代に入ると、世界遺産リストの地域的、文化的不均衡を是正するために遺産概念の見直しが行われ、専門家による遺産価値の客観的評価から文化多様性の尊重へと舵を切り、日常的な生活、生業を通した人の自然への働きかけや、土地に付随する文化的、精神的価値が評価されるようになった。これに伴い、先祖伝来の土地と密接な関わりを持ちながら、独自の文化を継承してきた先住民族の遺産の価値も認められるようになった。

　もっとも、遺産地域に居住している先住民族の多くは、世界遺産の登録推薦の手続や保護管理からは排除され、遺産登録によって先祖伝来の土地とのつながりを喪失し、尊厳を傷つけられることがあっても、声をあげる機会を与えられていなかった。そこで、世界遺産条約における先住民族の参加と「自由意思による事前の十分な情報に基づく同意」（FPIC）の確保は、国際的な先住民族の権利運動の焦点の 1 つとなり、2007 年、国連総会で「先住民族の権利に関する国連宣言」（国連宣言）が採択されると、先住民族および国連諸機関は、世界遺産条約と国際人権法との矛盾・抵触を批判し、世界遺産条約の制度と運用の改善を求めるようになった。

　人権および文化多様性の尊重を組織目標として掲げるユネスコにとって、このような主張の受け入れは不可避である。その一方で、人類共通の普遍的価値の保護を掲げ、専門家の評価に基づき運用されてきた世界遺産条約にとって、地域固有の価値の尊重は両刃の剣でもある。世界遺産条約は新たな価値を受容し、ダイナミックに変化する規範体系として発展を遂げることができるのか。それとも、変化は名目的で、不完全なままに留まるのか。先住民族は変化を引き起こすチェンジ・メイカーとなることができるのか。このような問いに答えるため、本章は、遺産概念の再定義と意思決定手続に着目して、世界遺産条約の変容と先住民族の権利運動との関連性を検討する。2 で、遺産概念と登録審査手続を概観した後、3 で、遺産概念の再定義の経緯および新たな遺産概念と先住民族との関係を検討する。4 では、先住民族の参加の権利および FPIC の主張を受けて、条約の運用手続が段階的に改正された経緯を検証し、残された課題を検討する。

2. 世界遺産条約——遺産の概念と登録審査

(1) 成立の経緯

　1978年に採択された世界遺産条約のエンブレムは自然遺産と文化遺産の相互依存を象徴している（作業指針（OG）、paras. 258-259）。しかし、このような条約の理念は当初から構想されていたわけではなく、同条約が文化遺産と自然遺産の保護を定め、危機に陥った遺産を国際的に保護する制度として成立した背景には、2つの異なる条約案の存在があった。1959年、エジプトのナイル川にアスワンハイダムの建設が計画され、アブシンベル神殿を含むヌビア遺跡の水没が危惧されると、ユネスコは世界各国に救援を求め、集められた寄付金でアブシンベル神殿の移築を行った。その後、同様の事例が相次いだため、ユネスコは1970年、「普遍的な価値を有する記念工作物、建造物群、遺跡の保護に関する条約」の起草を決定し、遺跡保存の専門家組織である国際記念物遺跡会議（ICOMOS）の助言を仰ぎながら、危機遺産を中心とした条約の検討を開始した。

　一方、1971年、ニクソン大統領が米国の国家アイデンティティであるイエローストーン国立公園設立100周年を記念するスピーチで「世界遺産トラスト」を提唱したことを契機として、米国は自国の国立公園制度に倣って国際的な保護地域を定める条約の採択を目指すことを決定し、国際自然保護連合（IUCN）の協力を得て条文草案を作成し、国連人間環境会議の準備会合に提出した。米国案とユネスコ案は異なる目的で作成されたものだが、一部に重複もあったため、米国は1972年4月のユネスコ専門家会合で両案の統合を提案し、ユネスコもこれを受け入れたため、専門家会合は文化遺産と自然遺産を含む単一の条文草案を採択し、6月に開催された国連人間環境会議の勧告を受けて、11月16日、世界遺産条約はユネスコ総会で採択された（1975年12月17日発効）。

(2) 条文の構成

　世界遺産条約の目的は、「顕著な普遍的価値」（Outstanding Universal Value: OUV）を有する文化遺産と自然遺産を人類全体の遺産として保護し、国際協力に基づいて、将来世代へ引き継ぐことである（前文、4条）。締約国は自国領域内の文化遺産および自然遺産のうち、OUVを有するものを世界遺産一覧表（世界遺産リスト）に記載（登録）するために推薦し、世界遺産委員会がその登録の

可否を決定する（11 条 1、2 項）。世界遺産委員会は異なる地域および文化の衡
平性を考慮して選出された 21 の国家で構成され（8 条 1、2 項、9 条）、世界遺
産リストへの登録、危機遺産リストへの登録および世界遺産基金を用いた国際
支援について決定する（11 条 4 項、15 条）。IUCN、ICOMOS、ICCROM（国際文
化財保存修復研究センター）は諮問機関として世界遺産委員会の任務を補佐する
ものとされ（8 条 3 項、13 条 7 項、14 条 2 項）、遺産の登録審査においては、
ICOMOS と IUCN が文化遺産と自然遺産のそれぞれについて OUV を評価し、
世界遺産委員会に「登録」「情報照会」「登録延期」「不登録」のいずれかを勧告
する。世界遺産委員会は諮問機関の勧告に基づいて登録の可否を決定するが、
近年は諮問機関の勧告を覆す決定が相次ぎ、世界遺産委員会の「政治化」が問
題となっている。

(3) 遺産の定義

　文化遺産は記念工作物、建造物群、遺跡のうち、歴史上、芸術上、学術上（遺
跡については、民族学上または人類学上）OUV を有するものと定義され（1 条）、
遺跡（site）には、「自然と人間の共同作品」（the combined works of nature and
man）が含まれる。自然遺産は、特徴のある自然地域、地質学的または地理学的
生成物・区域、絶滅の脅威に曝されている動植物種の生息地または自生地、自
然の風景地（natural sites）または自然の地域であって、OUV を有するものと定
義され（2 条）、自然の風景地または自然の地域は学術上、保全上または自然の
美しさ（natural beauty）の観点から OUV を有するものと定められている。

(4) 顕著な普遍的価値（OUV）

　締約国は、登録推薦に際し、自国の遺産が条約の定義と適合し、かつ OUV
を有することを証明しなければならず、世界遺産委員会は OUV の宣言を採択
して遺産の登録を決定する。OUV は人類全体にとって重要な傑出した文化ま
たは自然を意味し、遺産概念の核心にあたるが、条文では定義されず、世界遺
産委員会が自ら決定し、定期的に改訂を行う作業指針（Operational Guideline:
OG）で定められている。

　（i）登録基準

　世界遺産には 10 の登録基準があり、文化遺産は i ）から vi）、自然遺産は vii）
から x ）から 1 以上の基準を満たすことが求められ、文化遺産と自然遺産の基

準を同時に満たす場合には、複合遺産として登録することができる。

【登録基準】

ⅰ）人間の創造的才能を表す傑作であるもの

ⅱ）建築、科学技術、記念碑、都市計画、景観設計の発展に重要な影響を与えた、ある期間にわたる価値観の交流またはある文化圏内での価値観の交流を示すもの

ⅲ）現存するか消滅しているかにかかわらず、ある文化的伝統、または文明の存在を伝承する物証として無二の存在（少なくとも希有な存在）であるもの

ⅳ）歴史上の重要な段階を物語る建築物、建築群もしくは科学技術の集合体、または景観を代表する顕著な見本であるもの

ⅴ）ある1つの文化（または複数の文化）を特徴づけるような伝統的居住形態、もしくは陸上・海上の土地利用形態を代表する顕著な見本であるもの、または人類と環境との相互作用を代表する顕著な見本であり、特に不可逆的な変化により、その存続が危ぶまれているもの

ⅵ）顕著な普遍的価値を有する出来事（行事）、生きている伝統、思想、信仰、芸術的作品、あるいは文学的作品と直接または実質的関連があるもの（この基準は、他の基準とあわせて用いられることが望ましい）

ⅶ）最上級の自然現象、または類まれな自然美・美的価値を有する地域を包含するもの

ⅷ）生命進化の記録や、地形形成における重要な進行中の地質学的過程、あるいは重要な地形学的または自然地理学的特徴といった、地球の歴史の主要な段階を代表する顕著な見本であるもの

ⅸ）陸上・淡水域・沿岸・海洋の生態系や生物群集の進化、発展において、重要な進行中の生態学的過程または生物学的過程を代表する顕著な見本であるもの

ⅹ）学術上または保全上顕著な普遍的価値を有する絶滅のおそれのある種の生息地等、生物多様性の生息域内保全にとって最も重要な自然の生育地を包含するもの

(ii) 真実性（authenticity）、完全性（integrity）

OUV が認められるためには、真実性と完全性の充足が求められ、これらを確保するための適切な保護管理システムの確立も必要となる。後述する通り、汎文化的な遺産概念の導入に伴って、真実性、完全性についても、多様な文化的背景の考慮が認められるようになった。

① 真実性（authenticity）

真実性は文化遺産について求められ、歴史的建造物等が偽物ではなく、「その

形状、意匠、材料、材質、用途、機能等において本物で、信頼できるもの」であることをいう。当初は歴史的建造物の保存・修復に関するヴェニス憲章（1964年）を継承し、建造物の修復・再建は認められていなかったが、1994年、「真実性に関する奈良ドキュメント」の採択により、当該遺産が帰属する文化の文脈に従って真実性を解釈することが可能となり、法隆寺のように、解体修理が行われている木造建築物についても OUV が認められるようになった。また、真実性を表す要素としては、言語、「精神と感情」等の無形の表現が認められるようになり、文化的伝統を保持してきた地域共同体については、場所の性質と意味の指標として、「精神と感情」の重要性が認められている。

　②完全性（integrity）

　完全性は文化遺産と自然遺産について求められ、遺産とその性質が「完全で損なわれていないこと」をいう。具体的には、OUV の証明に必要なすべての構成要素を含み、遺産の重要性を示す特徴と過程を完全な状態で確保するための適切な規模があり、開発や管理放棄による負の影響を受けていないことが求められる。人の活動との相互作用により変化する「生きている遺産（Living Heritage）」については、その特異な性質に不可欠な関係性や動態的な機能を維持することが求められ、自然遺産については、大気、水、土壌と生物圏との相互作用の過程や地形の特徴が相対的に無傷であることが求められる。ただし、自然環境は絶えず変化し、生物多様性と文化多様性は相互依存的であるとされ、地域共同体や先住民族による自然資源の伝統的利用は、生態学的に持続可能であれば、OUV と両立するとみなされている。

(5) 保護と管理

　遺産地域の保護管理においては真実性と完全性の維持と改善が求められ、保護管理の状態は定期的報告またはリアクティブ・モニタリングにより、制度的評価の対象となる。長期的な保護を確保するためには立法、その他の制度的なまたは伝統的な管理が求められ、2000年代以降は、先住民族を含む保護管理の担い手の役割も OG に明記されるようになった。

3.　文化的景観の導入と先住民族

　世界遺産条約は元来、文化遺産と自然遺産の二分法をとり、ICOMOS と

IUCN による OUV の評価が条約制度の正当性を支えていたが、世界遺産リストの地域的、文化的偏りが問題となる中で、遺産概念の見直しが行われ、自然と文化の相互依存を重視する文化的景観が導入された。文化的景観の導入は世界遺産条約制度の質的転換を意味し、先住民族と世界遺産条約との結節点となるため、以下では、導入の経緯を振り返り、新たな遺産概念と先住民族との関係を検討する。

(1) 導入の経緯

　文化遺産と自然遺産の登録数の不均衡および世界遺産リストの地域的、文化的偏りは、1978 年の世界遺産委員会で早くも認められていたが、1980 年代を通して不均衡の是正は進まなかった。1980 年に改正された OG は欧州の記念工作物に有利な記念碑的アプローチをとり、「消失した」文明基準は含められていたが、「生きている」伝統は含まれず、主として先進国が登録推薦を行っていたためである。

　1980 年の委員会では複合遺産の推薦も奨励されていたが、実際に登録が認められた事例はわずかであった。そこで、1984 年、フランスは東南アジアの棚田、地中海沿岸の段々畑、フランスのぶどう畑等の農村景観（rural landscape）を例示して、現行 OG はこれらの登録推薦に十分な指針を与えていないと指摘し、人と自然の相互作用に関する自然遺産の登録基準の適用拡大を要請した。世界遺産委員会はこの点についてタスクフォースを設置して検討を行い、タスクフォースは複合遺産の登録が進まない要因として、条約 1 条と 2 条の一貫性の欠如を指摘し、自然と文化の性質を併せ持つ農村景観については、登録基準の改正が望ましいと勧告した。しかし、タスクフォースの勧告は時期尚早とみなされて、1987 年の OG 改正には反映されず、英国は議論を先導するため、1987 年と 1989 年、2 度にわたって湖水地方の登録推薦を行ったが、いずれも登録延期を勧告されていた。

　一方、1992 年、世界公園会議は人と自然の相互作用に関する自然遺産の登録基準は条約 2 条と矛盾すると指摘し、農村景観または文化的景観は文化遺産に含めるよう勧告を行った。これを受けて、世界遺産委員会は 1992 年の OG 改正で、自然遺産の登録基準から人と自然の相互作用を削除し、文化的景観を文化遺産に位置付けて、「生きている」継続的な景観については、検討の継続を決定した。

　ICOMOS はこの間、多様な文化遺産に関する調査研究を精力的に行って、1992 年、グローバル・スタディを公表し、1994 年、世界遺産委員会はこの提言に基づいて「均衡性、代表性、信頼性を有する世界遺産リストのためのグローバル・ストラテジー」を採択した。

　グローバル・ストラテジーの採択は、遺産概念の発展における転換点となった。考古学、建築学、人類学、民族学では、遺跡や記念工作物から、複雑で多面的な文化的集団の関与に焦点が当てられるようになり（岡田 2013: 99）、このようなパラダイム転換を反映して、グローバル・ストラテジーは今後、世界遺産条約が重視すべき主題として、「人と土地の共存」（人の移動［遊牧・移住］、集住、生業、技術の発展）と「社会における人間」（人の交流、文化の共有、精神的・創造的表現）を提示した。この方針に従って、1994 年の OG 改正においては、地域性、固有性、当事者性を重視し、「生きている」文化に焦点を当てた遺産概念として、文化的景観が体系的に整理された。

(2)　文化的景観と先住民族の伝統的文化

　文化的景観は、①「人間により意匠された景観（landscape designed and created by man）」、②「有機的に進化する景観（organically evolved landscape）」、③「関連する文化的景観（associative cultural landscape）」という 3 類型に区分されている。②には、「化石景観（a relict（or fossil）landscape）」と「継続する景観（continuing landscape）」があり、「継続する景観」は、「伝統的な生活様式と密接に結びつき、現代社会の中で活発な社会的役割を保ち、進化の過程が進行中の継続している景観」と定義されている。また、③の「関連する文化的景観」は、信仰、芸術、文化により人が自然と強い精神的つながりを持つ景観と定義され、それぞれ登録基準 v）、vi）に反映された。

　文化的景観に関する登録基準 v）と vi）により、先住民族の生活様式や人と自然との精神的なつながりを OUV の評価で考慮することが可能となり、先住民族の遺産が世界遺産として認められるようになった。例えば、フィリピン・コルディリェーラの棚田は、伝統的な生活・生業による土地への働きかけにより形成された「生きている遺産」として登録が認められ、自然遺産として登録されていたニュージーランドのトンガリロ国立公園やオーストラリアのウルル・カタ・ジュタ国立公園は、先住民族の聖地として再評価されることにより、複合遺産として再登録が行われた。また、ソロモン諸島（East Rennell）につい

ては、地域共同体の慣習法に基づく伝統的所有と管理により自然遺産の登録が認められ、後の OG 改正により、地域共同体による伝統的管理は適切な保護管理として正式に位置付けられた（OG para.97）。

　もっとも、新たな概念の受容に伴う課題もある。第一に、文化的景観は文化遺産に位置付けられたため、自然遺産の登録においては先住民族の慣習的な資源利用が考慮されず、自然遺産と文化遺産の分断が深まったと批判されている（Stefan Disko 2017: 46）。第二に、このような事案について、ICOMOS と世界遺産委員会は締約国との事前協議で複合遺産の推薦を打診することができるが、十分な資源をもたない締約国は、複雑で煩雑な証明が必要となる伝統的文化の審査を回避し、自然遺産の登録推薦を選択する傾向がある。第三に、土地利用や生活様式の変化を伴う「生きている」文化については、例えば、粗放的放牧を行っていた遊牧民の一部が定住して生業を継続している場合のように、真実性、完全性が厳格に審査されることにより、保護管理計画に生活・生業の実態が反映されず、遺産登録により、かえって文化の継続が妨げられる場合がある。最後に、OUV の証明には、類似例との比較による例外性の証明が必要となるが、自然と文化をホーリスティックに捉える先住民族の世界観と密接に結びついた景観のように、汎世界的な共通認識を見出しにくい物件について、普遍性と多様性を両立させる妥当なレトリックを案出することは容易ではない。例えば、カナダのピマチオウィン・アキ（先住民族の言語で「生命を与える土地湿地、湖沼、森林地域）については 2013 年、2016 年と登録が延期され、2018 年、3 度目の推薦でようやく登録が認められている。このように、評価が定まりにくい複雑な案件が増えるに従って、ICOMOS の勧告や世界遺産委員会の決定が不安定化し、評価の一貫性の欠如により、条約制度の正当性、信頼性に揺らぎが生じかねないとの懸念も示されている（中村 2019: 75-77）。

4.　世界遺産条約における先住民族の権利の位相

(1)　先住民族の参加

　1972 年に採択された世界遺産条約の条文には先住民族の権利は規定されていない。OG にも定められていないため、先住民族は遺産の登録推薦手続から排除され、登録後には遺産価値を損なう存在として、土地や資源へのアクセスを妨げられていた。土地、領域、自然資源との物理的、精神的つながりの中で、

独自の生活様式と世界観を確立し、その有形・無形の文化的表現をアイデンティティの拠り所とする先住民族にとって、土地や資源へのアクセスを制限されることは、尊厳を傷つけられる深刻な事態である。しかし、条約制度に規定がない以上、その処遇は締約国に委ねられ、異議申立が黙殺されることも少なくなかった。

　苦境に立たされた先住民族について、世界遺産委員会が初めてその見解を示したのは、オーストラリアのミラー事件においてである。オーストラリア北部のカカドゥ国立公園は1981年に複合遺産として登録されたが、登録に際し、公園内のウラン鉱床は遺産地域から除外され、その1つは遺産登録とほぼ同時に採掘を開始した。連邦政府はウラン鉱床の採掘数に上限を定めていたが、1996年、政府は上限を撤廃し、遺産の核心地域に近いウラン鉱床について採掘を許可した。これに対し、伝統的土地所有者である先住民族ミラーは、ウラン鉱床の採掘による景観破壊や放射能汚染を危惧して採掘の停止を求め、世界遺産委員会に直接、請願を行った。国内外の環境NGOはこぞってミラーを支持し、IUCNも新たな鉱床の採掘は遺産価値を損なうおそれがあるとの報告を公表していた。

　1998年、世界遺産委員会は現地調査を実施して報告書を取りまとめ、連邦政府に対し、開発の見直しを勧告した。報告書は1972年以降の人権およびマイノリティの権利に関する国際法の発展に言及し、条文およびOGの解釈においては、「当事国の間の関係において適用される国際法の関連規則」（条約法条約31条3項(c)）として、先住民族の権利の考慮が求められると指摘した。これを受けて、連邦政府はミラーと事業者の協議を求め、新たな鉱床採掘は停止された。

　この事件を契機として、2000年、先住民族らは常設の諮問機関として、世界遺産先住民族専門家理事会の設立を世界遺産委員会に要請し、議案は翌年、世界遺産委員会で審議されたが、アジア、アフリカ諸国からも反対の意見が相次ぎ、採択は見送られた。ただし、2005年のOG改正では、遺産の保護管理がOUVの構成要素と位置付けられて、保護管理における地域共同体の参加の奨励が規定された。この時点では、先住民族の権利およびFPICは規定されていないが、2007年、世界遺産委員会は条約の戦略目的に「共同体」を追加し、「先住民族、伝統的および地域共同体の参加が条約の実施において極めて重要であることを認識し」、という一文が入れられた。

(2) 人権アプローチの受容

　2007年、国連総会で採択された国連宣言は自己決定権と文化遺産に関する権利を包括的に規定し（3条、11条、12条、14条、15条、31条）、土地や領域、資源との精神的つながりを認め、伝統的所有権等によりこれらを所有し、使用し、管理する権利、およびFPICを定めている（25条、26条、27条、32条）。国連と専門機関に対しても、先住民族に影響を及ぼす問題について当事者の参加を確保し、宣言の規定の尊重と十分な適用の促進、およびその有効性の把握が求められている（41条、42条）。国連においては、先住民族問題に関する常設フォーラム（UNPFII）、先住民族の権利に関する専門家機構（EMRIP）、および特別報告者が国連宣言の実施を確保する任務を担うものとされ、世界遺産条約における先住民族の参加とFPICの確保に関する問題は、これら諸機関においても注視されていた。

　国連宣言の採択にも関わらず、世界遺産条約においては、2011年、ケニアの湖沼地帯の登録審査において先住民族の権利侵害が考慮されず、国際的な批判が巻き起こった。ケニアの大地溝帯にあるボゴリア湖は豊富なミネラル分を含有し、世界最大のフラミンゴの棲息地として知られている。エンドロイスは古くからこの地に住む先住民族で、湖周辺で放牧、薬草採取、儀礼を行っていた。しかし、1978年、政府がボゴリア湖周辺を狩猟保護区に指定すると、湖周辺への立ち入りを制限され、補償、利益配分、雇用の確保等の代償措置も履行されていなかった。エンドロイスは大統領に請願を行い、高等裁判所にも提訴したが、自らの主張が認められなかったため、保護区指定で文化の完全性が損なわれたとして、アフリカ人権委員会に人権侵害を申立てた。アフリカ人権委員会は2003年、ケニアはFPICを取得せずにエンドロイスを移住させ、迅速かつ十分な補償も行わなかったとして、バンジュール憲章1条、8条（信仰に対する権利）、14条（財産権）、21条（天然資源を自由に利用する権利）、22条（開発の権利）違反を認定し、土地へのアクセスの確保と、適当な補償および効果的な実施のための対話を勧告した。

　しかし、ケニアはエンドロイスとの協議を行わずに、ボゴリア湖の自然遺産の登録推薦を行ったため、世界各地の先住民族は共同声明を公表し世界遺産委員会に取り下げを要請した。ところが、2011年、世界遺産委員会は遺産登録を決定したため、アフリカ人権委員会は委員会の決定を公然と批判し、特別報告者、EMRIP、UNPFIIもユネスコと世界遺産委員会に対し、登録手続とOGを

国連宣言と適合するよう見直して、先住民族の効果的参加のためのメカニズムを検討するよう要請した。

　2012 年、世界遺産条約は 40 周年を迎え、「世界遺産と持続可能な開発：地域共同体の役割」というテーマで多彩な議論が行われ、専門家会合は、遺産の保護管理と持続可能な開発の両立に関する新たなアプローチの必要性を認め、共同体の役割強化を含む「京都ビジョン」を採択した。そのフォローアップとして、2015 年に OG が改正され、遺産の登録審査および保護管理への先住民族の参加と FPIC の奨励が初めて規定された。同年、国連宣言を国連システム全体に反映させるための組織的調整が行われ、ユネスコは 2017 年、「先住民族に関するユネスコ政策」を採択し、世界遺産条約では、先住民族の役割を強化し、先住民族関連事案に助言を行う機関として「世界遺産のための国際先住民族フォーラム」が設立された。もっとも、2015 年に改正された OG は、先住民族を数あるステークホルダーの 1 つと位置付けるだけで、権利に基づく参加は認められていない。また、参加と FPIC は奨励に過ぎないため、登録推薦書が非公開で手続が進められ、FPIC を取得していない物件について登録が認められる場合もあった。

　そこでこの点についてはさらなる検討が必要とされ、2019 年の OG 改正において、先住民族の参加の権利を実効的に確保するための包括的な規則が定められた。第一に、先住民族は遺産登録および保護管理においてステークホルダーかつ権利者と位置付けられ、暫定リストの準備と登録推薦においては、十分で実効的な参加と FPIC の取得が求められた。第二に、登録推薦書は先住民族が理解できる言語で公開するものとされ、公衆との協議、ヒアリングも実施するよう求められた。第三に、遺産の保護管理に必要な立法、政策、戦略の策定においても実効的、包摂的かつ衡平な参加の促進が求められ、第四に、教育と能力構築の充実、伝統的知識の調査の奨励、国際的支援等の広範なエンパワーメントも定められた。

　このように、条約の意思決定プロセスの参加を求める先住民族の権利運動は、権利の実現を実質的に保障する手続の制定として結実した。

5.　評価と課題

　普遍的価値の保護と継承を掲げる世界遺産条約は、グローバル・ストラテジ

ーを契機として、文化多様性の尊重という価値を受容し、遺産概念の再定義により、人と自然の相互作用を重視する文化的景観を導入した。文化多様性の尊重は多元化する国際社会において、世界遺産条約に新たな正当性を付与する契機となったが、専門的評価の権威の相対化により恣意的、政治的主張の歯止めが失われ、開かれた「パンドラの箱」をどのように収めるか、という道筋はまだ見出されていない。

　一方、国連宣言に具体化された先住民族の権利は OG に組み入れられることにより、世界遺産条約と国際人権法との矛盾・抵触は、文面上は克服されたようにみえる。世界遺産条約における人権アプローチの受容は国際的な先住民族の権利運動の成果であり、国連宣言の採択は、このような権利運動に正当性を付与すると共に、国連システムの政策転換を駆動し、国連三機関の積極的介入の基礎として機能した。すなわち、先住民族は国連宣言の採択を背景として、チェンジ・メイカーとして成功を収めたと評価することができる。

　しかし、世界遺産条約がコスモポリタン的価値からローカルで土着的な価値へと軸足を移し、西欧中心主義的偏向を修正したか、という点は慎重に評価する必要がある。第一に、文化的景観の導入により、先住民族の生活様式や無形の価値が評価されるようになったが、導入時の議論を主導したのは欧州諸国であり、欧州のぶどう畑等の農村景観の登録が進展した結果、世界遺産リストにおける地域的、文化的不均衡は今も解消されていない（Christoph Brumann & Aurélie Élisa Gfeller 2021: 7-11）。第二に、遺産の登録推薦は締約国の意思に委ねられ、近年、国家威信をかけて登録数の増加に意欲を示す国も少なくないが、自国の先住民族の権利や伝統的文化に関心が乏しい国に対しては、条約実施機関の助言は限定的な効果しかもたらさず、参加の奨励も有名無実となりかねない。例えば、先住民族の伝統的文化の調査を奨励し、先住民族の認識を条約用語へと翻案し、分厚い申請書類を作成するための専門的、技術的、財政的支援を強化し、世界遺産の保護管理と持続可能な開発との共存共栄の道筋を示す等、「排除から包摂への転換」には、まだ多くの課題が残されている。

　ところで、先住民族の遺産の価値が正当に評価されず、先住民族の参加の権利が保障されていないという課題は、日本にとっても他人事ではない。2005年、知床の世界自然遺産登録に際し、アイヌ文化の継承やアイヌの参加およびFPIC は考慮されていなかった（Ono 2014: 276-279）。知床の OUV は特異な生態系や原生自然が残されている点にあり、今も生き続ける遺産として評価を受け

たわけではないが、厳しい自然環境と共存してきた人の営みを解明し、その継承を図ることや、その検討の場にアイヌ民族の参加を確保することは、国連宣言と世界遺産条約の両立を図りながら、人類全体の遺産を将来世代に引き継ぐために、必要な保護管理といえるのではないか。

考えてみよう

・先住民族の遺産について、顕著な普遍的価値（OUV）が認められた場合、誰がどのように保護管理を行うべきか。
・知床の世界自然遺産の登録において、アイヌ民族にどのような役割が認められるべきだっただろうか。

【参考文献】

岡田真弓「遺跡・遺産が伝える先住民族の歴史と文化」『平成 24 年度　遺跡等マネジメント研究集会（第 2 回）報告書』（2013 年）98-107 頁

中村俊介『「世界遺産」——理想と現実のはざまで』（岩波新書、2019 年）

Christoph Brumann & Aurélie Élisa Gfeller, "Cultural landscapes and the UNESCO World Heritage List: perpetuating European dominance", *International Journal of Heritage Studies*, 2021, pp.1-16

Francesco Francioni and Federico Lenzerini eds., *The 1972 World Heritage Convention, A Commentary*, 2008

Ono Yugo, Shiretoko Natural World Heritage Area and the Ainu People, in Stefan Disko and Helen Tugendhat eds., *World Heritage Sites and Indigenous Peoples' Rights*, IWGIA – Document 129, Copenhagen, 2014, pp.269-286

Stefan Disko, Indigenous Cultural Heritage in the Implementation of UNESCO's World Heritage Convention: Opportunities, Obstacles and Challenges, in Alexandra Xanthaki, Sanna Valkonen, Leena Heinämäki and Piia Nuorgam eds., *Indigenous Peoples' Cultural Heritage: Rights, Debates and Challenges*, 2017, pp. 39-77

第4章　遺骨返還

先祖の帰還のために必要な制度とは何か

岡田真弓

1．はじめに

　かつて研究者らによって収集され、その後博物館や研究機関に保管された先住民族の先祖の遺骨や副葬品等については、先住民族の権利回復の1つとして、世界各地で様々な返還の取組が実践されている。本章では、はじめに先住民族の遺骨や副葬品等の収集および返還をめぐる歴史的経緯を俯瞰したのち、「先住民族の権利に関する国連宣言」（国連宣言）に明記されている「遺体および遺骨の帰還についての権利」の内容を確認する。次に、先住民族の遺骨や副葬品等の返還に関する法律のなかでも、アメリカの連邦法「アメリカ先住民族墓地保護・返還法」（NAGPRA）に焦点をあてる。先住民族の遺骨と副葬品、聖遺物、文化的承継物（遺骨・副葬品等）の返還、および墓地の保護の手続ならびにその要件を具体的に規定し、連邦政府に関係する全米の博物館等を対象に施策を進めてきた NAGPRA の運用状況を理解しながら、本法の特徴および施行後30年の間に顕在化した課題について論じる。

2．先住民族の遺骨・副葬品等返還の潮流

　現在、先住民族が返還を求めている遺骨、副葬品、儀礼用具等の多くは、人類集団間の差異や優劣に関心を寄せた人類学や諸民族の文化を対象とした民族学の研究資料として収集されたものである。植民地主義の広がりとともに、各地で被植民者となった先住民族はこうした研究の対象となり、特に19世紀以降は、人種的特徴を骨格計測から明らかにするために先住民族の遺骨が収集

されるようになった。収集された遺骨や副葬品等は、欧米の主要な博物館や研究機関に保管された。先住民族による遺骨や副葬品等の返還を求める動きは、19 世紀末からニュージーランド、オーストラリア、アメリカ、カナダといった国で単発的かつ小規模に行われていた。1980 年代に入り、各国で先住民族の権利に対する意識が高まると、こうした運動は国際的な広がりを見せ、オーストラリアやアメリカでは先住民族の遺骨や副葬品等の保護および返還に向けた国内法が整備されたり、他の国ではガイドラインの策定が進んだりした。今日では、自国外の博物館や研究機関に保管されている遺骨や副葬品等の返還（国際返還）事例も蓄積されている。

　明治期以降の日本でも、日本人起源論や優生学的な自然人類学研究のためにアイヌ民族の遺骨や副葬品が収集され、旧帝国大学を中心とした大学や博物館に保管された。2013 年に、文部科学省が全国の大学に対して行ったアイヌ遺骨の保管状況調査では、12 大学に 1,600 体以上の遺骨が保管されていることが判明した。1980 年代ころから、先祖の遺骨や副葬品の返還を求める声がアイヌ民族から上がるようになるが、交渉による大学からの返還は限定的であった。動きが加速したのは、2008 年の「アイヌ民族を先住民族とすることを求める国会決議」を契機とするアイヌ政策推進のなかで、アイヌ民族の遺骨・副葬品の返還および慰霊の実現が柱の 1 つになってからである。国が策定したガイドラインに基づき、2016 年からは個人が特定されたアイヌ遺骨・副葬品を子孫（祭祀承継者）に返還する取組が、2019 年からは地域が特定されたアイヌ遺骨・副葬品を出土地域の団体に返還する取組が始まっている。その後、返還請求がなされている遺骨・副葬品をのぞき、大学に保管されていた遺骨・副葬品は、アイヌ文化の復興・発展および国民への普及の拠点として北海道白老町に開設された民族共生象徴空間（通称、ウポポイ）内の慰霊施設に集約された。慰霊施設では、アイヌ民族による慰霊が執り行われるとともに、国が窓口となって引き続き個人および地域団体への返還が続けられている。

3.　国連宣言における遺骨・副葬品等に関する先住民族の権利

　2007 年に採択された国連宣言のなかには、精神的・宗教的な伝統や儀式を実践する権利とともに、先祖の遺体および遺骨の返還についての権利も明記されている。ここでは、国際社会における先住民族の文化遺産の保護や返還につい

ての規範形成過程を概観したのち、国連宣言の内容について考察する。

(1) 先住民族の文化遺産の保護や返還に関する国際社会の動向

　国際社会では盗取や不法に入手された文化遺産を保護する取組が先行しており、例えば国連教育科学文化機構（ユネスコ）では、2 度の世界大戦を通じて多くの貴重な文化遺産を失った経験から、武力紛争時の文化遺産の保護や不正に入手された文化遺産の返還に関する政策が進められた。また、2003 年の「無形文化遺産の保護に関する条約」は、無形の文化的所産を多分にふくむ先住民族の文化遺産に対する国際的な関心を高めるきっかけとなった。

　1982 年に国連人権小委員会の特別報告者ホセ・マルチネス・コーボが作成し、国連宣言構想を後押しした「先住民に対する差別問題の研究」報告書には、各地の先住民族が直面する様々な課題の 1 つとして、博物館等に保管されている聖遺物の返還および埋葬地の保護が指摘されている。2005 年に横田洋三とサーミ評議会が国連人権委員会に提出した「先住民族の文化遺産の保護に関する原則および指針案」もまた、国連宣言で言及される先住民族の文化遺産や宗教的伝統および慣習に関する権利の基盤となった。この原則および指針案では、先住民族の文化遺産の定義について具体的かつ詳細な対象範囲が示されていることにくわえ、先祖の遺骨・副葬品等を含む先住民族の文化遺産の返還についても記載されている。その後の国連宣言の草案作成では、先住民族の宗教的伝統、慣習、儀式に関する権利のなかで、儀礼用具の使用および管理、先祖の遺骨返還、そして各国政府が果たすべき責務が議論されていった（McKeown 2020: 38-39）。

(2) 国連宣言における遺骨・副葬品等の返還に関する内容

　文化遺産を維持、管理、保護する権利や精神的・宗教的な伝統および慣習を実践する権利は、国連宣言の 11 条、12 条、31 条に規定されている。特に、先住民族の文化遺産の返還については 11 条と 12 条で言及されている。12 条 1 項には、「精神的および宗教的な伝統、慣習および儀式を明示し、実践し、発展させ、および教育する権利」、「宗教的および文化的な場所を維持し、および保護し、ならびに干渉を受けることなくこのような場所に立ち入る権利」、「儀式用の物を使用し、および管理する権利」と並んで、「遺体および遺骨の帰還についての権利」が明記されている。条文全体を見ると、先住民族が有する精神

的・宗教的伝統や慣習に関する権利のなかに、遺体および遺骨の返還が位置付けられていることがわかる。ここで遺体という用語が用いられている理由は、返還されるべき対象が遺骨のみならず、毛髪や臓器といった身体部位も含むためである。2 項には、先住民族が儀式用具、遺体および遺骨にアクセスまたはこれらの返還を可能にする国の責務が記載されている。また、11 条 1 項には、「過去、現在および未来にわたる先住民族の文化の表現を維持し、保護し、および発展させる権利」が、2 項にはこのことに関連する国側の責務、すなわち、奪われた先住民族の「文化的、知的、宗教的および精神的財産に関し、当該先住民族と連携して設けた効果的な仕組（原状回復を含む）を通じた救済」を行うことが述べられている。

　遺骨や副葬品等の返還についての権利が明記された国連宣言は、特に日本のように採択後から取組を始めた国の先住民族および政府それぞれにとって一定の指針となった。宣言採択後も、国連は先住民族の儀礼用具および遺骨・副葬品等の返還の重要性を訴え、各国に公平かつ透明性のある効果的措置を策定するよう求めてきた。2020 年にはカナダのバンクーバーにおいて、先住民族の権利に関する専門家機構（EMRIP）が、国連宣言のもとでの儀式用具と遺骨の返還に関するセミナーを開催した。このセミナーには、各国の先住民族、博物館、研究者、人権団体が参加し、昨今の返還実践とその課題に関する報告が行われ、これらをもとに 13 の勧告が出された。セミナーで発表された様々な立場からの報告内容は、最終的に EMRIP の報告書としてまとめられ、国連総会に提出された（UN Doc. A/HRC/45/35（2020））。報告書には、国連宣言のもとでの先住民族の儀式用具、遺骨、無形文化遺産の返還についての歴史的経緯、法的・倫理的・政治的枠組、各地での実践例が記載された。また勧告として、国連宣言の関連条項に基づく国際返還の促進や、十分かつ意味のある先住民族の参画および先住民族の自由意思による事前の十分な情報に基づく同意（FPIC）が担保された返還のための法制度整備を各国に求める内容がまとめられている。

4.　アメリカにおける先住民族の墓地の保護と遺骨・副葬品等の返還

　現在、アメリカで返還の対象となっている先住民族の遺骨・副葬品等の多くは、19 世紀から 20 世紀にかけて研究者たちによって墓場や戦場から持ち出されたものである。その目的は研究資料収集や売買であり、多くは遺骨・副葬品

等の遺族や関係するトライブに知らされないまま、博物館や大学等の研究機関に保管された。その後、アメリカ先住民族の遺骨・副葬品等を返還することを規定した「国立アメリカ・インディアン博物館法（NMAIA）」と NAGPRA が施行されるが、以下では特に NAGPRA に着目しながら、手続の概要と運用において顕在化した課題について論じる。2021 年 5 月現在、合衆国内に暮らす先住民族のうち、574 の集団が連邦政府からトライブ認定を受けているが、ネイティブ・ハワイアンはトライブ認定されていない。ここでは、トライブ認定の有無を問わず、ネイティブ・ハワイアンも含めて合衆国内に暮らす先住民族を総称して、アメリカ先住民族と記す。その他の呼称については、現行のインディアン法に準ずる。アメリカのインディアン法については第 13 章を参照されたい。

(1) NMAIA と NAGPRA の成立過程

　1970 年代に入ると、アメリカ先住民族の権利回復運動のなかで、先祖の遺骨・副葬品等に対する人道的配慮を欠いてきた博物館や研究者に対する抗議が起きたり、アメリカ先住民族の伝統的信仰や文化実践の権利保障を求める声が上がったりした。1979 年の「考古資源保護法」は、国有地およびアメリカ先住民族の土地における違法発掘や出土物の売買を禁止したが、アメリカ先住民族の遺骨・副葬品等の保護や返還への実効性はわずかであった。1980 年代になると、研究者や博物館関係者の間で過去の植民地主義的な研究への内省的な議論が重ねられたり、州政府レベルでも先住民族の先祖の墓地や遺骨・副葬品等を保護する取組が拡大されたりした。こうした流れを受け、連邦議会にはアメリカ先住民族の遺骨・副葬品等の返還に関する法案が提出され、連邦政府、アメリカ先住民族の団体、博物館、学協会の間での利害調整を経て、1989 年にNMAIA、1990 年に NAGPRA が施行された（岡田 2019: 38）。

　スミソニアン機構によって設立された国立アメリカ・インディアン博物館には、従来、スミソニアン機構、ヘイ博物館、陸軍医学博物館が保管していたアメリカ先住民族に関するコレクションが統合され収蔵されている。コレクションには、美術工芸品や関連書籍のほかに、アメリカ先住民族の遺骨・副葬品等も含まれていた。NMAIA は、同国立博物館とスミソニアン機構内にある国立自然史博物館が保管するアメリカ先住民族の遺骨、副葬品および博物館が不正に取得した品（のちに聖遺物と文化的承継物も追加）の目録を作成し、その目録を

関係するアメリカ先住民族に公開することを義務付けている。その上で、目録に記載された遺骨・副葬品等と関係のある、①直系子孫、②連邦政府認定のトライブ、または③ネイティブ・ハワイアン組織（ネイティブ・ハワイアンに関する専門的知識を有し、ネイティブ・ハワイアンの利益に資する活動を行う団体。NHO）のいずれかから請求があれば、その個人や団体に返還することとしている。こうした返還手続と運用方法の骨子は、連邦政府から財政支援を受けているすべての博物館や大学等を対象としたNAGPRAでも踏襲されている（森本2015：92）。

　なお、NMAIAもNAGPRAも国内返還のみを対象としており、国際返還には適用されない。そのため、アメリカ先住民族が国際返還を追及する際には、国連宣言や2014年に先住民族世界会議で採択された成果文書（UN Doc. A/RES/69/2（2014））の関連条項が足掛かりとなる。

(2) NAGPRA の目的と射程

　NAGPRAは次の3点、すなわち①連邦政府から財政支援を受けている博物館、大学または連邦・地方政府機関（博物館等）が保管する遺骨・副葬品等の返還手続、②NAGPRA施行後に国有地またはトライブの土地（ネイティブ・ハワイアンが管理する土地も含む）から発掘・発見された墓地の保護および遺骨・副葬品等の返還手続、③違法な取引に対する罰則について規定している。内務省国立公園局NAGPRA事務局が先の①から③までを所管し、加えて返還請求等の手続の支援、NAGPRA審査委員会の運営、NAGPRA助成金の支給等の業務を行っている。返還請求等の手続の支援では、ときに専門的知識を要する手続に対する理解促進をはかるため、返還手続の準備や助成金申請に関する巡回講演会等の開催、事務局のホームページ上での動画や資料を通じた普及等を行っている。NAGPRA審査委員会は、アメリカ先住民族の代表と博物館等の代表者で構成され、返還請求者からの異議申立への対応、NAGPRAが適切に運用されるための審査、提言、勧告等を行っている。NAGPRA助成金は、博物館等やトライブおよびNHOが遺骨・副葬品等について協議または記録する際の費用を支援するためのもの（競争的資金）と、返還費用を補填するためのもの（非競争的資金）の2種類がある。いずれも、返還手続において不利な立場になりやすい請求者側の先住民族を支援し、公平かつ透明性のある手続を志向した仕組といえよう。

　ここでは、①博物館等が保管する遺骨・副葬品等の返還手続と②国有地また
はトライブの土地から発掘・発見された墓地の保護および遺骨・副葬品等の返
還手続に焦点をあてていくが、その前に NAGPRA の返還手続に共通する重要
な概念「文化的関連性」について述べたい。文化的関連性は、博物館等に保管
または地中に埋葬されていた遺骨・副葬品等の返還先を判断する際に用いられ
る概念で、連邦政府認定のトライブまたは NHO と遺骨・副葬品等が帰属する
過去の特定集団との間にある歴史的かつ合理的にたどることができる集団的同
一性を意味する。文化的関連性の有無は、科学的に証明される必要はなく、地
縁的、血縁的、考古学的、言語学的情報のほか、口承情報といった指標をもと
に総合的に判断される。返還請求者と遺骨・副葬品等との間に文化的関連性が
認められれば、博物館等や土地の管理者は当該請求者に返還しなければならな
い（岡田 2019: 39）。

(3)　博物館等が保管する遺骨・副葬品等の返還手続

　博物館等が保管する遺骨・副葬品等の返還手続では、①遺骨・副葬品等の目
録化と通知、②目録化した遺骨・副葬品等と返還請求者との文化的関連性の有
無の確認、そして③返還または所有権・管理権の移管、が求められる。目録作
成には、博物館等が保有する情報に基づいて遺骨・副葬品等の由来（発掘・収集
した場所や時期）や文化的関連性を特定する目的があるが、そのための新たな科
学分析は想定されていない。博物館等が保有する情報は必ずしも十分ではない
ため、NAGPRA では目録作成のプロセスにトライブや NHO の関与を義務付
けることで、文化的関連性の特定が円滑かつ公平に行われることを目指してい
る。当初、遺骨・副葬品等の目録は NAGPRA 制定日から 5 年以内に作成する
ことが義務付けられたが、財政難や人員不足により完了できない博物館等がで
てきたことから、のちにその期限は延長された。博物館等は完成した目録をア
メリカ先住民族に通知するが、この時点では文化的関連性を特定できていない
場合もある。目録は博物館等のデータベースでも公開され、アメリカ先住民族
が返還請求する際の手がかりとなったり、これらの情報を見た関係者たちとの
協議により文化的関連性をより強固にできたりすることもある（森本 2015: 93）。
一方、該当する関係者が見つからない、または協議をしても文化的関連性を特
定できない場合、その遺骨・副葬品等はいったん「文化的関連性不明」として
目録に記載される。

　返還請求者の要件は、①直系子孫、②連邦政府認定のトライブ、③NHOと規定されている。公開した目録内容について返還請求があった場合、博物館等は返還を求める個人・団体と返還の可否について協議を行う。該当する遺骨・副葬品等と返還請求者との間に文化的関連性が認められれば、当初からの返還請求者に返還することが内定する。その後、博物館等は返還先が決定したことを官報等において公示し、ほかの個人・団体からの請求がないかを確認する30日間の競合請求受付期間を設ける。競合する請求がない場合、当初からの返還請求者に対して遺骨・副葬品等が返還される。競合請求がある場合、基本的には請求者同士の協議によって返還先を決定する。一方、博物館等が遺骨・副葬品等と返還請求者との間に文化的関連性を認めず、返還請求に応じない場合、返還請求者はNAGPRA審査委員会に異議を申し立てることができる（岡田2019: 38）。

(4) 国有地またはトライブの土地から発掘・発見された墓地の保護および遺骨・副葬品等の返還手続

　国有地またはトライブの土地において、NAGPRA施行後に出土した墓地の保護および遺骨・副葬品等の返還手続は、意図的に発掘する場合と偶然発見した場合で異なる。意図的な発掘については、1979年の「考古資源保護法」に基づく発掘許可の取得にくわえ、関係するトライブもしくはNHOと遺骨・副葬品等の発掘後の取扱について協議を行い、同意を取得できた場合にのみ許可される。具体的な協議事項は、アメリカ先住民族の価値観に配慮した遺骨・副葬品等の発掘方法、記録方法、保管方法等である。偶然の発見については、国有地またはトライブの土地において墓地あるいは遺骨・副葬品等を発見した者は、国有地の場合は管轄する連邦政府機関に、トライブの土地の場合は適切なトライブもしくはNHOにその旨を通知しなければならない。もし、発見場所で建設や採鉱といった活動が行われている場合、その作業を一時中断し、すみやかに埋葬地を保護することが求められる。土地の管理者と発見場所の周辺に居住あるいは当該遺骨・副葬品等と文化的関連性があるトライブもしくはNHOとの間で、その後の遺骨・副葬品等の取扱について協議し、関係者間で合意に至れば、建設活動等は再開される。いずれの場合も、出土した遺骨・副葬品等と返還請求者との間に文化的関連性が認められた場合、国有地またはトライブの土地の管理者は、その旨を周辺地域または文化的関連性があるトライブ

や NHO に周知するため、新聞に公示を出す。期間内に競合請求がなければ、当該遺骨・副葬品等は当初の返還請求者に返還される（岡田 2019: 40）。

　国有地またはトライブの土地の管理者は、発掘・発見の時点ですみやかに関係するアメリカ先住民族に連絡をとり、その後の保護や返還の方法について協議する必要があるため、NAGPRA は発掘・発見された遺骨・副葬品等の所有権の優先度を詳細に規定している。まず遺骨とそれに関連する副葬品の場合、直系子孫が特定できれば、それらの所有権は当該個人に帰属する。直系の子孫が特定できない遺骨とそれに関連する副葬品、または特定の遺骨に関連しない副葬品、聖遺物、文化的承継物の場合、①出土場所を含むトライブの土地を管轄するトライブまたは NHO、②当該遺骨・副葬品等と最も密接な文化的関連性を有するトライブまたは NHO、③文化的関連性は確認できないものの、(a)かつて出土地域を始原的に占有していたトライブ、または(b)証拠の優越により(a)よりも別の強固な文化的つながりが認められたトライブ、の順で所有権が認められている（岡田 2019: 40）。

5. NAGPRA の特徴と課題

　2020 年発行の NAGPRA 年次報告書によれば、これまでに 199,933 体のアメリカ先住民族の遺骨が博物館等に保管されていることが明らかになり、そのうち 42% が NAGPRA に基づいて返還、または返還手続中であるという。連邦法だったからこそ、連邦政府から財政支援を受けているすべての博物館等における目録化が一定期間内に進み、目録作成や文化的関連性を調査するための国の助成金制度も整備された。少なくとも、連邦政府認定のトライブと NHO にとっては、先祖の遺骨・副葬品等を取り戻し、慰霊する権利を回復する手続が整えられたといえよう。とはいえ、現在も博物館等に保管されているアメリカ先住民族の遺骨の 58% は返還の目処がたっておらず、そのうちの 95% については文化的関連性の特定すらなされていない。その背景には、文化的関連性の特定の難しさがある。ここでは、文化的関連性をめぐる課題を 2 点述べる。

　課題の 1 つ目は、その特定方法に起因している。先に述べたように、文化的関連性は複数の指標をもとに総合的に判断されるが、文化的な特徴が反映されやすい副葬品等に比べ、遺骨の文化的関連性の判断には困難を伴う。NAGPRA は文化的関連性の特定のために科学分析を行うことは想定しておらず、

博物館等が保有する情報による目録作成を義務付けている。しかし、すべての遺骨について収集場所、時期、その他の収集経緯が詳細に記録として残っているわけではない。また所蔵後の博物館等における管理がずさんであったために、本来一緒に埋葬されていた遺骨と副葬品とが別々に保管されていたり、付随していた関連情報等が散逸あるいは消失していたりする場合も少なくない。加えて、返還請求時の文化的関連性の証明責任はアメリカ先住民族側、判断主体は博物館等や土地の管理者側にあるため、両者の文化的関連性の解釈が異なれば、返還をめぐる協議が長期化したり、返還そのものが実現できなかったりする。トライブやNHO内に文化的関連性に関わる専門的知識を有した人材がいない場合、文化的関連性の立証が大きな障壁となることも指摘されている。

　2つ目は、NAGPRAの適用範囲に端を発する課題である。例えば、NAGPRAは適用される遺骨・副葬品等の帰属年代を定義していない。それゆえ、数千年前といった古い遺骨が返還請求対象となった場合、祖先とのつながりを重視し返還を求める先住民族と、より古い年代の遺骨に科学的価値を追求する博物館等との遺骨に対する意向は大きく異なり、文化的関連性の特定において両者の解釈の相違が生まれやすい。また、NAGPRAはアメリカ先住民族政策の一環として施行されており、その対象は一般的に連邦政府認定のトライブとその成員に限られる。連邦政府からは未認定であるが州政府によってトライブ認定を受けている団体、あるいは連邦・州政府いずれからも未認定の団体もあるが、それらはNAGPRAの適用範囲ではないため、たとえ彼ら・彼女らの先祖の遺骨・副葬品等が博物館等に保管されていたとしても、返還手続にのることすらできなかった。しかし、連邦政府は文化的関連性を特定できない遺骨の返還を促進するため、2010年にその取扱に関する法改正を行った。これにより、遺骨・副葬品等が出土した場所との地理的つながりを根拠とした新たな手続が設けられた。ここでは、地理的つながりのある連邦政府認定のトライブやNHOが優先されるものの、これらからの返還請求や異議がない場合に限り、内務省長官の承認があれば、連邦政府から認定を受けていない団体も返還請求できるようになった（岡田 2019: 40）。

6. おわりに

　返還手続を制度化したNAGPRAは、国連宣言で示された先祖の遺骨や副葬

品等の返還に関する理念を具現化するための模範として、各国における先住民族の法的立場や法体系に合わせて適宜参照されてきた。実際、日本における出土地域の団体への返還手続の一部は、NAGPRA にある NHO への返還手続と類似性を持つ。

　NAGPRA は、いったんは分断されてしまった先祖の遺骨・副葬品等と子孫集団との文化的・地理的つながりを再構築する文化的関連性という概念を核とし、関係するアメリカ先住民族との協議を必須とすることで、その運用が科学的根拠や非先住民族の観点に偏らないよう留意してきた。他方、制度を理解した上で、公開された目録から先祖を探し、文化的関連性を証明し、返還を請求する NAGPRA における一連の作業は、アメリカ先住民族にとって決して簡単なプロセスとは言えない。先住民族の先祖の帰還において、一定の手続や要件は必要であるものの、最終的には返還する側である博物館等または土地の管理者の積極的な働きかけや返還を希求する先住民族側との丁寧な協議が不可欠である。

考えてみよう

・日本における先住民族の遺骨・副葬品等の返還の現状とその課題はどのようなものか。
・先住民族にとって、先祖の遺骨・副葬品等の帰還は極めて感情的なプロセスであるが、返還する側はどのような姿勢でのぞむことが求められるか。

【参考文献】

岡田真弓「アメリカ先住民族の遺骨・副葬品の返還—— NAGPRA を事例として」『考古学ジャーナル』729 号（2019 年）38-41 頁

森本直子「古人骨の取り扱いをめぐる諸問題——アメリカ先住民墓地保護返還法を中心に」『ジュリスコンサルタス』23 号（2015 年）89-105 頁

Cressida Fforde et al. (eds.), *The Routledge Companion to Indigenous Repatriation: Return, Reconcile, Renew*, Routledge, 2020

C. Timothy McKeown, "Indigenous Repatriation: The Rise of the Global Legal Movement," Fforde, Cressida et al. (eds.) *The Routledge Companion to Indigenous Repatriation: Return, Reconcile, Renew*. Routledge, 23-43, 2020

National Park Service, U.S. Department of the Interior, *Fiscal Year 2020 Report: National NAGPRA Program*, 2020 https://irma.nps.gov/DataStore/Download-

File/659340（2022 年 10 月 22 日時点）

Stephen E. Nash and Chip Colwell, "NAGPRA at 30: The Effects of Repatriation."
Annual Review of Anthropology（49），225-239, 2020

第5章　国際投資

国際投資保護と先住民族保護は両立可能か

坂 田 雅 夫

1. はじめに

　本章では、海外投資保護に関係する国際法または関係する裁判制度と、先住民族保護に関係する国際法の関係を明らかにしていく。

　本書では、法律関係だけでも様々な分野の専門家がそれぞれの専門分野について執筆している。ここで大前提として明らかにしておきたいことは、法は様々な分野の法規則が集まってできあがっている点である。それぞれの法分野には、それぞれの特徴があり、また得意不得意がある。我々個人の側からすると、特定の狙いがあるときに、使える分野もあれば、敵になる分野もあったりする。そして国際法では、更にそれぞれの分野ごとに裁判所が設立されてきた。その結果、持ち込む裁判所によって、勝ち負けが正反対になることもある。国内法でもある事件の加害者と目される人が刑事裁判では無罪となっているのに、その後同じ事件に関して民事裁判で賠償の支払いを命じられるということがある。国際法では分野や裁判所による違いがより顕著になり、同じ事件に関して複数の裁判所で判断が異なることが多く見られる。つまり、我々はどの裁判所が自分の狙いに関して適切なのかを理解し、戦略的に国際裁判を使っていかなければいけない。

　本章の対象である海外投資保護に関する分野は、投資保護協定や自由貿易協定といわれる国家間の約束事を母体に、それ独自の裁判制度を作り上げている。この分野の法や裁判制度は、先住民族の立場からすると使える制度なのだろうか、すなわち味方か、それとも多国籍企業や国家の保護を目指す規範で先住民族に不利な判断を行っており、使えない制度なのだろうか、すなわち敵と

いうことなのか。まずは海外投資保護に関してどういった国際約束が存在する
のか、そしてそれらがどういった裁判制度を備えているのか整理していこう。

2.　海外投資保護に関する国際法制度

　海外投資とは、特に比較的長期にわたって、海外に何らかの資産（会社等）を
保有し、経済活動を行うことを意味する。海外とものを売り買いする貿易は比
較的注目を集めやすいが、実は先進諸国は貿易よりも、海外の子会社からの配
当収益といった海外投資から生じる利益の方が大きい。そのため世界各国は、
自国民が海外に保有する投資資産の保護のために国家間で投資保護協定を結ん
だり、より幅広く経済活動一般を規律する協定を締結する際にそのなかに投資
保護の章を設けたりもする。

　海外投資保護に関して、世界中の諸国が数多くの協定を締結している。2022
年7月の段階で海外投資だけに特化した協定である投資保護協定が2871個、
投資保護も含めて、貿易等も絡めた経済関係全般を規律する自由貿易協定（経
済連携協定）が429個に及んでいる。自由貿易協定等の投資関係の規定と、投
資保護に特化した投資協定を区別する必要性は本章の観点からは薄いので、こ
の章ではこういった国際約束を総称して投資協定と称しておく。

　投資協定は締約国の国民が他の締約国に行う投資を保護する。保護の対象に
なるのは投資（財産）または投資家である。その具体的な条文は少なく、曖昧な
点も多い。一般的に含まれる条項としては、内国民待遇、最恵国待遇、保護と
保障、公正衡平待遇、収用等がある。それぞれについて簡単に紹介していこう。

　内国民待遇と最恵国待遇はともに差別を禁ずる条項である。内国民待遇は投
資財産および投資家が、投資受入国の国民（またはその財産）と等しい待遇を受
けることを定める規定である。最恵国待遇は、投資受入国が締結する他の協定
により第3国の国民またはその投資財産に与えられるより有利な待遇を、他の
締約国の国民またはその投資財産に与えることを事前に約束する規定である。
最恵国待遇は、実際のところでは、投資協定の締約国に、その国に投資する（投
資協定を締結している）諸国の国民またはその投資財産を差別無く取り扱う約束
であり、要するにA国に投資している、B国民とC国民を平等に扱えという規
定だと理解してよい。つまり両規定の本質は差別の禁止である。

　また投資協定は、他の締約国の投資家の投資財産に「十分な保護と保障」お

および「公正かつ衡平な待遇」を与えることを常としている。いずれも文言は曖昧で、その内容を巡って争いがあったが、最近締結される多くの協定および関連する諸判例では、投資協定がなくても、慣習国際法上外国人に与えなければならない最低標準の遵守を約束するものだとされている。

　「十分な保護と保障」は投資受入国の国内で、暴徒や反乱軍等により投資財産が損なわれるときに、投資受入国が財産保護のために適切な措置を講じていたかが問題となる。例えば、スリランカ国内で海外資本の海老養殖場が騒乱に巻き込まれた。裁判では、これが国家側の保護義務違反となるのかが争われた。最終的に、スリランカが事前に当該施設から不審人物を排除する努力をすべきであったとして、この義務を怠ったと判断された。

　「公正かつ衡平な待遇」はその文言が極めて抽象的であって、その内容を巡って激しい対立が生じてきた。この文言そのものは、もともとは内国民待遇や最恵国待遇と結びついて、内国民に与えられる待遇と比して「公正かつ衡平」というように、平等原則の実質性を担保する用い方をされてきていた。しかし、最近の投資協定では、公正衡平待遇の条項は、内国民待遇等の平等待遇諸条項とは別個に規定されることが多く、独立した条項となっている。国家側は、この条項の意味を外国人に与えられる慣習国際法上の最低標準の遵守を約束するものだと理解し、その旨を条約規定に明確に規定してきてもいる。投資家側または一部の学説は、慣習国際法上の最低標準として用いられる先例が1920年台の古い事例ばかりで、それらを今日の海外投資活動に関する規範として用いることは時代錯誤だと主張した。この対立は、慣習国際法上の最低標準が時代に応じて変化または高度化してきているのではという理解を前提として、最近は落ち着いてきている。

　収用条項は、他の締約国の投資家の投資財産を、公共のために用いる場合には補償金を支払えという条項である。例えば、日中韓投資協定11条は、「公共の目的のためのものであること」、「差別的なものでないこと」、「自国の法律および正当な法の手続に関する国際的な基準に従って行われるものであること」、他の規定で定められる「補償を伴うものであること」という4条件を満たさない限り、他の締約国の国民の投資財産の収用を行ってはならないと定めている。収用とはダムの建設や道の拡幅に伴い土地を取り上げる行為等が第一に想定されるが、法律上では直接的に財産を取り上げる行為以外も含む傾向にある。そのため、そもそも収用がどこまでの行為を含むのか、その範囲を巡って

激しい批判が為されてきたが、その点については本章5「海外投資保護は先住民族にとって敵なのか？」で取り上げたいと思うので、ここではここまでにしておこう。

　続いて投資協定が持つ裁判手続について説明していこう。多くの投資協定では紛争処理に仲裁という裁判手続が用いられる。投資協定の仲裁手続の特徴は大きく２つに分けて説明が可能である。１つには、国際法上の手続ではあるが、国家ではなくて被害者個人が直接に利用可能な手続であり、その点で人権条約の諸手続と類似している。もう１つには判決の内容が主に金銭賠償になる傾向にある。よく用いられる投資紛争解決国際センターの仲裁手続は、後述する理由により、金銭賠償の強制執行にしっかりとした規定を設けており、国際裁判手続としては比較的強い実効性を持っている。

　仲裁とは、常設の裁判所を利用するのではなく、その事件限りの特別な裁判所を当事者が設置することを前提とする。事件ごとに当事者が裁判をしてくれる人（仲裁人）を依頼して、裁判所をつくることになる。主に学者や弁護士等で世界的に名が通った人物が、その場限りで判断を下す職に就任する形を取る。通常裁判所として理解される諸機関、例えば国際社会でいえば国際司法裁判所等は、多くの事件が付託されていて、新たに事件を訴えても順番待ちというべき状況になってしまう。そのため素早い判断を求める場合や、関係する問題について特に詳しい知識を持った専門家の判断を求めたいという場合には、当事者が、その事件を専属で審議してくれる人物を選任し、その人の判断に従うというのが仲裁裁判である。ただ仲裁裁判に関する手続法や関係する事務手続を当事者が完全に自由に選ぶとなると、それはそれで時間が掛かるので、仲裁に関わる手続や事務局だけ事前に準備されている例も数多い。有名なのは常設仲裁裁判所や世界銀行が設置した投資紛争解決国際センターである。これらは仲裁裁判の事務手続の手助けをしてくれる事務局である。または既存の事務局等の手助けは借りずに、自分たちだけで裁判をやる際に、いくつかの手続規則の雛形を裁判の手続法として選択することもある。国連商取引法委員会が作成した仲裁規則が有名だ。

　そして本章の対象となる投資協定の多くは、こうした仲裁手続を紛争処理の手続として定めている。よく用いられるものが、先に触れた投資紛争解決国際センターであろう。このセンターにおける仲裁が出す裁定で求められる金銭上の債務は、その設立条約によって世界の多くの国の国内裁判所で確定判決とし

て、強制執行の対象とすることが可能である。そのため金銭上の債権という限られた範囲ではあるが、強力な執行力を有しているといえる。

　投資協定は先ほど述べた通り諸国により数多く締結されている。そのためこうした投資協定に基づく仲裁の件数も増加している。国連貿易開発会議のホームページによれば、2021 年末時点に、公表されている件数だけで 1190 件の仲裁事案が確認されている。

3. 代表的な事例

　それでは、投資協定およびその裁判手続である投資仲裁が、先住民族保護とどのように関わるのか、先住民族が関係した投資仲裁の事例を通して見てみよう。2 つの状況を想定してみよう。1 つは、外国企業の開発・投資によって先住民族の生活が害されており、それに対して先住民族が属する国家が先住民族保護のための措置を執った場合に、当該外国企業が国家を相手取って、賠償を求める文脈である。もう 1 つは、先住民族が原告となって国家を相手取って先住民族としての諸権利を主張する文脈である。第 1 の状況では、投資協定仲裁は先住民族の敵かという論点に絡み、第 2 の状況は、投資協定仲裁は先住民族の味方かという論点に絡んでくる。それぞれの文脈を代表する例として、第 1 の状況に関して(1)テキサコ事件と(3)グラミス社対アメリカ合衆国事件を、第 2 の状況に関して(2)グランドリバー社他対アメリカ合衆国事件を取り上げてみよう。

(1) テキサコ事件
　この事件では油田開発により周辺の環境が汚染され、先住民族の健康・生活が害されていた。汚染した多国籍企業側が、投資協定仲裁を利用した事件であり、未だ訴訟継続中だが現時点では多国籍企業側が勝っていることから、ある意味、投資協定仲裁は先住民族に不利な場であり、先住民族の敵であるというイメージを醸成していると考えられる。しかしながら、もう少し踏み込んで考えると、それほど先住民族に対して不利なことを言っているわけではないことが見えてくる。

　本件は、先住民族対多国籍企業の紛争としてよくあげられる。アメリカを拠点とするテキサコ社は 1964 年から 1992 年にかけてエクアドルにおいて油田開

発を行った。その過程で、様々な環境破壊行為または地元住民の健康侵害行為があったとされる。そのため先住民族を中心とする地元住民団体がアメリカの国内裁判所で1993年に集団訴訟を起こした。この国内裁判所は訴訟地として不適切であるとされ却下されたのだが、その後、エクアドルの国内裁判所でテキサコ社と合併統合したシェブロン社を相手取って訴訟が提起された。このエクアドル国内での訴訟では先住民族側が勝訴し、シェブロンに賠償の支払いが命じられた。原告団は、この賠償金の支払いを求めて、シェブロン社が資産を保有している地の裁判所に先の判決を執行するための訴訟を提起している。それに対して被告シェブロンも、各国の裁判所でエクアドル国内の訴訟手続の不当性を訴えるとともに、アメリカ合衆国・エクアドル間の投資協定に基づき仲裁に訴えを提起した。仲裁は国連商取引法委員会が作成した仲裁規則を手続規則として採用し、常設仲裁裁判所の事務局を利用したものだった。請求内容は、エクアドル国内の裁判手続が公正なものではなく、投資協定に違反しており、その執行を停止するようにと求めるものであった。2018年8月に仲裁は、エクアドルの国内裁判所の判決について、判決文が原告関係者により書かれていた等の諸点をもって、それが公平な裁判という慣習国際法上の最低標準、そして投資協定の定める公正衡平待遇に反すると判断した。

　この事件は、そもそもの対立構造が先住民族団体対巨大多国籍企業であり、また関連する訴訟も、各国の国内裁判所または投資協定仲裁において多数提起されたことから、広く注目を集めた。もっとも、法律的に見るなら先住民族の独自の権利に関係する議論は少ない。テキサコ社およびシェブロン社の行動は、地元の住民に対する通常の不法行為であり、先住民族特有の権利に関する議論ではなく、争われた点の多くは通常の民事紛争である。

　この事件の上述のエクアドルの国内裁判に関して、投資仲裁では現在のところシェブロン社側の勝利の中間裁定が出されている段階なので、投資仲裁は多国籍企業の味方で、先住民族の敵だというイメージを強くさせている。ただこの点でもう一歩踏み込んで注意してもらいたい。裁判では勝った負けたよりも、どういう理由で勝ったのか、またどういう理由で負けたのかという点も重要になるからだ。なぜなら裁判は理由を組み替えれば事実上何度でも提起することができるからである。前回負けた理由が事案の本質に迫るものならやり直しても勝てる要素は少ないが、もし事件の本質に関係が無い枝葉の部分で負けているなら、仮に負けてもいくらでもやり直せるからである。

　この事件は、環境や地元住民の健康を害する行為を行った多国籍企業が、結果として訴訟で勝っているように見える。そのためその舞台となった投資協定仲裁が、多国籍企業のための裁判手続であって、環境や人権にとって使えない制度であって、むしろ敵だというイメージを醸成することに繋がった。しかしながら、この仲裁判決をよく読み解いてみると、そういったイメージが間違っていることが分かる。まずこの投資協定仲裁では、テキサコ社およびシェブロン社のエクアドル国内での当初の行動が地元住民の権利を害していたのかという事案の本質的な部分での争いではなく、それに関係して提起されたエクアドルでの国内裁判が公平に為されていたのかという点に論点があった。そして、当該国内裁判所の判決等を読み解くと、公平な裁判官による判断ではなく、原告の先住民族団体の関係者が国内判決そのものを実質的に書いていた事が明らかだった。そのため裁判の公正性に疑いが呈されたのである。ということは、当初段階でのテキサコ社による現地住民への健康侵害という事実については、仲裁は何も述べておらず、その点だけ見たら、もう一度国内裁判をちゃんとやり直せば済む話だとなる。

(2) グランドリバー社他対アメリカ合衆国事件

　本件はタバコの規制を巡って、タバコの製造販売をしていた先住民族が仲裁に訴えを提起したものである。先住民族の訴えは却下されたが、その理由は踏み込んで考えておく必要がある。

　1990年代にアメリカの各州は、タバコが原因と思われる病気の治療のために各州政府が負担した費用の支払いを複数のタバコ会社に求める訴訟を、国内裁判所において相次いで提起した。それらの訴訟は和解により解決された。その和解の内容にはタバコ会社の供出する資金により基金を作り、タバコの害についての教育等に用いられることになっていた。この訴訟の対象となったタバコ会社は大企業が中心となっており、タバコの製造・販売に係わる中小企業は訴訟当事者となっていなかった。そのため和解条件において、和解に参加していないタバコ会社にも資金の供出を義務付ける州法の制定が各州に求められた。当該和解に参加した各州は、和解に参加していないタバコ企業に、和解参加企業と同様の金額の預託を求めた。

　その結果、カナダ国内およびアメリカ国内にいる複数の先住民族でタバコに関係する仕事をなしていたもの達が、北米自由貿易協定の規定に基づきアメリ

カ合衆国を相手取って仲裁に訴え出た。

　仲裁は先住民族に関する慣習国際法について画期的な確認を行った。裁定は「先住民族に大きく影響する政府の政策や行動について、政府当局が先住民族と協議することを求める慣習国際法上の原則が存在するとしてもよい」と述べている。

　それなら先住民族側が勝つはずではないかと思われるが、結果は先住民族側の訴えの却下である。なぜなのだろう。仲裁廷は、この協議義務は先住民族のコミュニティという団体との協議義務であり、原告個人の権利ではないとした。また北米自由貿易協定 1105 条が求める慣習国際法上の外国人が受ける待遇の最低標準の遵守について、それが「すべての外国人投資家の投資に保障される最低の保護」を意味しているとし、先住民族のみに対する義務は含まれないとした。投資仲裁は、先住民族に関する国家側の義務の慣習国際法性を認めはしたのだが、投資仲裁で問題になる慣習国際法は、すべての外国人投資家に対して国家が負っている義務に限られていて、先住民族団体に対してのみ負う義務は対象では無いとしたのである。

　この事件の特徴は、原告が外国人待遇に関する慣習国際法上の最低標準の遵守を国家側に求めている北米自由貿易協定 1105 条を根拠に議論を構築していた点にある。「先住民族の権利に関する国連宣言」（国連宣言）に基づいて自らの権利を主張するに際して、国連宣言そのものは法的拘束力が無いために、その内容が慣習国際法になっているという理由付けで訴訟に臨んだ。そして慣習国際法に関係する義務を定める北米自由貿易協定 1105 条に根拠付けたという流れだ。しかし、北米自由貿易協定 1105 条は慣習国際法一般の遵守を求める規定ではない、慣習国際法の中でも外国人保護に関する最低標準と呼ばれる特定の規範の遵守だけを求めるものである。そのため、本件では先住民族に関する慣習国際法は北米自由貿易協定 1105 条では根拠付けることができないとされたのである。

　本件の意義は、国連宣言で言われた先住民族団体との協議義務が慣習国際法上の義務となっていると確認されたことにあるだろう。

(3) グラミス社対アメリカ合衆国事件

　この事件では、先住民族保護のために国家が規制を行い、その結果損失を受けたとする企業が仲裁に国家を相手取って訴訟を提起した。訴えは却下され、

先住民族を保護した国家側の勝利と言える。グラミス社はカナダ企業であり、アメリカ合衆国および中南米各国で希少金属の採掘・開発事業を行っていた。1972 年にカナダのブリティッシュ・コロンビア州法に基づき設立され、経営陣の多数はカナダ国籍である。1987 年に同社の完全子会社であるグラミス・インペリアル社（ここでは両社を併せてグラミス社と標記する）がカリフォルニア州インペリアル郡における鉱山開発権を取得した。

　1994 年にグラミス社は連邦鉱山法の規定に則って、カリフォルニア砂漠保存地区内における公有地の鉱山開発計画を内務省連邦土地管理局に申請した。この開発計画を巡って問題が生じた。開発計画の該当地区がネイティブアメリカンであるケチャン族にとって宗教的および文化的にとても重要な「先祖代々の地」を含んでいたのである。そのためケチャン族は当該鉱山開発計画に強く反対した。この反対運動を受けて、カリフォルニア州が、鉱山開発について州法を定め、ネイティブアメリカンにとって宗教的に重要な土地における鉱山開発について、事後の埋め立てを必要な要件とした。そのためグラミス社は計画通りの鉱山開発ができなくなった。

　グラミス社は 2003 年に北米自由貿易協定の規定に基づき、アメリカ政府を相手取って仲裁手続に事件を付託した。仲裁は 2009 年にグラミス社の請求を却下する判決を下した。予定通りの収益を上げることが出来なかったことから財産の収用があったと主張されたのだが、それについて、仲裁廷は NAFTA1110 条（収用）に関するグラミス社の請求を却下するにあたり、「財産の逸失またはその他の経済的不利益が、善意の無差別な規制の結果である場合には、国家は責任を負わない」と述べている。

　本件の意義は、先住民族保護のために国家が海外投資活動を規制したとしても、それは投資協定が定める収用の対象とはならず、それゆえ国側は賠償金や補償金を支払う必要がないことが確認されている点にある。

4.　海外投資協定仲裁は先住民族にとって使える制度なのか

　投資協定仲裁は、国家に対する金銭債権の強制執行という観点から、その他の国際法上の諸手段と比較して強力な制度であるといえる。対して、例えば世界貿易機関の紛争解決手続は、請求を母国に出してもらう必要があるので、個人が直接利用できず、また WTO が出す勧告も WTO 協定と整合的にするよう

に求めるというかたちで、既に生じた損害への賠償等を求めることができない。また人権条約上の制度は個人が直接提起できるものが多いが、金銭賠償をみとめるものは限られている。

　しかしながら、先住民族がこの仲裁を利用するには大きな壁がある。それは投資協定が保護する対象が「海外投資」であるという点である。日本がA国と締結する投資協定では、お互いの国内で相手国家の国民による投資を保護することを約束する。この点で、域内にいる人すべてに人権の保護を約束する人権諸条約とは性質を異にしている。つまり投資協定では、日本国内において、現時点で日本国籍を持つ先住民族が、日本国政府を相手取って投資仲裁を提起することは出来ない。

　それでも一切使えないというわけでもない。日本国籍を持つ先住民族が、日本が締結する投資協定の相手国で投資活動を行っており、それが現地国家の手により十分な保護が与えられなかった、例えば先住民族固有の知的財産の保護等が十分与えられなかったような場合には、投資の保護がなされていないとして投資仲裁を活用することが可能である。先ほどのグランドリバー社事件のように先住民族が仲裁を利用するという事も十分あり得るのである。

5.　海外投資保護は先住民族にとって敵なのか

　そもそも投資協定または仲裁制度が先住民族保護の観点で着目されたのは、この制度が欧米の多国籍企業ばかり保護していて、先住民族等の弱者の保護の観点が欠けているという批判からだった。その意味で、海外投資保護は先住民族の敵だと位置付けられてきた。

　経済連携協定、自由貿易協定、または投資保護協定といった経済関係の諸協定には、外国人投資家の利益の保護ばかりを目指しており、人権や環境の保護に配慮していないという批判が存在している。つまり投資協定に関連するならば、国家が人権や環境の保護のために何らかの措置をとった場合に、その措置の結果として損失をこうむった外国人投資家が投資協定に基づき仲裁に訴えて、国家にはその損失への補償・賠償金の支払いが求められるという批判である。わが国でも、環太平洋経済連携（TPP）を契機として、このような批判が数多く聞かれるようになった。

　先住民族保護に関しては、2016年に国連人権理事会のもとにおかれる、先住

民族の権利に関する特別報告者が、先住民族保護の観点から投資協定が持つ問題点を指摘している（UN Doc. A/HRC/33/42）。この報告書は、投資協定（自由貿易の投資章含む）によって、先住民族の保護に悪い影響が出ているとする。投資協定が持つ欠点として、かなり多くの点が上げられているが、ここではよくいわれている「規制の萎縮（Regulatory chill）」、つまりは投資協定や仲裁を恐れて国家が投資を規制することを躊躇しているという指摘について考えてみよう。

　議論の中心になったのは、収用条項である。収用条項によって、国家が投資の規制を行った結果、外国人投資家が結果として損失をこうむれば、その損失分を補償する義務が国家にはある。それゆえに補償の支払いを恐れて国家は必要な規制を怠っているという批判だ。それは後に述べるように、収用条項がもつある種の曖昧性から、その適用対象が拡大し、国家がかなり多くの投資規制行為について補償・賠償を求められることになるという危惧に根ざしていた批判だった。

　収用条項とは、例えば、日本シンガポール経済連携協定（2002）77 条は「いずれの締約国も、公共のためであり、差別的なものでなく、正当な法の手続に従ってとられるものであり、かつ、この条の規定による補償の支払いを伴うものである場合を除くほか、自国の領域内にある他方の締約国の投資家の投資財産の収用もしくは国有化または収用もしくは国有化と同等の措置（以下、「収用」）を実施してはならない」と定めている。

　収用とはそもそも財産を取り上げる事を意味している。ダムの建設に伴い周辺の村人の所有地を取り上げることや、道路の拡幅工事のために沿道の人の所有地を取り上げることが典型例であろう。また国家が産業政策から、特定の産業の経営を固有化することもある。更に大規模になれば社会主義革命に伴って、国内の主要な産業が一斉に国有化されることもある。

　収用に関係して問題になったのは、先の条文でいう「同等の措置」という用語である。投資協定によっては「収用に等しい効果を持つ」や「間接的」等様々な用語が用いられている。この段階で収用の認定は、国家による規制行為が投資財産に及ぶ「効果」だけが文言上取り上げられている。そのため国家の規制行為の目的、例えば環境保護や先住民族保護のためという目的は一切考慮されず、外国人投資家が収用に等しい損失（効果）をこうむっているかいなかだけが認定基準になると批判されるようになった。ただ投資協定を締結する国家が、このように自らの規制権限を大幅に抑制する国際条約を締結するとは考えにく

いし、こういった批判と同趣旨の解釈を国家側が唱えたこともなかった。

　だとすると、この規程の文言の意味は何なのだろうか。その意図しているところは次のようである。国家側は、外国人の投資活動を、正規の収用手続によらず、様々な手段を用いて自主的な撤退に追い込むことができる。それは電気料金等の公共料金を差別的に異常に値上げする、または労働組合等を介して企業活動を日常的に阻害する等の行為である。工場等の設備への所有権は何も変更せずに、事実上業務の遂行を不可能にする手段を国家は数多く有していると言える。そのため形式的に所有権が残っていたとしても、実質的に投資活動の遂行が不可能になるような状況をも収用の対象とする趣旨で、「同等の措置」や「等しい効果を持つ」という文言が用いられている。

　もちろんこの種の文言は曖昧で、どこまでが収用になるのかは明確ではなかった。そのためその曖昧性を危惧する研究もかつては存在していた。そしてそうした研究が、投資協定反対運動にある意味利用されることとなった。こうした反対運動に直面する中で、投資協定を締結する諸国は、国家が一般的に持つ規制権限が過度に抑制されることがないように協定の文言に様々な工夫をしてきている。近年の投資協定では公益保護のために国家がとる措置を例外とする幅広い例外規定を設けることが多い。

　例えば、環太平洋パートナーシップに関する包括的および先進的な協定は、その付属書9－Bにおいて「公共の福祉に係る正当な目的（公衆の衛生、公共の安全および環境等）を保護するために立案され、および適用される締約国による差別的でない規制措置は、極めて限られた場合を除くほか、間接的な収用を構成しない」と明言している。

　国連人権理事会に提出された先住民族の権利に関する特別報告者の報告書は、投資協定は国家の規制権限を不当に制限しており、それゆえに国家は人権や環境保護のために規制をとることを躊躇していると投資協定を批判していた。しかし、すでに述べたように投資協定は国家の規制権限を過度に抑制するものではなく、ましてや先住民族保護のような公の正当な目的のために差別無く行われる規制を阻害するような性質のものではない。また現実の諸国の実行をみても、諸国は環境保護や人権保護を目指した規制を数多く実施しており、それゆえに国内および国際裁判手続に企業側が訴訟を提起する事例が数多く確認されているのであって、経済関係の協定を理由として国家が人権保護や環境保護を躊躇したという実行は確認されていないのである。その意味で、投資協

定は先住民族保護の敵ではないと言える。

6. おわりに

　法律では、どちらが勝ったか、負けたか、という結論よりもどういう理由で勝ち、どういう理由で負けたのかという理由付けや過程も重要になる。本章で掲げた3つの事件はそういった法律の勉強に典型的な素材を与えてくれている。テキサコ事件では、環境破壊や地元住民の人権侵害をおこなった多国籍企業テキサコ社が、そういったテキサコ社の行動について規制を行い、過去の行動について賠償を求める行動を取った国家側を相手取って訴訟を起こし、一見するところ勝利した。けれどもその中身を見てみると、勝利といっても、極めて限られた文脈だけの話で、国際仲裁がテキサコ社が行った環境破壊や人権侵害を認めたわけでも擁護したわけでもないことが分かる。また逆にグランドリーバー社事件を見てみると、投資協定仲裁は弱者である先住民族側が国家を相手取って訴訟を提起できる場所として活用できる可能性があることが分かる。このように、それぞれの事件の理由付けを見ていけば、投資協定仲裁は必ずしも先住民族を含む弱者の敵ではないし、また使い方によっては国家を相手取って平等に戦える武器にもなってくれるのである。

考えてみよう

・国家が先住民族保護のために執る措置が、経済活動の自由を阻害する状況としてはどういったものが考えられるだろうか。
・先住民族は、投資協定仲裁をどのように利用できるだろうか。

【参考文献】
小寺彰『国際投資協定』（三省堂、2010年）
坂田雅夫「投資協定仲裁における先住民族権利問題」『彦根論叢』405号（2015年）
　32-44頁

第6章　貿　易

先住民族狩猟と動物福祉の調整は可能か

小林友彦

1. はじめに

　欧州連合（EU）のあり方を示す 2009 年発効の EU 機能条約（TFEU: EU 運営条約／リスボン条約）は、「農業・漁業・運輸・域内市場・研究開発・宇宙政策に関する EU 政策の策定および実施にあたって、EU とその構成国は、動物が感性ある（sentient）生き物であることから、特に宗教的儀礼・文化的伝統・地域的資源に関連する法令や慣行を尊重しつつ、動物の福祉確保に最大限の考慮を払う」（13 条）と規定する。この条文には、動物福祉と先住民族狩猟権とをどのように調整するかに関して緊張関係が存在することが示されている。つまり、EU は、その権限内の政策立案と実施にあたって、動物福祉を EU の共通価値の一部として位置付ける。その一方で、先住民族による伝統的手法による狩猟を含む宗教的・歴史的・文化的な習俗の尊重も求めている。

　では、動物福祉と先住民族狩猟を含む伝統的文化との間にどのような調整が可能なのだろうか。また、そのような調整は、どのような場（フォーラム）で行うのが適しているのだろうか。例えば、EU 域外の先住民族の権利がかかわってくる場合、EU が適切なフォーラムになりうるだろうか。以下では、アザラシの毛皮、油、骨等を含むすべてのアザラシ製品（以下、「アザラシ製品」）について、伝統的手法によるアザラシ猟が「非人道的」だという理由で EU が輸入禁止措置を取ったことを発端とする国際紛争を取り上げて検討する。特に、カナダの先住民族が伝統的手法を用いて行う狩猟と EU における動物福祉の要請とが衝突する場面において、EU 司法裁判所（CJEU）と世界貿易機関（WTO）紛争処理手続でどのように対応されたか、そしてそこにどのような限界がある

かを分析する。

2.　カナダの先住民族による伝統的なアザラシ猟の概要

　多文化主義を掲げるカナダにおいて、先住民族の伝統的な土地利用・狩猟文化の維持は、その国家体制の根幹である。その一方で、新たに生成した動物福祉の観点から、2009 年に海洋哺乳類規則（Marine Mammal Regulations）が改定された。それ以来、①まず打撃し、②次に触診して死亡を確認し、③直ちに放血する、という 3 段階テストに準拠して狩猟を行うことが義務化された。また、狩猟用器具の規制や幼獣捕獲に対する制限を行い、さらに 3,000 人規模の査察官による定期的なモニタリングを行う。こうした制度構築を通じて、海洋哺乳類に対する人道的な狩猟が可能となっているというのがカナダ政府の姿勢である。しかしながら、いかに人道的であっても、人間が生きるために必要な範囲での狩猟を超えて商業的な狩猟を行うことに対して、批判もある。

　アザラシ猟は、主として北極域カナダにおいて 6,000 人の期間雇用を創出しているし、ヌナブト準州だけ見ても年に 400~600 万カナダドル程度分の食糧の供給源となっている。ただし、カナダ全体で見ると、アザラシ猟の猟獲高は 2006 年時点で約 3,400 万カナダドルであり、100 兆カナダドル強であるカナダの GDP に占める割合は、ごくわずかである。たしかに、後述（3(1)(i)）する EU の 2009 年措置の発動前は、アザラシ製品の輸出収入が 100 万カナダドル弱あり、それは主として先住民族からなるアザラシ猟従事者にとって、総収入の 25~35% に相当する（Holen 2017: 99）。それでも、カナダから EU への総輸出額（200 億カナダドル程度）に占める割合は微小である。

　経済規模からみればこのように小さいものの、カナダの先住民族の伝統文化の一環として行われる狩猟を EU が「非人道的」だと断じたことは、多文化主義を標榜するカナダ、およびその先住民族にとって、深刻な問題を突きつけた。カナダが WTO に、先住民族が CJEU にそれぞれ訴訟を提起したのは、それが動機である。次節では、2 つの国際裁判の分析を通じて、この国際紛争が提起した法的課題を複眼的に浮かび上がらせようとする。

3.　近年の国際判例

⑴　WTO・*EU-Seals* 事件（DS400）・上級委員会報告書（2014）

（ⅰ）紛争の構造

　本章で問題となる EU の措置の起源は、タテゴトアザラシとズキンアザラシの幼獣から作るアザラシ製品のうち、イヌイットの生存目的（燃料や生活必需品の購入のため）での輸出ではなく商業目的（お金を稼ぐことそのものが目的）で狩猟されたものについて、輸入を禁止するために必要な措置をとるよう構成国に求めた 1983 年 EEC 理事会指令にある。その後、アザラシだけでなく動物全般について愛護や福祉を求める動きが高まった。そして、2009 年の EC 規則 1007/2009（以下、「2009 年アザラシ規則」）は、原則として（次に示す例外に該当する場合を除いて）すべてのアザラシ製品の EU への輸入や域内販売を禁止する措置（以下、「本件措置」）を導入した。許容される例外とは、具体的には、⑴「資源管理例外」、⑵「先住民族例外」、⑶「個人利用例外」、⑷「第三国向け加工流通例外」である。

　このうち、第 1 の「資源管理例外」は、個別の地域においてアザラシが増えすぎることで生態系を破壊しないよう資源管理として狩猟を行う場合のための例外である。利潤が生じないような価格での取引が許容される。第 2 の「先住民族例外」は、先住民族の「生存」（subsistence）のために行われる狩猟のための例外である。利潤が生じるような価格での取引も許容される。なお、上記 2 つの例外該当性を判断するにあたって、狩猟方法が動物福祉に配慮したものかどうかは要件とならない。第 3 の「個人利用例外」は、EU 市民が旅行等で購入した土産物等であって、個人利用される（転売されずに最終消費される）ものを持ち込むことが許容される。第 4 の「第三国向け加工流通例外」は、EU 域内において部品・原材料としてのアザラシ製品の販売、輸出用の完成品への加工、そして第三国向けの積替え等の作業がなされるものの、完成品が EU 域外に輸出されるため、許容される。

　このような例外を認めることに対する批判は、EU 内部でも見られた。例えば、①先住民族の伝統的狩猟方法が最も「非人道的」なのにそれを例外として許容するのは不自然だ、②資源管理の産物を許容するのは生命の間の経済的選別を許容することになるので不適切だ、③再輸出目的なら EU 域内への持ち込みや加工を認めるのであれば従来の狩猟や経済活動が維持されうるので制度趣

旨が損なわれる、等である（Levy and Regan 2015: 371）。

(ii) WTO 紛争処理手続

本件措置の影響を直接に受けるアザラシ狩猟国のうちカナダは、同措置が WTO 協定に違反する不当な差別をもたらすとして、2009 年に EU を相手取って WTO 紛争処理手続に付託した。これが、「EU アザラシ事件」（DS400: 2009 年〜2014 年）である。カナダによれば、2009 年アザラシ規則においては、主として先住民族が関与して生産されたアザラシ産品のみが先住民族例外（上述(2)）を援用できる。しかしながら、カナダでは、狩猟そのものを行うのが先住民族であっても、加工・販売・輸出の段階で非先住民族の企業が関わる場合が大半であるため、先住民族例外が適用されないこととなる。これに対して、グリーンランド（EU 域外ではあるもののデンマーク領の自治州）で生産されるアザラシ製品には非先住民族の関与が小さいため、ほぼすべてに先住民族例外が適用される。このように、形式的には先住民族を平等に扱っているように見えても、実質的にはカナダのアザラシ製品が不利に扱われることをもって、WTO 協定において禁止される差別にあたると主張したのである。

原告カナダは、具体的には、WTO 協定の一部である関税および貿易に関する一般協定（GATT: ガット）1 条が一般最恵国待遇（物が同じであれば、それがどの WTO 加盟国から輸出されたかによって差別してはならない）を義務付けているところ、同じアザラシ産品であるのに、その製造工程を理由としてカナダ製の産品がグリーンランド製の産品より不利な扱いを受けるのは差別だと主張した。これに対して被告 EU は、非先住民族の関与が大きくないことを先住民族例外の適用条件とするのは先住民族の文化保護のためであるから、そもそもガット 1 条違反の差別には当たらないと主張した。また、仮にガット 1 条違反だったとしても、「公徳」（public morals）の保護に必要な措置であれば例外として許容すると定めるガット 20 条 a 号を適用することで正当化しうると主張した。

二審制をなす WTO の小委員会（第一審）も上級委員会（第二審）も、EU の措置は一見すると平等に適用されるように見えるものの、実質的にグリーンランド産とカナダ産とを差別しているとして、ガット 1 条違反があると認定した。しかし、これで終わりではない。ガット 20 条は、限定列挙された 10 項目の正当化事由に該当し（第 1 段階の要件）、その運用が適切である限り（第 2 段階の要件）、他のいかなる条文に違反する措置であっても例外的に許容されると規定するからである。それゆえ、ガット 1 条違反の措置が、ガット 20 条に基づいて

正当化されるか否かが主たる争点となった。

　1947 年に策定されて以来これまで改正されたことのないガット 20 条の文言上は、環境保護や動物福祉のように、その後に発展した法的利益についての記述はない。あるのは、「公徳の保護」に必要な措置（a 号）、「人、動物または植物の生命または健康の保護」に必要な措置（b 号）、「有限天然資源の保存」に関する措置等である。しかし、WTO の判例は、これらの既存の規定の内実として読み込むことで、実質的に環境保護等についても正当化事由として認めてきた。本件 WTO 紛争処理手続においても、EU 域内において動物福祉が共通の価値として確立していることをもって、動物福祉のための貿易規制が「公徳の保護に必要」となりうることが確認された。つまり、今後、WTO 加盟国が動物福祉のために貿易制限という手法を用いることについて、少なくとも第 1 段階の要件を充足する可能性を認めたのである。

　ただし EU の本件措置については、次に見るように、例外規定の設計において不合理な差別があると判断されたため、第 2 段階の要件を充足できず、結論としては EU の措置はガット 20 条によって正当化されなかった。まず、先住民族例外については、先住民の「生存」を目的として狩猟されたことが要件となる（上述 3(1)(i)）。では、なぜ先住民族の「生存」目的の狩猟であれば、動物福祉に反する方法で狩猟されても本件措置の対象とならないのかについて、合理的な説明を EU が示さなかったと上級委員会は指摘した（この点は、資源管理例外についても同様に問題とされた）。また、「生存」目的であるか否かをどのように判断するのかの合理的な基準も示されなかったと指摘した。そのため、従来は商業的狩猟の産品だとされていたものが、本件措置の下では先住民族例外によって引き続き輸入できてしまうこともありうる。また、グリーンランドで生産されたアザラシ製品とカナダで生産されたアザラシ製品との間で、実質的な待遇の違いが生じてしまうこともありうる。この点で、本件措置が正当化事由に該当するものの（第 1 段階）、その運用が不当に差別的であるため（第 2 段階）、20 条による正当化の要件を満たさないと上級委員会は判断した。

　結論として、ガット 20 条によって正当化できないことから、EU がガット 1 条に違反したという認定が残ることとなる。EU に対しては、認定された違反状態の是正が求められた。なお、第三国向け加工流通例外については、第一審たる小委員会の段階ですでに合理性が示されなかったとして違法認定されており、上訴されずにその認定が確定した。けっきょく、先住民族狩猟例外、資源

管理例外、第三国向け加工流通例外のいずれも、不当な差別だと認定されたことになる。

　EU は、こうした WTO の判断を受けて、是正措置として、EU 規則 2015/1775（以下、「2015 年アザラシ規則」）を発出した。そこでは、動物福祉の促進という目的をあらためて強調しつつ、先住民族例外については、①適用対象となる先住民族の定義の厳格化や認定手続の詳細化、②伝統的な生存目的の狩猟への限定、③動物福祉への一定の配慮の要求、といった、認定基準の厳格化がなされた。つまり、認定機関や認定手続を詳細にすることでもって、イヌイット間の差別が生じないようにしたのである（具体的には、グリーンランドとカナダのヌナブト準州とノースウェスト準州が適用機関として認められた）。また、同様に違反認定された資源管理例外や第三国向け加工流通例外については、撤廃された。

　では、カナダは、本件を WTO 紛争処理手続に付託したことによって、けっきょく何が得られたのだろうか。確かに、EU の本件措置の WTO 協定違反が認定されたという点でいえば、勝訴した。しかし、その後に EU が取った措置は、先住民族例外の認定基準や手続を厳格化する内容であるため、グリーンランドの先住民族との間の格差はなくなるものの、従来の先住民族狩猟が行いやすくなったわけではない。他の例外も縮減された。この点から言えば、カナダの得たものは多くない。

　例えば、EU の本件措置の発動当初は、各種例外が適用されたことによって、EU からのアザラシ製品、特に服飾産業用の加工品の輸出が 2013 年まで急増していた。具体的には、2013 年には第三国向けに転売されるアザラシ製品については 2010 年比で 66% 増加して 5 億ユーロに達し、EU 域内で加工されて輸出される産品については 2010 年比で 200% 増加して 1500 万ユーロに達した（Conconi and Voon 2016: 229-231）。しかし、2015 年アザラシ規則の下ではこうした輸出が減るものと想定され、その一方で、認証等を得て、認定業務を行う手間・負担が新たにかかることとなる（Fakhri and Redfern 2020: 127）。

　そうは言っても、他国の先住民族との間の格差の解消がなされたことそれ自体が、本件紛争処理手続の成果だとも言える。もともとカナダは、金銭的な利益のために WTO 提訴したわけではない。多文化主義を標榜する国として、先住民族の伝統的文化が「人道的」か「非人道的」かについて EU が一方的に決めるのに対して異議を表明することに、主眼があったのである。

(2) CJEU・*Inuit Tapiriit Kanatami* 事件 (C-398/13 P)・CJEU 判決 (2015)

(i) 第一次訴訟

　WTO での紛争と並行して、カナダの主要なイヌイット団体であるタピリットカナタミ (Tapiriit Kanatami) は、そもそも EU の本件措置の根拠となった 2009 年アザラシ規則それ自体が不当な私権制限を課すものだと主張し、本件措置の発動前の 2010 年 1 月、EU（厳密に言えば EU 議会および EU 理事会）を相手取って、CJEU の第一審である一般裁判所（GC）において行政訴訟を提起した（第一次訴訟: C-583/11 P）。

　まず、原告は、仮保全措置として、本件措置の執行停止を求めた。しかし、2010 年 4 月 30 日 GC 所長決定は、2009 年アザラシ規則の内容を検討した結果、EU 機能条約 13 条が規定する「感性ある生き物としての動物」の保護を再確認しただけであり、アザラシ製品が売れなくなるのは EU 域内での消費行動の変化によるものだと述べて、訴えを却下した。次に原告は、「自由意思による事前の十分な情報に基づく同意」（FPIC）のための誠実な協議を求める 2007 年「先住民族の権利に関する国連宣言」（以下、「国連宣言」）19 条に違反するとも主張した。しかしながら GC は、国連宣言が条約ではないので義務が生じないこと、立法行為のみでは EU 機能条約 263 条違反となりえないので受理不能であること等を理由として請求を却下すると決定し、その判断は、上訴審で下された 2013 年 10 月 3 日 CJEU 判決でも維持された。

(ii) 第二次訴訟

　その後、原告は、2009 年アザラシ規則についてはもう争えないため、同規則の施行規則が 2010 年に採択された直後に、その違法性を争った（第二次訴訟: C-398/13 P）。具体的には、① EU 市場に参入する機会を奪われたのは所有権や営業の自由のような基本的人権の侵害にあたる、②欧州人権条約（ECHR）において認められたそれらの基本的人権を EU が尊重することは、EU 機能条約と並んで EU の基本条約の 1 つである EU 条約（TEU）6 条 3 項でも規定されている、等を主張した。しかしながら、第二次訴訟においても請求は退けられた（2015 年 9 月 3 日 CJEU 判決）。その理由として、まず、EU 域内で国内法が不統一だったことから、EU 全体のルールを定めることには合理的な必要があると判示された。また、EU 市場に売れる可能性が失われたというだけでは、所有権の侵害にはあたらないとした。さらに、EU は ECHR に加入していないので、ECHR 上の権利は直接の適用法とはならないとされた。さらに原告は、

2012 年 EU 基本権憲章 16 条に規定する営業の自由や、国連宣言 19 条の慣習法性についても主張したものの、これらの追加的な主張については、原審たる一般裁判所での手続において主張していなかったことから、上訴審たる CJEU では主張できないとして判断対象外だとされた。

　このように、伝統文化と動物福祉の間の緊張関係について EU の基本条約において認識されている（本章冒頭の EU 機能条約 13 条を参照）にもかかわらず、本件訴訟において CJEU は（被告たる EU はさておき）、全体として先住民族の文化的・経済的権利を動物福祉の要請とどのように調和させるかについて、実質的判断に踏み込むことを回避したように見える（Vezzani 2016: 314-317）。この意味で、CJEU も、動物福祉と伝統的文化との間の衝突に関わる紛争を処理するのに適しているとはいいづらい。

4.　一応の結論と今後の課題

　本章が示した通り、動物福祉といった現代的な価値が、先住民族の伝統文化や経済的人権と齟齬した場合の調整は、容易ではない。いずれも重要であるこれらの法的利益をどのように調整できるか、そうした調整作業に取り組む場（フォーラム）としてどこが適切かについては、未だ未確定なままである。まず、WTO は、動物福祉と先住民族権の抵触の処理（上述 3 参照）を扱うのに最適なフォーラムではない。そもそも WTO は、世界貿易の円滑化を促進することを主たる規律事項とする。確かに、それに関係する範囲で貿易以外の多様な価値への配慮は行ってきた。しかし、動物福祉についても先住民族狩猟権についても直接の規律対象ではないことから、両者の調整に取り組むには適していない。また、EU も、とりわけ EU 域内の動物福祉と EU 域外の先住権との緊張関係（上述 2(2)参照）については前者を重視する姿勢が見られるため、両者の調整を行うための最適な場ではない。これが、重要な国際紛争を処理するにあたって、そもそも適切な場を見つけることが容易でないという構造的な課題である。

　他方で、他の条約体制への波及効果も見られた。例えば、EU は、本件のようなアザラシ禁輸措置を正当化するための一環として、これまでオブザーバーとしての参加に留まっていたワシントン条約（CITES）に 2015 年に加入した。これとは別に、カナダは 2009 年以降、EU が北極評議会の正式オブザーバーとな

るのを阻止し続けているが、これは EU の本件措置への意趣返しだと見られている（Stepień and Koivurova 2017: 18）。その他、EU 域内でも、北欧 3 か国とエストニアではアザラシの増殖による漁業への悪影響が深刻化しているとの報告があり、動物福祉と資源管理や漁業政策との調整の必要性は増大している（European Commission 2020: 17）。このように、単一の国際紛争が複数の分野・枠組と関連するため、総合的な分析と取組が必要になることが分かる。

　では、WTO や EU の他にどのような現実的な選択肢があるのだろうか。もちろん、国際法上の問題を広く審理できる国際司法裁判所はあるものの、原則として合意に基づいて管轄権が設定される等、現状ではその役割は限定的である。もし国家間での協議や裁判に限界があるならば、イヌイット団体と動物福祉推進団体の間の協議の機会を設ける可能性はあるだろうが、それには複雑な政治的調整が必要となる。いずれにせよ、まず取り組むべきは、既存の国家・地域における政策決定過程への先住民族の参画を確保することかもしれない。そもそもカナダも EU も、先住民族を政策決定過程に十分に参画させていないという指摘がなされてきた。もしも EU が、本件措置の一部として先住民族例外を設計・立案する段階から、それによって影響を受けうる先住民族の意見を取り込むことができていれば、そもそも本章で扱ったような国際紛争が未然に防げた可能性もあろう。このように、国際問題と国内問題とが密接に関連していることにも、注意を向ける必要がある。

　最後に、経済的効果について見てみよう。EU の本件措置はアザラシ猟に対するネガティブキャンペーンとしては奏功し、全世界的な需要減をもたらしたと言われる。確かに、服飾品の部品・原材料としてなされていた EU から中国へのアザラシ製品の輸出額は本件措置の発動後も増えておらず、逆に、中国から EU への完成品の輸出も減少した（2015 年末は約 1 億ユーロであったものが、2019 年末には半減）。だからといって、カナダにおいて伝統的手法で行われるアザラシ猟が減ったとは即断できない。むしろ、カナダが輸出先を EU からアジアに振替える動きが増えたとの指摘もある（He 2015: 223）。EU の対応が、「非人道的」なアザラシ猟を減らすという当初の目的を達成するために効果的だったか（より穏健でかつ効果的な他の方法がなかったのか）については、さらに検討する必要がある。

考えてみよう

・先住民族による伝統的狩猟は、動物福祉のために制限されるべきだろうか。
・動物の扱いをめぐって価値観が対立する場合に、どのような調整の場が考えら
　れるだろうか。

【参考文献】

小林友彦「伝統的狩猟への倫理的観点からの規制── EU ─アザラシ事件」繁田泰
　宏・佐古田彰編集代表『ケースブック国際環境法』（東信堂, 2020 年）70-75 頁

中西優美子「動物福祉と EU アザラシ製品──貿易規則の取消訴訟: Case T-526/10
　Inuit Tapiriit Kanatami and others v. Commission（2013 年 4 月 25 日 EU 一般裁
　判所判決）」『一橋法学』13 巻 1 号（2014 年 3 月）299-320 頁

Adam Stępień and Timo Koivurova, "Formulating a Cross-cutting Policy:
　Challenges and Opportunities for Effective EU Arctic Policy-making," in Liu et al
　eds., *The European Union and the Arctic*（Brill, 2017）, pp. 9-39

Davin Holen *et al*, "Interdependency of subsistence and market economies in the
　Arctic," in Solveig Glomsrød, Gérard Duhaime and Iulie Aslaksen eds., *The
　Economy of the North 2015*（Statistics Norway, 2017）, pp. 89-126

European Commission, *Report from the Commission to the European Parliament
　and the Council on the implementation of Regulation（EC）No 1007/2009, as
　amended by Regulation（EU）2015/1775, on the Trade in Seal Products*,
　COM/2020/4 final（2020）

Juan He, "China-Canada Seal Import Deal after the WTO EU-Seal Products Case:
　At the Crossroad," *Asian Journal of WTO & International Health Law and Policy*,
　Vol. 10（2015）, pp. 223-261

Michael Fakhri and Madeleine Redfern, "How the WTO Constructed Inuit and
　Indigenous Identity in *EC-Seal Products*," in John Borrows, University of
　Victoria, British Columbia, Risa Schwartz（eds.）, *Indigenous Peoples and
　International Trade: Building Equitable and Inclusive International Trade and
　Investment Agreements*（Cambridge University Press, 2020）, pp. 109-130

Paola Conconi and Tania Voon, "EC-Seal Products: The Tension between Public
　Morals and International Trade Agreements," *World Trade Review*, Vol. 15, No. 2
　（2016）, pp. 211-234

Philip I. Levy and Donald H. Regan, "EC-Seal Products: Seals and Sensibilities（TBT
　Aspects of the Panel and Appellate Body Reports）," *World Trade Review*, Vol. 14,
　No. 2（2015）, pp. 371-372

Richard Pavone, "Is Banning Enough? The Intricacy Inherent to Marine Mammal

Conservation," *German Law Review*, Vol. 20 (2019), pp. 587-611

Robert L. Howse, Joanna Langille and Katie Sykes, "Pluralism in Practice: Moral Legislation and the Law of the WTO after Seal Products," *George Washington International Law Review*, Vol. 48 (2015), pp. 81-150.

Simone Vezzani, "The Inuit Tapiriit Kanatami II Case and the Protection of Indigenous Peoples' Rights: A Missed Opportunity?," *European Papers*, Vol. 1, No. 1 (2016), pp. 307-318

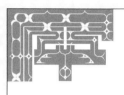

第 2 部
国や地域の中で考える

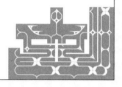

第7章 オーストラリア

法は先住民族の権利と国の利益をどのように両立できるか

友 永 雄 吾

1. オーストラリア先住民族とはだれか

　現在、オーストラリア政府は大陸を中心に居住するアボリジナルと大陸北東部のトレス海峡にルーツを持つトレス海峡諸島民の2集団を先住民族として承認している。2016年の国勢調査によるとオーストラリア先住民族は全人口の約3.3%で、そのうちアボリジナルの出自をもつ人が90%、トレス海峡諸島民の出自をもつ人が6%、そのどちらにも出自を辿れる人が4%となっている。こうした人々は先住民族以外にも英国や他のヨーロッパ、さらにはアジア等のバックグラウンドをもつ人々がいる。例えば、2001年の国勢調査にもとづいた調査によれば、68.7%以上のカップルが、パートナーの一方が先住民族ではなく、シドニーやメルボルンでは91.2%がそうしたカップルであることが分かっている。

　また、オーストラリア先住民族の約80%が、沿岸の大都市とその近郊に暮らしている。だし、1970年代以降土地の権利が返還されていくなかで再編されたアボリジナル・コミュニティの多くは、北部や中部のいわゆる辺境に散在している。こうした地理的な位置付けから、大都市とその近郊に暮らす都市の先住民族、白人人口が集住するいわゆる「白人オーストラリア」という地方町に暮らす先住民族、そして「伝統指向型の生活」を継続する辺境コミュニティに暮らす先住民族と3つのカテゴリーを見出せる。

　オーストラリア先住民族の特定については、①出自、②自己認識、③コミュニティの承認という3要素が重要になる。後述するが、植民地化における政府の政策によりコミュニティや親元から引き離された「盗まれた世代」の人々は、

自らの出自をたどり、自己認識をすることが困難となった。このため現在は、コミュニティにある代表機関やリーダーたちからの助言により承認をされることが重要になる。また、アボリジニ（Aborigine）という表記は、ラテン語由来で集団内部の多様性を含んでいない等の理由で、差別的な意味合いを含むとされるため、政府の公文書ではアボリジナル（Aboriginal）やアボリジニーズ（Aborigines）が使用されている。ここではアボリジナルを用いる。なお、オーストラリア先住民族や先住民族と表現する場合は、アボリジナルとトレス海峡諸島民を含む表現として用いる。

　本章では、先ず、オーストラリア先住民族の現状を確認した上で、歴史と現代的課題を概観する。その後、国際法や人権条約、「先住民族の権利に関する国連宣言」（以下、国連宣言）等の国際的な基準が、オーストラリアの国内法および国内政策の発展にどのように影響を与えてきたかについて焦点を当て論じる。

2.　オーストラリア先住民族の現状

　オーストラリア先住民族の平均寿命についてはかねてから全国平均に比べて低いことが報告されてきた。2013 年の報告書では男性が 69.1 歳で女性が 73.7 歳とどちらも全国平均の 79.8 歳と 83.2 歳に比べて 10 歳ほど低い。就学率に関しては、4 歳の幼児入園率が 91％と全国平均の 96％に近づいている一方で、6 歳から 15 歳までの初等、中等教育の入学率は 83％と全国平均の 93％に比べ 10％低い。さらに、20 歳から 24 歳の高校卒業以上になると、65.3％で全国平均の 89.1％に比べて大きな開きがある。

　この一方で、大学入学者人数は 2006 年に 8,803 人であったのが、10 年後は 17,728 人と倍以上に伸びている。なかでも女性の割合は全体の 65.7％を占めており、全国の 58％を上回っている。大学を卒業した割合は 40.5％で、全国の 66.4％に比べ大きな差が出ている。

　就業率と失業率に関しては、15 歳から 64 歳までの就業率は 46.6％で全国の 72％に比べ低く、失業率も 18.4％と全国の 6.8％に比べ非常に高い。次に、歴史について、先住民族の権利回復のための運動史に注目しつつ概観する。

3. オーストラリア先住民族の小史

(1) 植民地主義下のオーストラリア先住民族

　オーストラリア先住民族の歴史は大きく分けて 5 つに区分できる。1 つは侵略の時代（1788 年〜1830 年代）で、先住民族の存在が当時の国際法にもとづいて否定された時代である。すなわち、テラ・ヌリウス（以下、「無主の土地」）とされた土地を英国が実効的に占有して取得する、いわゆる「先占」による領域取得がなされた。

　次いで虐殺と絶滅の時代（1830 年代〜1920 年代）で、定住者と先住民族の間で境界争いが起る。暴力による虐殺も起きたが、先住民族の多くがヨーロッパ人の持ち込んだ疫病に倒れ、その人口は 10 分の 1 以下に激減したといわれている。

　第 3 期は、保護隔離政策の時代（1850 年代〜1930 年代）である。この時代は、「純血」の先住民族が絶滅の危機に晒されているとして、政府設立の保護区や、キリスト教の各宗派が設立したミッション、さらには牧場主運営のステーションにて厳格な規則に基づく管理がなされた。

　保護隔離政策の時代から実施されていた、コミュニティや親元から子どもたちを引き離し白人社会へ同化させる政策が国家政策として実施されたのが第 4 期（1930 年代〜1970 年代）の同化政策の時代である。白人との「混血」の子どもたちは肌の色が白いことから、文明化の余地があるとされ、年齢の若いうちに伝統社会から、政府や教会が管理するボーイズ・スクールやガールズ・スクールに隔離され、母語の使用を禁止して英語とキリスト教の倫理にもとづいた白人の生活習慣を徹底して教えられた。そうした経験を持つ人たちは「盗まれた世代」といわれる。

　第 5 期は、先住民族の権利をオーストラリア社会で承認させていく自己決定政策の時代（1970 年代〜）である。この時代は、土地に関する権利の立法措置や先住民族によるアドバイザー機関の設置等先住民族政策が発展していく時代である。

　こうした政策が実施された時期は、各植民地や州により異なったため、初期の段階で政策が実施された都市部とその周辺に暮らしていた先住民族の集団は母語や伝統的な親族組織等を喪失した。一方で 100 年も遅く植民地政策が実施された北部や中部の先住民族の集団は、現在も母語や親族規則に基づく伝統志

向型の生活を送ることが可能となる。次に先住民の権利回復のための運動史について 3 つの時期に区別してみていく。

(2) 権利回復のための運動史

　第 1 期は、1930 年代の市民権獲得を求めた運動の時期である。1938 年 1 月 26 日は英国からの移民にとってオーストラリア建国 150 周年であった。一方、先住民族にとっては多くの先人の命が奪われながらも生きながらえてきた「哀悼の日」でもあった。このため保護区やミッション、ステーションから出て主流社会で生活をすることを許可されており、読み書きの教養があった W. クーパーのような運動家を中心にしてシドニーやメルボルンに代表組織が設置された。こうした運動家がシドニーの市庁舎のまえで「哀悼の日」のための会議を開催し、オーストラリア国民と同等の権利獲得を要求するアクションを起こした。また、クーパーは同年、ドイツのナチスによるユダヤ人虐殺を非難する嘆願書をメルボルンのドイツ大使館へ提出しており、人権問題に対する彼の国際的な視点をうかがえる。

　1957 年にクーパーの親族であった D. ニコルスと M. タッカーを中心とするアボリジナルのリーダーは、メルボルンでビクトリア・アボリジナルズ・アドバンスメント同盟を設置する。この団体は労働運動を支持し、労働者の権利保障を掲げる国際労働機関の「ILO 第 107 号条約」や普遍的人権を謡った「世界人権宣言」を活用し、北部アボリジナルだけでなく南東部アボリジナルも含め、普遍的な権利の獲得を求めた。これらの動きには、アメリカ公民権運動や南アフリカのアバルトヘイト撤廃運動の影響も大きかった。こうした流れを受けて 1957 年に全国的な運動を展開させるため、各州のアボリジナル問題を扱う当事者団体やヨーロッパ人を中心に結成された慈善団体を 1 つに結集させるべく、アデレードで集会が開催される。そこには先述のビクトリア・アボリジナルズ・アドバンスメント同盟、さらに南オーストラリア州やニューサウスウエールズ州やクイーンズランド州からも先住民族や非先住民族が結成した団体が結集した。1959 年には、これらの団体を合わせ、アボリジナル・アドバンスメント連邦委員会として先住民族問題を扱う全国組織が結成された。この委員会の目的は労働環境の改善と賃金の平等を含めた非先住民族と同等の権利獲得であった。

　第 2 期は、1960 年代の憲法改正による市民権の獲得を確かなものにした時期

である。1965 年には、親元から引き離されプロサッカー選手として頭角を現し、引退後にシドニー大学に入学した運動家 C. パーキンスが代表となり「アボリジニーズのための学生運動」というグループを結成した。この学生運動は、カリブ海の黒人移民がバスによって貧困地域を訪れ、そこでの現状を社会へ知らせる運動を模範にした「フリーダム・ライド運動」であった。ラジオ局とテレビ局の記者たちもバスに同乗して、運動の一部始終を国内外へ報道した。この結果 1967 年に国民投票が開催され、憲法改正がなされた。それまでの憲法の 41 条では、大半のオーストラリア先住民族に投票権を承認せず、51 条では、連邦政府の先住民族問題に対する立法と行政の責任が無いとされ、127 条では、国勢調査から先住民族を除外すると規定していた。国民投票の結果、これら 3 つの規定が改正され、連邦政府に先住民族に関する立法権が付与され、国勢調査の対象に先住民族が含まれ、完全な投票権が与えられることになった。

　第 3 期は、1970 年代から現在までの土地権の返還をはじめとする先住民族の自己決定権を獲得するための運動の時期である。この時期の運動家が直面した大きな問題は 1970 年代から顕著になる土地権の返還である。この運動を契機として、請求の対象が、他のオーストラリア国民と同等の権利から、先住民族として問題を管理、運営、決定できる権利へシフトする。この運動は 1966 年のウェイブヒル牧場でのグリンジのアボリジナルが、牧場での劣悪な労働条件に対し起こしたストライキが発端であった。それは労働条件の改善を求めるだけでなく、土地権の返還についても求めた運動へと発展していく。また、1963 年にアーネムランド北東部のボーキサイト鉱山開発差し止めを求めイルカラ・アボリジナル提訴がなされ、1971 年にこの裁判が敗訴に終わる。しかし、こうした運動を受けて翌年に首都キャンベラの国会議事堂前に先住民族運動家が「テント大使館」を設置し、土地権の返還を強く渇望した。

　こうした成果の 1 つとして、1976 年に「土地権法（1976）北部準州（連邦法）」が制定され、連邦政府は伝統的土地所有に関する法体系の枠組の中で先住民族の集団的所有権を承認した。本法スケジュール 1 では、従来のリザーブとミッションがリスト化されており、本法律は所有権を有する土地信託法人（ランド・トラスト）と伝統的土地所有者（トラディショナル・オーナー）の確定をおこない、それらの調停をする土地評議会（ランド・カウンシル）に土地が返還された。これにより請求期限となる 1997 年までに北部準州の約 50％の土地に一定の自

治権が認められた。それは、親族組織を主体とした総有形式の永代保有で、個人への分割や売買・譲渡はできない「自由保有地」の所有である。この立法に前後して、他州でも土地権に関する法律が制定されたが、土地権が認定された集団は「伝統指向型の生活」を継続する集団に限られ、都市部やその近郊に暮らす多数の先住民族集団の土地権の承認は限定されていた。

　また建国200周年にあたる1988年には、北部の先住民族集団がバルンガ声明をだし、連邦政府との間で、過去の不正の是正と和解、先住性の承認等を求めた「条約」制定を要求したが、この要求は未だ達成されていない。

4. 先住民族が直面する日常の問題

(1) 高い拘留率と盗まれた世代

　先住民族の日常の問題として、1980年代後半から拘置所で死亡する問題が大きく取り上げられる。当時の先住民族の拘留率はオーストラリア全体のそれに比べて14%以上であり、この問題を調査するため王立委員会（1987年〜1991年）が設置された。王立委員会は1980年から89年の間に拘置所で死亡した115人中99人の実態調査に基づく報告書を提出し、そこでは99人中44人が家族から引き離された経験を持つことが明らかにされた。こうした拘置所への高い収容率や変死の状況はその後もとどまることがなく、2005年においても拘留率は全体の22%まで増加している。拘置所での変死は、そうした囚人の多くが、これまでに自傷行為や自殺未遂等、精神疾患を持っていたこと、そうした情報の収集と共有がされていなかったこと、さらに刑務所の経営が国から民間へ拡大されたこと等が理由とされている。2020年にはアメリカのBLM運動とも呼応して、拘留率と変死の問題は再度注目されている。

　王立委員会の報告書を受けて、アボリジナル和解委員会が10年間（1991年〜2001年）の時限立法で設置され、先住民族と非先住民族の人々の間で、先住民族について深く学び相互理解を深める動きが活発になる。そこでのアジェンダは、過去から現在における先住民族に対する過ちと不正の承認、謝罪と経済的補償および土地に関する法的保障や連邦政府との「条約」合意や、「連邦憲法」での「先住民族」の明文化等であった。また、この和解委員会の成果は2000年のシドニー・オリンピックの開会と閉会の式をもって終了したが、その後はNPO「和解オーストラリア」として現在も全国的に継続した活動を展開し

ている。

　もう 1 つの日常の問題として、「盗まれた世代」の問題がある。1997 年に人権および機会均等委員会が編纂した『大切な人たちを返して』では、オーストラリア各地で親から引き離された経験を持つ 535 人の当事者から口頭による証言を収集した。そこでは、「盗まれた世代」の問題がジェノサイド犯罪に当たるか、犯罪に当たるのであれば、それに対する公的な謝罪と補償が必要か報告された。この調査は、当時の J. ハワード連邦政府からの支援はえられなかったが、すべての州と準州からの支援をえて実施され、その成果として 5 月 26 日を「国家謝罪の日」に定め、2004 年にはユネスコの「世界の記憶遺産」に国民の謝罪の気持ちを綴った 461 冊の『謝罪の本』が登録された。

(2) 国家による先住民族への謝罪と反動

　先住民族の当事者組織としては、1989 年の連邦法にもとづいて「アボリジナルおよびトレス海峡諸島先住民族委員会（以下、先住民族委員会）」が政府内組織として設置された。この組織では各地域から選出された評議員が、福祉予算の配分や運営方法を決定した。具体的には先住民族団体が申請した雇用・教育支援、インフラ・住宅整備、商業活動等に関するプロジェクトを審査し、補助金の給付を決定することであった。しかし、2005 年に予算の非効率的な運用、縁故主義、指導者のスキャンダル等が発覚し先住民族委員会は廃止された。2010 年に「オーストラリア・ファーストピープル国民会議」が政府外組織として結成されたものの、先住民族予算の執行権はない。ただし、2019 年に先住民族委員会の役割を引き継ぎつつも政府から独立した公的機関として「全国オーストラリア先住民族エージェンシー」が連邦法にもとづき設置され、政府との交渉役を果たし始めている。

　労働党が 2007 年に主要政党に返り咲くと、2008 年 2 月に当時の労働党首相 K.ラッドの動議で、過去の先住民族政策、とりわけ同化政策により生み出された「盗まれた世代」に対する謝罪がなされた。これは、国家の首相が実施した公式謝罪であり、先住民族と非先住民族との間にある深い溝を埋めるための具体的な指針も提示することになった。しかし、前年に北部と中央オーストラリアのアボリジナル・コミュニティでの子どもに対する虐待問題が浮上したため前ハワード自由保守連合政権はコミュニティへの強制的な介入を実施していた。労働党はこの政策を踏襲し前政権の先住民族政策から差別化を図れなかっ

たこともあり、再び自由党に政権が移ると、先住民族政策の進展が鈍り始めた。その例として、憲法での先住民族の承認の問題があげられる。

　憲法における先住民族の承認については、1999 年の連邦制から共和制への移行を争点に開催された国民投票でも話題となった。共和制へ移行した際の憲法前文では、先住民族の明文化が提案されていたが、この案は共和制への移行が否定され、共和制への変更を否定した人々の多くが保守的であったこともあり、否決された。その後 2013 年には連邦議会で「アボリジナルとトレス海峡諸島民を先住民族として承認する法」が制定され、現在も議論が継続中である。さらに 2015 年、「国民投票評議会」が 16 名の先住民族と非先住民族の委員によって構成された。また、2017 年、全国から 250 人の先住民族の代表がウルル（エアーズロック）に結集し、憲法改正の必要を訴えた「心から訴えるウルル声明」を発表し、国民投票の開催のための議論が継続されている。2020 年には国歌の一部が先住民族の歴史に敬意を払ったものへ正式に変更されたものの、未だ憲法における先住民族の明文化への道のりは見えていない。

　次に、国連宣言、とりわけそこで謳われた集団の権利と、自由意思による事前の十分な情報に基づく同意（以下、FPIC）に注目し、そうした基準とオーストラリア先住民族の立法措置や行政の対応を関連づけて詳述する。

5. 国連宣言とオーストラリア先住民族

(1) オーストラリア先住民族と土地に関する諸権利

　2007 年に国連総会で採択された国連宣言を、当時のハワード自由保守連合政権は反対したが、2008 年に政権に返り咲いたラッド労働党政権のときに支持を表明した。当初反対していた要因には、1960 年代の憲法改正による市民権の完全回復と 70 年代の土地権の返還に加え、90 年代の先住権原の承認がなされたことがあげられる。ハワード政権は、こうした国内での土地問題の解決が国連宣言によって覆されるのを恐れたのである。

　先住権原の承認は 1992 年の「マボ判決」による。「マボ判決」に至るまで、当初クイーンズランド州政府は、州の土地法にもとづきトレス諸島に属するマレー諸島の先住民族リザーブを信託による譲渡証書によって先述した土地評議会のもとにおく決定をした。この限定的な先住民族集団だけの土地所有方法に対して、1982 年に K. マボをはじめとする原告は、土地、海、海底、珊瑚の伝

統的所有権を巡ってクイーンズランド州相手に訴訟を起こした。1985 年、クイーンズランド州政府は「クイーンズランド沿岸諸島宣言法」を成立させ、「過去に存在した伝統的土地権はもはや存在しない」ことを主張し、この訴訟を終結させようとした。これに対し 1988 年最高裁は、この法が 1975 年に制定された人種差別禁止法の 9 節と 10 節（特別な集団から、所有地に存在する権利を剥奪する法定を禁止する）に違反していると勧告した。こうした経緯を経て 1992 年にマボ判決により先住権原が承認され、1993 年に労働党 P. キーテイング首相は「先住権原法（連邦法）」を制定した。

　そこでは、伝統的なイギリスの判例法（コモンロー）で認められ、欧米的な土地の占有権を保障した 1976 年の「土地権法（1976）北部準州（連邦法）」ではなく、それと同等の権利として、先住民族が植民地化の開始時に有していた権利の法的根拠を示し、伝統的にかかわってきた特定の土地または水域の権利と利益、すなわち利用権を認めた。これにより植民地化以来、先住民族の存在そのものと土地との関わりを否定し続けてきた「無主の土地」という考えが、法的虚構であることが確認され、オーストラリア全土を対象に、先住権原認定の手続が明文化された。そこでは、申請の受付、審査、決定に必要な調査、重複申請等の調停をする先住権原審判所、回復した土地の運用に必要な資金の貸し出しをする国家先住民基金、申請準備、申請手続の援助、確定後の保証を受けるための援助をする先住民族代表機関が設置された。

　1996 年の「ウィック判決」では、先住権原が牧場借地や鉱山を含むリース地にも併存することが連邦最高裁判所において確認された。これらのリース地は、オーストラリア全土の 40% 以上を占めるため、この判決を国家的危機とみた当時のハワード連邦政府は、1998 年に法改正をし、申請手続の高度化と厳密化、協議権の縮小等を盛り込んだ「先住権原改正法 1998（連邦法）」を制定した。

　この改正法では、土地利用合意がもりこまれ、それには、1）機関法人との合意、2）地域合意、3）選択手続による合意がある。これにより、近年では煩雑な手続が必要となる先住権原を法廷で争うよりも、補償ならびに教育、雇用、相互理解等を目的とする合意が、多くの先住民族集団と政府や地方自治体、鉱山会社等の間で結ばれている。2017 年の時点で約 1200 件の合意が結ばれている。

　こうした土地権で先住民族に返還された土地は北部準州全土の 50% 以上であり、先住権原の承認そして合意の締結がなされている地域も含めると、オー

ストラリア全土の 23％を超えている。

(2) 返還された土地への介入政策と集団の権利

　「土地権法（1976）北部準州（連邦法）」では、裁判で伝統的な生活の継承が立
証されると、そこに住むアボリジナル集団は伝統的土地所有者としてそこでの
自治権が与えられる。こうした伝統的土地所有者が土地信託法人と土地評議会
の傘下で自主運営・管理するいくつかのアボリジナル・コミュニティで暴力の
問題が 2000 年ごろから明らかになる。とりわけ子どもに対する暴力問題を抱
えるアボリジナル・コミュニティを調べるため、連邦政府の委託により調査委
員会が立ち上げられ、2007 年に報告書『子どもたちは天からの授かりもの』が
提出された。これを受けてハワード連邦政府は強制的介入の必要性を法的に正
当化し、2007 年 6 月にアボリジナル問題省と会合し、アボリジナル・コミュニ
ティ内の子ども虐待の状況を改善するための声明を提出した。そこでは 11 の
勧告が示され、その幾つかが人口 100 人以上の居住地に対して住民の事前の合
意なく実施された。これは「北部準州緊急対応法」といわれ、ラッドや J. ギラ
ードの労働党政権時においても「北部準州のより強い未来のための法律」に名
称を変更し、緊急対応法を引き継いだ。

　主な勧告は①禁酒、②生活保護費の使い道を制限する収入管理制度、③子ど
もが学校に通えるための援助金と無料昼食の支援、④子どもに対する健康診断
の強制、⑤連邦政府規定の補償付き 5 年間リースに基づく自治管理、⑥警察官
の数の増加、⑦ポルノへのアクセスの禁止、⑧コミュニティへ入るための許可
書の廃止、⑨規定されたコミュニティ管理者の再編によるコミュニティ運営・
管理の改善等である。

　②の収入管理制度とは、「社会実験」として、全国一律の社会福祉制度から、
「問題が集積する地域（多くは先住民族と非英語系移民の割合が高い地域）」に特別
な施策を講じるという改革である。それは失業による生活保護費の依存が 1 つ
の生き方になっている地域における人々の「自立」を促すための制度で、現金
の代わりにデビットカード機能が付いたベーシックス・カードを配布し、お金
の使い道を管理する方法である。

　⑤、⑧、⑨については、「土地権法（1976）北部準州（連邦法）」で返還された
土地の管理・運営を土地財団と土地評議会と伝統的所有者から連邦政府に移譲
するものである。そうした土地は、親族組織を主体とした総有形式の永代保有

で、個人への分割や売買・譲渡はできない土地の所有形態から、連邦政府に 5 年間リースをし、個人が利用したり、商業目的で利用したりすることも可能になった。

　こうした例からは、アボリジナル・コミュニティの自治、すなわち国連宣言で明文化されている先住民族に対する集団の権利のオーストラリアの文脈での脆弱性と FPIC を連邦政府が軽視する姿勢がうかがえる。

⑶　アボリジナル・コミュニティの閉鎖と FPIC

　西オーストラリア州では、2014 年 9 月から辺境地域に点在するアボリジナル・コミュニティの閉鎖に関する議論が始まる。当時の州与党であった自由党政権は、連邦政府からの 2015 年度の先住民族予算の打ち切りを受け、270 以上あるアボリジナル・コミュニティの内 150 の閉鎖を州議会で決定する。辺境のコミュニティでは、インフラが欠如し経済活動の機会が限定されているため、そうした状況下の住民を大規模コミュニティに移住させることで、より良い機会が与えられるよう「リフォーム」することが目的であった。

　こうした決定は、コミュニティにおける先住民族との事前の打ち合わせをすることなく決定したこともあり、国内外からの非難を浴びた。例えば 2015 年 4 月にキンバリー土地評議会の代表らが国連の先住民族問題に関する常設フォーラム（以下、PFII）で、このことについて訴え、これに対して PFII は、FPIC に違反すると、強く非難した。こうした国際世論の非難を受け、2017 年の選挙で政権の座についた労働党政権は、アボリジナル・コミュニティの閉鎖に対する議会での決定を覆し、コミュニティの閉鎖を免れた。この一連の出来事は、自由党政権が国連宣言で明記されている FPIC に対して消極的な立場をとっていることを露呈している。

⑷　オーストラリア・ネイションと先住民族ネイションとのはざま

　他方で収入管理制度やアボリジナル・コミュニティの管理・運営方法の再編に対しては、多くの批判があるものの、先住民族の側からの支持も出ている。クイーンズランド州の弁護士 N. ピアソンやメルボルン大学の教授 M. ラングトンといった先住民族政策批判の急先鋒であった先住民族の知識人や北部準州出身の先住民リーダー、A. アンダーソンや B. プライスも賛意を示した。とりわけ、ピアソンは 2008 年からケープヨーク地域にて独自の収入管理制度を展開

し、ラングトンは先住民族自身が被害者意識から脱却することの必要性を強調した。彼/彼女らは受動的な福祉政策から脱却し、経済や社会の発展に先住民族が能動的に働きかけることを求める、ハワード政権時代の「自立」や「責任」や「自助努力」という考えを強く支持したのである。

　個人の多様性が尊重される現代のオーストラリア社会では、市民権や土地権回復運動のような従来の汎先住民族的な社会運動が解体され、先住民族諸集団が離合集散を繰り返し、特定の問題ごとに個別闘争が展開されている。

　例えば、優勢な白人人口の中にアボリジナルが混在する「白人オーストラリア」において、複数のアボリジナル集団が非アボリジナル組織を含むネットワークを形成し政治過程に参画している。こうした地域では、裁判で先住権原が承認されないケースが多いものの、5(1)で見た通り原告と被告の間で、独自の土地利用に関する合意が締結される場合もある。

　5(3)で言及した西オーストラリア州では、2015 年に 3 万人を超えるアボリジナル集団ニュンガが、大都市パースを含む南西地域の約 20 万平方キロメートルに先住権原の承認を求めた。その結果、西オーストラリア州政府との間で 6 つの土地利用合意「南西部先住権原合意」を締結し、2021 年 2 月 25 日に施行された。これは、オーストラリア史上で最も包括的な合意とされ、ニュンガの人々を伝統的土地所有者と承認し、持続可能な経済的、社会的な発展を支援するパッケージを西オーストラリア政府が用意するものである。それはオーストラリアの先住民族と交わされる「最初の条約」とも称されている。

　また、オーストラリア南東部を流れる国内最長のマレー川中流域でビクトリア州とニューサウスウェールズ州の境界に沿って居住する先住民族集団の 1 つヨルタ・ヨルタは 1994 年から 2002 年まで、先住権原承認のための訴訟を起こしたが、先住権原が否定された。しかし、2004 年にビクトリア州政府との間でマレー川流域の資源に関する共同管理合意を締結した。こうした合意形成にもとづいて、ヨルタ・ヨルタは 2006 年からは森林管理のための火付けモニタリングや土地利用に関する記憶を地図に示した「土地占有地図」の作成を継続実施し、2010 年には「ヨルタ・ヨルタ・トラディショナル・オーナー管理合意」を締結した。

　さらにビクトリア州議会にて 2018 年に「ビクトリア・アボリジナルとの条約を進展させるための法」が成立した。これは、88 年に条約締結を要求したバルンガ声明が出されてから 30 年後になってビクトリア州が州内の先住民族代表

機関と締結した法律である。コロナ禍の 2020 年には、この法律を活用した様々なイベントが州内で開催されており、メルボルン大学の先住民族センターでは、先住民族研究者と非先住民族研究者が共同で zoom によるレクチャーシリーズを開設し「条約」の問題を世論に問うている。

　このように、今日の先住民族は能動的にオーストラリア国家の構成員として包摂されるのか、もしくは離散集合的に先住民族としての権利の承認を求めるのか、いわゆる普遍性の主張と差異の承認を求めるはざまで揺れ動いているといえる。その過程で、先住民族社会の中で新たに周縁化される個人や集団が生まれ、先住民族社会の分断も生じている。

6.　おわりに

　オーストラリア先住民族の立法措置や行政の対応は、国際的な先住民族の権利をめぐる動きに呼応したものであった。労働条件の改善には国際労働機関の「ILO 第 107 号条約」や「世界人権宣言」の影響を受けたし、「マボ判決」も国連の「人種差別撤廃条約」にもとづき成立した「人種差別禁止法」が法的根拠となり、先住権原の承認と法制化をもたらした。また、この法が制定された1993 年は「国際先住民族の年」でもあった。このようにオーストラリア先住民族の権利獲得の実践は、国内のみでなく国際的な潮流のなかで展開されてきた。

　一方で、近年のオーストラリア政府による国連宣言の先住民族の集団の権利や FPIC の捉え方は、北部準州や西オーストラリア州のアボリジナル・コミュニティの管理・運営に対する対応を見ても、決して好意的なものとはいえない。また、こうした対応を先住民族のリーダー達が支持することで、被害者意識から脱却しオーストラリア国家の経済的、社会的発展に積極的に関与する先住民族個人が称賛される現象が生まれている。

　このようにオーストラリアでは、先住民族の立法措置や行政の対応が達成されて、経済的な自立支援の方向性も示され、オーストラリア先住民族と非先住民族との対話の機会も国内の枠組を超え確実に広がってきているといえよう。そうしたなか、オーストラリア国民としての個人という普遍性と先住民族集団という特異性をめぐって揺れ動く法的枠組が、先住民族社会にもたらす功罪についてこれからも注視する必要がある。

＿＿＿ 考えてみよう ＿＿＿

・先住民族の自治や土地の管理に関して、政策や予算という点で政府との関係は
　どうあるべきだろうか。
・法が「辺境」と「都市」の先住民族を区別して扱うことは適切だろうか。

【参考文献】

小坂田裕子『先住民族と国際法——剥奪の歴史から権利の承認へ』（信山社、2017
　年）

鎌田真弓「オーストラリア・ネイションへの包摂」山内由理子編『オーストラリア
　先住民と日本——先住民学・交流・表象』（お茶の水書房，2017 年）33-55 頁

友永雄吾「オーストラリア先住民運動——普遍性の主張と差異の承認をめぐる政治」
　『国際文化研究』21 号（2017 年）17-29 頁

同「国際人権法・国際社会とオーストラリア先住民族」『オーストラリア多文化社会
　論』（法律文化社，2020 年）65-78 頁

Francesca Merlan, *Dynamics of Difference in Australia: Indigenous Past and
　Present in a Settler Country*, University of Pennsylvania Press, 2018

第8章　ラテンアメリカ

法はなぜ執行されないことがあるのか

宮 地 隆 廣

1. はじめに

　本章の言うラテンアメリカとは、ロマンス諸語を主たる言語とするヨーロッパ諸国（スペイン、フランス、ポルトガル）の旧植民地で、現在独立しているアメリカ大陸内の20か国を指す。総じて多民族なラテンアメリカ社会において人口の大半を占めるのは入植者の家系に列するヨーロッパ系住民、入植者より前にこの地域に居住していた先住民族、そして両者の混血である。この地域の全人口の約8％、約5,000万人が先住民族と推定され、主に南米高地部（ボリビア、ペルー等）と北中米高地部（メキシコ、グアテマラ等）に居住する。

　ラテンアメリカ社会において先住民族は総じて劣位にあった。植民地期には入植者であるヨーロッパ系住民が政治的に優位に立ち、先住民族は植民地行政の意思決定から実質上排除されていた。また、18世紀末より始まる各国の独立後も、ヨーロッパ言語の識字能力や納税水準等を理由に参政権を持てない先住民族が多く存在した。文化や教育にまつわる政策も植民地期から20世紀後半に至るまでヨーロッパ文化を基調としたものであり、先住民族の文化をヨーロッパの文化と対等に扱うものではなかった上に、そうした政策自体が先住民族に十分に提供されなかった。先住民族の経済的機会も当然乏しく、20世紀末の時点でも各国先住民族の貧困率は非先住民族のそれを大きく上回るものであった。

　格差の是正や文化的差異の尊重を求める先住民族の運動は、国際的な後押しも受けて1980年代以後に各国で急速に発展した。現在では、ラテンアメリカの大半の国において、先住民族の持つ様々な権利の保障が法律にて謳われるよ

うになっている。しかし、先住民族の抱える格差や差別が 21 世紀に入って解消されたかと言えば、決してそうではない。現在でもなお先住民族の貧困率は非先住民族の倍以上と推計され、先住民族の文化に対する蔑視も根強い。また、自決権を行使する基盤となるテリトリーの保障も十分ではなく、世界的な原料需要の急増に伴う資源開発の拡大により、先住民族の合意なくテリトリーが侵犯されることも多い。

　本章では、現在のラテンアメリカにおける先住民族に関する法制度を概観するとともに、法制度と実態との乖離が未だ残っている理由を考察する。この乖離については数多くの研究が発表されているが、それらを批判的に検討しつつ、重要な論点を提示する。

2.　先住民族の権利にまつわる主な法制度

(1)　国 際 法

　今日のラテンアメリカ諸国の政府や先住民運動が言及する主な国際法には、米州機構（Organization of American States: OAS）に関わるものと国際連合（国連）に関わるものがある。

　OAS はラテンアメリカ諸国を含む米州 35 か国が参加する国際機関である。OAS には、加盟国政府の人権侵害に関する事件の審議や加盟国に対する権利保障の勧告等を行う米州人権委員会（Inter-American Commission on Human Rights）と、同委員会で解決できない案件について判決を下すことを主な業務とする米州人権裁判所（Inter-American Court of Human Rights）がある。これらの組織は（時に組織が扱う国際規範もあわせて）米州人権システム（the Inter-American system of human rights）と呼ばれる。

　今日の米州人権システムにおいて先住民族の人権を検討する際、頻繁に参照される文書として 1948 年に OAS 総会が採択した「人間の権利と義務に関する米州宣言（American Declaration of the Rights and Duties of Man）」（米州人権宣言）と 1978 年発効の米州人権条約（American Convention on Human Rights）がある。前者は政治や経済、文化等すべての人が有する諸権利を尊重することを謳ったものであり、後者は同宣言を踏まえ、批准国の管轄下にある人の持つ権利の保障を合意したものである。ラテンアメリカではキューバ以外のすべての国がこの条約を批准している。先住民族の人権侵害を検討する際、米州人権委員会は

米州人権宣言および米州人権条約と、また米州人権裁判所は米州人権条約と照合の上、どの人権が問題となっているかを判断している。

　もう 1 つの重要な文書として「先住民族の権利に関する米州宣言（American Declaration on the Rights of Indigenous Peoples）」（米州先住民族宣言）がある。先住民族の権利に対する関心が国際的に高まる中、1989 年の OAS 総会における勧告を受け、米州人権委員会は先住民族の権利保障に関する宣言の準備に着手し、それ以来定期的に先住民族の人権に関する文書を発表してきた。米国をはじめとする一部の国は宣言の発表に消極的で、合意形成は難航したが、2007年に国連総会が「先住民族の権利に関する国連宣言」（国連宣言）を採択すると、その内容を踏まえた形で文書の準備が進むようになった。米州先住民族宣言は2016 年にようやく OAS 総会にて採択された。

　米州人権委員会の勧告や米州人権裁判所の判決において、米州先住民族宣言や宣言に先立つ関連文書が引用されることはまれである。しかし、同宣言はOAS 本体を通じて加盟国に先住民族の権利保障を迫っている。宣言採択の翌年である 2017 年より、OAS は加盟国における先住民族の権利保障の状況を追跡調査することを決定した。以後、OAS は定期的に報告書を発表しており、加盟国は OAS のモニタリングを随時受けている。

　国連に関する法として最も重要とされるのが国際労働機関（International Labour Organization: ILO）第 169 号条約（ILO169）である。ILO169 は先住民族の権利保障に特化した条約であり、2022 年 9 月末時点で 24 か国が批准しているが、このうち 14 がラテンアメリカ諸国である。ILO169 はすべてのラテンアメリカ諸国によって批准されてはいないことになるが、米州人権システムにおいては米州人権宣言や米州人権条約を解釈する上で ILO169 の内容が参照されているため、非批准国にも実質的な影響を持っていると言える。

　先に述べた 2007 年の国連宣言も重要である。ラテンアメリカ諸国では、棄権したコロンビアを除くすべての国がこれに賛成している。ILO169 とは異なり、国連宣言は条約ではないが、世界に広く認められた規範として重要性を持つ。

　国連宣言が ILO169 と比較して重要な点は先住民族の自決権を認めていることにある。ILO169 では、ILO が関心の対象とする社会経済的公正に含まれないテーマであるとの理由で、自決権への言及がない。つまり、ILO169 は米州人権宣言を解釈する上で、先住民族の自決権を保障する根拠にならない。これ

に対して国連宣言は、後に採択される米州先住民宣言とともに、国家主権に脅威を与えない限りでの先住民族の自決権を認めている点で、ILO169では及ばない点をカバーすることができる。

(2) 国 内 法

　先住民族の権利保障に向けた国際法の発展とともに、ラテンアメリカ各国の法制度も整備が進んだ。まず、国際法の国内法に対する直接的な影響が確認されている。代表的な例としては各国政府によるILO169の批准がある。ラテンアメリカ諸国の大半では、批准された条約は国内法秩序に自動的に組み込まれることが憲法で定められているため、ILO169はラテンアメリカの過半数の国で既に国内法秩序の一部となっている。

　ILO169の批准国が増えたことで、憲法改正の際に先住民族に関する言及が増えたことも知られている。この現象は多文化立憲主義（multicultural constitu-tionalism）の登場と呼ばれている。強調の度合いに大きな差はあるものの、現在15か国の憲法が先住民族の権利に言及している。残りの5か国のうち3か国は、植民地期に先住民族の人口が著しく減少してしまったカリブ海諸国（キューバ、ハイチ、ドミニカ共和国）であり、残りはチリとウルグアイである。

　国内外の先住民族の権利擁護の運動に後押しされて、先住民族の問題に特化した行政組織も設けられている。最も顕著なのが、人口の過半数が先住民族とされるボリビアである。先住民組織を基盤とする政党が躍進し、2006年に先住民族出身であるエボ・モラレス（Evo Morales）が大統領に就任した同国は、2007年に国連宣言をそのまま国内法とする法律を定め（法令3760号）、2009年には国名を共和国から多民族国に改める等、先住民族の存在を強調した新憲法を公布した。現在、全17省のうち実に6の省庁で先住民族に特化した内局を持つ。

　また、先住民族に特化した行政組織があるか否かを問わず、テリトリーの保障や教育、文化振興等先住民族にまつわる各種政策分野に関する法律や行政令が多くの国で定められている。とりわけ、先住民族最大の関心事であるテリトリーの保障については、その中で慣習に基づいた自治を認めている国（メキシコ等）や、テリトリー内での資源開発について事前の合意を要することを定める国（ペルー等）もある。さらには、国政レベルでの先住民族の参加を保障すべく、立法府に先住民族議席枠を設けている国もある（コロンビアとボリビア）。

3.　法制度と執行の乖離

(1)　関係論的説明とその問題

　先住民族にまつわる法が確立される中、先住民族が格差や差別に未だ苦しむ現状については、これまで様々な説明が施されてきたが、その中には説得力を欠くものも少なくない。例えば、法が執行されない理由として、ラテンアメリカにおける法を遵守する文化の欠如を指摘するものがある。この地域をかつて植民地として支配したスペインとポルトガルの社会では、権力者は恣意的に振る舞い、それ以外の者はその決定に盲従することが基本であった。イベリア的遺制（Iberian heritage）と呼ばれるこうした社会関係が今なお影を落としているとするのがこの主張である。

　この説明は2つの意味で現実から乖離している。まず、先住民族に議席枠を確保する等、法が実体的な変化を起こしていることを説明できない。そして、先住民族の運動が各国で成長しているように、権力を持たない者は権力者に付き従うようには振る舞っていない。

　社会関係を規定するのは不変の文化なるものではなく、多数の主体の間で展開される相互行為であると指摘する説明もある。例えば、ラテンアメリカにおける資源開発の承認や拒否を巡る事例研究は非常に多くあるが、それらを総合すると、テリトリーの開発をめぐっては先住民族を含む地元住民、企業、地方政府、中央政府、NGO、そして国際組織まで多様なアクターが絡んでいることが分かる。このため、法の執行状況を説明するには、特定の利害関係者にだけ着目するのではなく、利害関係者全体を規定する関係の理解が不可欠となる。

　こうした議論は、社会関係を静的に捉えるイベリア的遺制の議論に比べ、流動的な社会の現実に即した理解を試みている点で優れている。しかし、多様なアクターが織りなす複雑な相互行為を関係という概念でまとめたところで、具体的な法の執行や不執行の説明には役に立たない。利害関係者のどのような意思が関係を作り出しているのか、なぜそのような意思を持っているのか等、関係を作り出す背景に踏み込んで具体的に考察することこそ求められるのであり、関係に着目せよという主張は思考停止の危険をはらんでいる。

(2)　法の執行を妨げる4つの要因

　先住民族の権利のみならず、環境や労働、医療等あらゆる分野で、法の定め

に従って政策が選択的に執行されることはよく見られる。こうした状況を捉える一般的な理論枠組が近年、政治学を中心に精緻化されており、政策が執行されない状況にはいくつかのパターンがあることが判明している。ラテンアメリカ先住民族の関連では、①執行の意思のない法を作ってしまうこと、②意思決定を下し、執行するリソースが不足していること、③執行に対する反発が非常に大きいこと、④法の解釈が定まらないことの 4 つが重要である。

　事例に応じて、これら 4 つの要因がすべて揃っていることもあれば、そうでないこともある。また、各要因は独立しているわけではなく、相互に影響を与えている場合もある。さらに言えば、①のように執行を敢えてしないのか、それとも②や③のように執行できないのかを区別することは容易ではない。要因の位置付けや重みは事例に即して考える必要があるが、以下では 4 つの要因を独立したものとして捉え、先住民族の権利が法で謳われながら実現されない状況を、具体例を交えて説明する。

4.　法が執行されない理由

(1)　執行する意思のない法の制定

　政府や与党は自らの評判を高める目的で、執行するつもりのない法を定めることがある。例えば、ボリビアは 1991 年 11 月に ILO169 を批准するとともに、それを国内法として認めることで（法令 1257 号）、先住民族のテリトリーにおける資源開発に先立つ事前協議制度を導入した。その背景には、植民地支配の端緒となったコロンブスのアメリカ大陸到来から 500 周年にあたる 1992 年に向け、先住民族の権利保護に対する国際的関心が高まったことや、国内で先住民族組織が著しく成長したことがあった。当時の政府与党は先住民族の問題を扱うことで、国際社会と国内有権者にアピールすることを狙っていた。実際、1990 年代の政権は積極的な外資導入による資源開発を優先しており、法律に則った事前照会はほとんど行われなかった。

　一般にこうした現象は、政府与党を率いる政治家が先住民族でないから起こるものと考えられるが、政治家が先住民族であっても同様の現象が起きていることには注意が必要である。再びボリビアを例に挙げれば、先住民族出身の大統領であるモラレス率いる政権は 2010 年、先住民族の自決権を保障した 2009 年の新憲法を体現する姿勢を打ち出すべく、先住民族が自治の慣習を成文化し

た上で、テリトリーを自治区として政府に登録する法律を定めた。しかし、モラレスの属する与党は自らが政府と先住民族を仲介する唯一の窓口になることを目指しており、党の統制から外れる自治空間を作ることには当初から否定的であった。政府は登録申請を相次いで却下し、14年間続いたモラレス政権において登録された自治区は4件にとどまった。その総人口は600万人を超える同国先住民族人口のうち2万人にも満たない。

(2) リソース不足

　執行の意思があったとしても、意思を実行に移す人員や資金が不十分な場合がある。米州人権委員会は国内司法での判決を不服とする者の申立てを受け、それが委員会の審議対象となるかを検討する。対象となることが決まり、勧告が発表されれば、それは各国の政策決定において参照され、法の執行を方向付ける重要な情報となる。

　ところが、米州人権委員会は21世紀に入って以来、急増する申立てを処理し

図1　米州人権委員会：受理許容性判断に要した年数の平均（2000〜2020年）

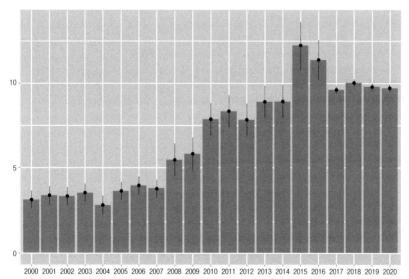

（注）米州人権裁判所ウェブサイトより筆者作成。申立ての年月のみ明示され、日が不明である案件については同月1日を申立て日として計算。黒線は95%信頼区間。

きれない状況にある。図 1 は 2000 年から 2020 年までに受理許容性判断が下された 1691 件について、申立てから受理許容性判断での年数を示したものである。2000 年代前半に判断された案件の平均検討年数は約 3 年であったが、2004 年の 2.82 年（54 件）から上昇し、2015 年には 12.19 年（44 件）にまで上昇した。案件処理の迅速化が図られた結果、その後の平均年数は低下傾向にあるが、2020 年でも 9.70 年（294 件）と未だに長い。

　上記案件のうち先住民族が申し立てたものは 87 件に上るが、これらが優先的に処理されたということもない。申立者の国や受入れ判断を下した年、受理強要性判断の結果が年数に与えた効果をコントロールして、ラテンアメリカの先住民族が申立てたことの効果を回帰分析で求めると、わずかに 0.67 年短いだけである（p 値は 0.02。これは、効果が 0 であると仮定すると、0.67 年以上に短い効果である確率はわずか 2 ％であり、仮定を棄却するのは妥当であることを意味する）。つまり、ラテンアメリカの先住民族が申立てた案件はそうでない案件と同様に処理の遅滞に巻き込まれており、米州人権裁判所は先住民族に関する政策の指針を迅速に提示することができていない。

(3) 強 い 反 発

　法の執行に強い反発があると、政府が執行を控えてしまうことがある。約 80 万人もの先住民族が在住するブラジルでは、21 世紀に入って以来、先住民族が殺害される事件が多発している。特に、先住民族人口の約 20% が居住し、殺害件数が最も多い州であるマト・グロッソ・ド・スル州の状況に対しては、国連や国際 NGO が強い懸念を表明している。

　同州のボリビア・パラグアイ国境部にはグアラニ等複数の先住民族が居住しており、農業や畜産業を営む地主層によって奪われた土地の回復を試みてきた。ブラジルは現行の憲法や批准済みである ILO169 に従い、先住民族のテリトリー保障を法的に認めているが、地主層は政府がテリトリーを確定することに強く反発している。それを止める手段は多様であり、政治家に対する陳情を行う、脅迫する目的で土地に「侵入」した先住民族を告訴するほか、暴力を振るう目的で私兵を雇ってもいる。先住民族の殺害もこの私兵によるものが少なくない。

　2007 年には、遅滞が著しいテリトリーの確定業務を進めることで中央政府と先住民族組織が合意したが、マト・グロッソ・ド・スル州政府は業務の推進を

控えている。州当局が先住民族の権利より経済活動を優先していることと並ぶ理由として指摘されているのが、武力行使を辞さない地主の強い抵抗である。テリトリー確定を強行すれば、地主層と先住民族、そして警察の三者が衝突し、流血が避けられないことを恐れ、当局は策定に踏み切れずにいる。

(4) 不安定な法解釈

　法の解釈が定まらないために法が執行できない、さらには執行したという確認すらできないことがある。エクアドルが2008年に制定した憲法では、国として目指す開発の理念として先住民族の福祉観念とされる「よく生きること（キチュア語で sumak kawsay）」が掲げられた。新自由主義を批判する革新系政党が同憲法を定めた制憲議会の議席の過半数を占めたことから、オルタナティブな開発理念を示すものとしてこの概念が文言に盛り込まれた。

　アメリカ大陸の植民地化をヨーロッパ資本主義の拡大と考え、新自由主義を既存の格差に対する政府の無策と見なす先住民族組織は、同憲法の制定以前から「よく生きること」に関する議論を蓄積してきた。成員間の相互扶助と自然への敬意を旨とする先住民族テリトリーの伝統的生活のイメージを発展させて、その内実が精緻化されていった。論じる者によって理解に大きな差はあるが、次の2点は概ね共通の理解となっている。まず、国内総生産等量的に測定可能な人間活動の一部分だけを重視し、その最大化のために一部の人間が他者を収奪することに反対する。そして、人間同士、そして人間と人間でないものが相互に依存しつつ、調和と節度を持って持続的に社会を営むことに賛成する。

　こうした抽象的で包括的な概念である「よく生きること」が突如、開発目標として憲法に掲げられたことで、それを体現する政策は何かが問題となった。当時の政府は主力輸出品である原油等天然資源の開発に積極的であり、環境破壊を進めていると言えるが、それが先住民族を含む国民全体に広く経済的な恩恵をもたらし、貧困削減に貢献していることをどのように評価するべきか。「よく生きること」は先住民族の観念とされるが、特定の土地に住み続けて主に農業を営む高地部の先住民族と、低地部の熱帯雨林を移動しながら主に狩猟と採集で生きる先住民族は同じ福祉観念を共有していると言えるのか。先住民族組織の内外で議論は錯綜した。

　この結果、先住民族が何らかの利益を得ていると言えれば、いかなる政策も

「よく生きること」を体現していると正当化できるのが現状となっている。例えば、2008 年憲法制定以後に作成されたエクアドル政府の国家開発計画の内容はそれ以前のものと大差はなく、貧困の削減や教育の拡充、森林伐採の制限、輸出の振興、灌漑農地の拡大等開発の基本的なテーマについて、数値目標が付されている。そして、計画の冒頭には、これが憲法の定める「よく生きること」に資することが掲げられ、計画の先住民族的性格が強調されている。「よく生きること」は従来の開発に対する反省に根差した概念であったのに、それが多様に解釈されているために、変革に必要な政策を導くことに失敗していると言える。

5.　むすびにかえて

　現在、ラテンアメリカにおける先住民族の権利保障は国際法と国内法の双方で謳われている。15 世紀末に始まる先住民族に対する長い差別の歴史において、現在ほど法が整備されたことはない。この意味で、先住民族の法的な地位は確実に高まっている。

　しかし、法が定められても、それがその通りに執行されるとは限らない。執行を妨げる上記の 4 パターンが示したように、法は執行されない、あるいは執行できないことがある。法が単なる道義的目標や指針の表明で終わらないようにするには、その法に伴う政府の動きまで追跡する必要がある。

　法の執行は多くのアクターの意図や力関係がせめぎあう政治的な領域である。この章の事例であれば、ラテンアメリカの先住民族をめぐって、国際組織や NGO、各国の政治家、企業組織や先住民族組織をはじめとする社会団体が、自らの利益のために振る舞う。こうしたせめぎあいは、地域や分野を問わずあらゆる法に見られる現象と考えられる。法の執行や不執行に至る過程を細かく検討することは、現状を把握し、より望ましい形に社会を変革していく上で何が必要であるかを具体的に考える上で重要であろう。

　その際に注意しなければならないのは、先住民族の権利保障や法の執行をめぐっては、その実現を目指す先住民族と、それに反対する非先住民族が対立する構図にはないということである。例えば、ボリビアやエクアドルで見られたように、先住民族が権利保障に向けて団結するとは限らない。先住民族の中に異なる利害が存在する可能性は高く、先住民族の地位が向上し、政治的な影響

力を持つようになれば、利害はより複雑になるおそれがある。先住民族が非先
住民族から権利を勝ち取るという枠組を安易に前提とすることなく、協力と対
立の関係を解き明かしていく必要がある。

考えてみよう

・「よく生きること（sumak kawsay）」のような先住民族の概念が、法制度に盛り
　込まれることの利点と欠点は何だろうか。
・先住民族に関する法が執行されないときに、どのような対応をとりうるだろう
　か。

【参考文献】

宮地隆廣「「よく生きること」と政治参加　エボ・モラレス政権および政権批判に対
　する批判的検討」『イベロアメリカ研究』81 号（2020 年）1-18 頁

Daniel M. Brinks, Steven Levitsky, and Maria Victoria Murillo (eds.), *The Politics of
Institutional Weakness in Latin America*, Cambridge University Press, 2020

Donna Lee Van Cott, *Friendly Liquidation of the Past: The Politics of Diversity in
Latin America*. University of Pittsburgh Press, 2000

Fabiana del Popolo (eds.), *Los pueblos indígenas en América (Abya Yala): desafíos
para la igualdad en la diversidad*, CEPAL, 2018

Isabel Madariaga Cuneo, "ILO Convention 169 in the Inter-American Human Rights
System: Consultation and Consent," *The International Journal of Human Rights*
24 (2-3), 2020

第9章　北　欧

先住民族の復権に国内法と国際法はどのように貢献するのか

小内　透

1. はじめに

　サーミはノルウェー・スウェーデン・フィンランドの北欧3国とロシアのコラ半島に居住する先住民族である。トナカイ飼育や独特な歌唱法の伝統音楽・ヨイクで知られている。ノルウェーに75,000〜100,000人、スウェーデンに27,000〜35,000人、フィンランドに10,000人、ロシアのコラ半島に2,000人が居住しているとされる。いずれも各国の総人口に占める割合は小さく、最大の人口比をもつノルウェーでも1.5〜2.0％に過ぎない。民族の言語はサーミ語で9つの方言（テル、キルデン、スコルト、イナリ、北サーミ、ルレ、ピテ、ウメ、南サーミ）がある。

　北欧のサーミはいずれの国でも近代において抑圧された歴史をもつが、現在では復権が著しい。1970年代後半から1990年代半ばまでに、それぞれの国で先住民族として法的に認定され、1990年前後に独自の権限をもつサーミ議会が設置されたうえ、1990年代にはサーミ語が公用語として認められている。

　特に、ノルウェーのサーミは激しい抑圧と著しい復権を経験しており、先住民族としての復権の先進例とされている。本章では、この点をふまえ、ノルウェー・サーミを中心にして、サーミの抑圧と復権の歩みと現状を明らかにする。そのうえで、国内法や国際法が先住民族の復権とどう関連するのかについて検討する。

2.　ノルウェー・サーミの歴史

(1) 国民国家形成以前（～12 世紀）のサーミと国民国家への包摂（13～19 世紀半ば）

　サーミは国民国家が北欧に形成される以前から、スカンジナビア半島北部に住んでいた。サーミの起源に関しては諸説があり、ドイツ、シベリア、イベリア半島等から移住してきた民族で、かつては先住民族に該当するかが疑問視されていた。11 世紀頃からヨーロッパとロシアの東西の支配勢力から貿易税を徴収されたり、キリスト教への改宗の圧力にさらされたりするようになった。

　13 世紀以降、ノルウェーやスウェーデンが国民国家を形成するようになると、それぞれの国民として編入された。15 世紀からサーミによるトナカイ飼育が始まり、トナカイとともに国境を越える移動が認められた。

(2) 国民への同化（19 世紀半ば～1940 年代）

　近代に入ると、1800 年代半ば以降、ノルウェーはサーミに対して国民への同化を強く進めるようになった。教育における同化政策として、サーミの子弟が通う学校でのノルウェー語の使用、ノルウェー人教師の採用が取り入れられ、1905 年には学校でのサーミ語の使用が完全に禁止された。土地所有を通じた抑圧もなされ、サーミが多く居住する地域では未登記の土地が無主地として国有化され、ノルウェー人優先に国有地の取得が進められた。また、1852 年にはそれまで移動が認められていたロシア領フィンランドとの国境が閉鎖され、サーミのトナカイ放牧に大きな打撃となった。

　これに対し、ノルウェー・サーミによる抵抗や組織化が進められた。1852 年にはノルウェー商人の搾取と地方自治体の課税強化を背景にしたカウトケイノの反逆が起き、1873 年以降サーミ語の新聞・雑誌が発刊された。1906 年からノルウェー各地にサーミ組織が誕生し、1917 日 2 月 6 日には、初めてのサーミの全国大会が開催された。この大会にはスウェーデン・サーミの代表も参加し、エルサ・ラウラが「サーミは 1 つの民族」であると宣言した。しかし、こうした動きも 1920 年代には停滞した。

(3) 同化政策の見直しと先住民族運動の展開（1945 年～1986 年）

　第二次世界大戦が終わると、サーミの再組織化が図られた。1953 年にはサー

ミが多く居住するノルウェー北部のフィンマルク地方に要求実現をめざす地域限定のサーミ評議会が設立され、1964 年には全国規模のノルウェー・サーミ評議会が結成された。

　国境を越えるサーミの組織化も進んだ。1953 年には北欧サーミ会議、1956 年に北欧サーミ評議会（後にロシア・サーミが加入しサーミ評議会に改称）が設立された。それに伴って、北欧 3 国の北サーミ語の統一正書法が 1979 年に確立した。また、1983 年には北欧 3 国におけるサーミ語の共同ラジオ講座が開始され、1986 年以降いくつかのサーミ語雑誌が発刊されるようになった。

　他の先住民族運動との連携も進展した。北欧サーミ評議会が 1973 年に北方民族会議、1975 年に世界先住民族評議会に加盟している。

　一方、国としての同化政策は見直されるようになった。戦前段階に同化と抑圧の手段となった教育のあり方が修正され、1948 年にはサーミ語の教員養成が開始された。1959 年からは義務教育学校での補助言語としてのサーミ語使用、1967 年には第一言語としての使用が認められるようになった。さらに 1969 年にはサーミ語を教授言語として用いる高校も設立された。

　同化と抑圧の見直しは行政の分野でも行われた。1975 年に農業省にサーミ開発基金が設立され、1976 年からサーミが多く居住する地域がサーミ支援地域として指定されたうえで、補助金の交付がなされるようになった。1980 年には基金の管理がサーミ評議会、1989 年にはサーミ議会に移管されている。

　しかし、サーミの民族としての復権にとって、最も大きなインパクトを与えたのは、1977 年から始まったアルタダム建設反対運動であった。この運動は、フィンマルク地方に巨大なダムを建設する国家プロジェクトが開始されたことをきっかけに環境破壊に反対する取組として始まり、サーミによる先住民族運動の性格が加わった。これに対し、ノルウェー政府はサーミの復権を企図したサーミ権利調査委員会を 1980 年に立ち上げる一方、1982 年には国内外の運動家の強制排除を行った。この強制排除は、「ノルウェーの歴史がもっとも冷え込んだ日」としてサーミや国民の記憶に刻まれた。このような経緯をふまえ、1984 年にはサーミ議会の設置とサーミの復権を求める報告書がサーミ権利調査委員会から提出された。

(4) 先住民族の復権（1987 年〜）

　アルタダム建設反対運動は、ダム建設を阻止できなかった。しかし、先住民

族としてのサーミの復権に大きな役割を果たした。

　1987 年、サーミ権利調査委員会の提言にもとづいて、「サーミ議会およびサーミの諸権利に関する法律」（サーミ法）が成立し、サーミが先住民族として認められた。同時に、「サーミ語法」が成立し、サーミ語とノルウェー語が同等の地位にあることが確認された。そして、翌年、最終的にノルウェー王国基本法（憲法）に、「サーミの民族集団がその言語、文化、生活様式を維持・発展させることができるよう諸権利に関する条件を整えることを国家機関の責務とする」という条文（110 条の a）が追加され、1989 年にはサーミ議会が設置された。

　学校教育の領域でもサーミの復権は確実に進み、1997 年にはノルウェー人とサーミ用の 2 つのナショナル・カリキュラムが初めて導入された。これにより、サーミの教育は新たな段階に入った。サーミ語による教育が行われるサーミ・ユニバーシティ・カレッジも 1989 年に開設され、就学前教育から高等教育までサーミ語で教育を受けられる体制が作り上げられた。

3.　ノルウェー・サーミの現状と基盤

(1) サーミの社会的地位と法的基盤

　ノルウェー・サーミは、既に述べたように、1987 年には先住民族として認定され、1988 年には憲法にサーミの権利を保障する旨の条文が追記されている。

　さらに、サーミ語法にもとづき 1992 年からサーミ語が公用語として保障されるサーミ語行政地域が設定され、その範囲は確実に広がっている。北サーミ語が中心であるものの、2006 年からルレ・サーミ語、2008 年以降南サーミ語が公用語として保障される行政地域も追加されている。

　1976 年から開始されたサーミ支援地域制度の対象も確実に拡大し、当初 5 自治体だったものが、現在では 31 自治体（うち 10 自治体は部分地域指定）となっている。2005 年にはフィンマルク法が制定され、フィンマルク県の国有地の利用権がサーミ等の県住民に与えられている。

　これらの権利保障は、国際的な条約や憲章にも支えられている。ノルウェーは、1993 年に「地域言語または少数言語のための欧州憲章」を批准し、サーミ語、フィンランド語、ロマ語をその対象として認定している。また、1990 年にはサーミが居住する国として唯一ノルウェーだけが国際労働機関（ILO）の第 169 号条約を批准している。ILO 第 169 号条約は土地の権利等の先住民族の集

団的権利を保障する内容をもち、法的拘束力があるため、これが根拠となりフィンマルク法が制定された。国際的には、スウェーデンやフィンランドにおけるサーミの復権のモデルを示すとともに、北欧3国政府と各国サーミ議会の代表者による20年に及ぶ議論をへて、北欧3国のサーミの権利を保障する北欧サーミ条約の制定（2017年）をもたらした。同条約は各国の批准を待つ状態になっている。

　北欧サーミ条約は51の条文から構成され、サーミの自己決定権、サーミの言語・文化の保障、サーミ独自の教育・研究・メディアの促進、サーミの健康・医療・福祉の増進、サーミ地域における土地・水や天然資源に関するサーミの権利の保障等が盛り込まれている。その内容には、ノルウェーでは保障されているが、フィンランドやスウェーデンでは認められていないものも少なくない。そのため、北欧サーミ条約が各国で批准されれば、サーミの権利保障が国境を超えて拡大し、スウェーデンやフィンランドの国内法が見直されることになる。

　しかも、ノルウェー・サーミはノルウェー政府との法的な関係を明確なものとし、その権限を次第に強めている。2005年にサーミ議会はサーミ・少数民族部門をもつ地方自治・近代化省との間で協議協定を結んでいる。その後、協議の対象は、ノルウェー政府全体・県政府・国営企業まで拡大している。なお、トナカイ飼育等、サーミ地域の伝統的なサーミ産業に関わる事柄に関しては、ステークホルダーとなるサーミ議会以外のサーミ組織（トナカイ飼育協会等）や個人的な権利保有者も協議主体として認められるようになっている。

　協議範囲はサーミの文化、財産権、土地管理、自然保護、伝統知識、音楽、教育、健康、社会福祉に及んでいる。適用される地域的範囲は土地の管理に関しては伝統的なサーミ地域に限定されるが、それ以外の内容に関しては全国に適用される。ただし、様々な事柄の最終決定権は国家にある。

(2) サーミの文化と社会の財政的および制度的基盤
(i) サーミ関連予算

　ノルウェー・サーミの復権は、豊かな財政とそれに基づく各種の制度によって支えられている。ノルウェーは北海油田をもつ豊かな産油国である。一人当たりGDPは2018年現在世界4位で、12位のスウェーデンや15位フィンランドよりも豊かである。ちなみに、アメリカ合衆国は9位、日本は26位である。

　ノルウェーの 2016 年国家予算（歳出）は 1 兆 7,140 億 NOK（ノルウェークローネ）（約 20 兆 3,820 億円）であり、そのうちサーミ関連予算は 9 億 NOK（約 117 億円）である。国家予算に占める割合は 0.05％に過ぎないものの、かなりの額が計上されている。国家による財政的支援がサーミの文化と社会の基盤となっていることがわかる。

　サーミ関連予算はトナカイ飼育業等サーミの産業の支援や新聞・雑誌・テレビ・ラジオ等のマス・メディアへの支援とサーミ議会関連のものに大別される。

(ii) サーミ議会

　サーミの文化や社会を支える上で、最も重要な制度的役割を果たしているのが、サーミ議会である。サーミ関連予算のうち約半分（48.2％）がサーミ議会関連のものである。サーミ議会の予算は確実に増加を続け、2008 年に 3 億 600 万 NOK だったものが、2012 年には 3 億 6,900 万 NOK、2016 年に 4 億 3,400 万 NOK、2019 年には 5 億 307 万 NOK となっている。サーミ議会は、サーミを代表する機関であり、サーミ関連予算の管理・配分やサーミの文化・言語・教育等の振興を担い、ノルウェー政府の各種諮問に対応する機能を果たしている。ただし、サーミ議会には法律を制定したり、独自に課税したりする権限はない。

　サーミ議会は 4 年ごとに全国 7 選挙区（2008 年まで 13）から選出された 39 人（2008 年まで 43 人）の議員から構成される。サーミとして認定された 18 歳以上の者が有権者として登録され、選挙権と被選挙権をもつ。有権者として登録される者は確実に増加し、議会発足時点の 1989 年で 5,497 人であったものが、2017 年には 16,958 人になっている。

　サーミ議会の有権者資格は「当人がサーミであると自認していること」、なおかつ「サーミ語が家庭で話されていること、あるいは、当人の両親、祖父母、曾祖父母の少なくとも一方がサーミ語を家で話す、あるいは話していたこと」、あるいは「当人が、選挙人名簿に登録されている者、あるいは登録されていた者の子どもであること」となる。したがって、家族成員で資格の有無に違いがでる。

　サーミ議会議員は、政党別名簿に基づく政党選挙により選出される。政党には国政選挙で母体となる国民政党とサーミ議会固有のサーミ政党がある。サーミ議会発足時には、国民政党の労働党（18 議席）とサーミ政党のノルウェー・サーミ協会（16 議席）の議員が議席をほぼ二分していた。しかし、国民政党は多様化が進み、2017 年の選挙では労働党が 9、中央党が 2、進歩党、保守党が各

1 議席となっている。同時に、国民政党出身の議員の比重が低下し、ノルウェー・サーミ協会を中心にしたサーミ政党出身者の比率が高まっている。

(iii) フィンマルク土地公社（FeFo）

　フィンマルク土地公社もサーミの社会にとって、大きな意味をもっている。同公社は、3(1)で言及したフィンマルク法にもとづき 2006 年に設立された。フィンマルク県の国有地を委譲され、その土地の管理や活用を行う任務をもっている。具体的には、狩猟や釣り、砂利・鉱物等の採掘を始めとする土地・水・天然資源の利用や賃貸の許認可を行い、使用料を徴収したり発電所の補償金の受け皿になったりする。同公社は 6 人の委員からなる理事会と事務局長から構成される。理事会に属する委員は任期が 4 年（最長 10 年）で、サーミ議会とフィンマルク県議会から 3 人ずつ選出される。サーミ議会から選任される委員のうち 1 人はトナカイ飼育業代表者でなければならない。事務局長は職員のトップで、日常業務の統括にあたり、理事会にオブザーバーで参加する。

(iv) サーミ教育の制度的基盤

　一方、サーミの教育にも、それを支える制度的な基盤が整備されている。サーミ・ナショナル・カリキュラムはサーミ教育を支える最も重要な制度の 1 つである。サーミ語、サーミ工芸、トナカイ飼育等、サーミ固有の教育内容が盛り込まれている。このカリキュラムはノルウェー・ナショナル・カリキュラムと同等の位置付けを与えられており、就学前教育、基礎教育、後期中等教育までカバーしている。

　これにもとづいて、義務教育段階で各教科のサーミ語による教科書が作成され、サーミ語の教育とサーミ語による教育が行われている。フィンマルク県にあるカラショークとカウトケイノには、国立のサーミ高校（一般の高校は県立）が設置され、ノルウェー語とサーミ語を用いた授業が行われている。なお、入学資格はサーミに限定されていない。

　さらに、カウトケイノにはサーミ・ユニバーシティ・カレッジがある。同カレッジには社会科学、サーミ語、自然科学の 3 学部と修士課程 2 コースがあり、サーミ語が使用できる教員養成も行っている。カレッジの公用語はサーミ語でノルウェー以外のサーミも入学できる。サーミ語が理解できれば、サーミ以外でも入学は可能である。

　このように、ノルウェーでは就学前教育から高等教育までサーミ語の教育、サーミ語による教育が制度的に保障されるようになっている。

(v) 各種マス・メディアと文化施設

　サーミ語等によるサーミ向けの各種マス・メディアも、国家による財政的および制度的な支援をうけている。サーミテレビとサーミラジオがあり、どちらも公共放送である NRK（日本の NHK に相当）のサーミ部門として位置付けられている。新聞には、ノルウェー語のもの（Ságat）とサーミ語によるもの（ÁVVIR）等がある。いずれも紙面に占めるサーミ語の比率により、国からの補助金の額が変わる。雑誌も宗教的なもの（Nuorttanast）、若者雑誌（Š）、女性誌（Gaba）等、読者層の異なるものが発行されている。これらのマス・メディアがサーミの社会や文化を支える役割を果たしている。

　同時に、サーミ博物館やサーミ劇場等も、サーミ文化を伝達し、維持・発展させる重要な機関として位置付けられる。サーミ博物館はノルウェーに 4 館あり、国立のサーミ劇場がカウトケイノにある。サーミ博物館はサーミの伝統的な文化を紹介する役割を果たし、サーミ劇場はサーミにまつわる演目と一般の演目を上演している。海外公演も行い、2013 年 11 月には東京公演も行っている。サーミ博物館もサーミ劇場も、サーミ・アイデンティティの維持に貢献している。

(3) サーミの社会的基盤

(i) サーミの集住

　これまで示した各種の機関や施設は、多くの場合、サーミが集住する地域に存在している。いいかえれば、サーミの集住がサーミ社会を支える社会的基盤になっているということである。特に、カウトケイノやカラショーク等は住民の 80％以上がサーミであり、そこにある学校は就学前教育から高等教育まですべての段階でサーミ語とノルウェー語での授業が行われている。

　また、サーミが集住する地域では、サーミ向けの各種の機関や施設がサーミの人々の雇用の場を提供する機能も果たしている。サーミ議会、フィンマルク土地公社、学校、テレビ・ラジオ、新聞・雑誌、博物館・劇場等はサーミ語が使える人材を必要としており、サーミの人々にとって重要な雇用の場となっている。

　さらに、これ以外に、公用語としてサーミ語が認められている地域では、役場を始めとする公的機関にもサーミ語が使える人材としてサーミの人々を雇用するニーズが存在する。そのため、サーミが多く居住する地域を中心に、サー

ミ語は経済的な価値をもつようになっている。

(ii) 象徴としてのトナカイ飼育

　トナカイ飼育もサーミ社会を支える社会的基盤の1つといえる。ノルウェーでは北部にトナカイ放牧地域（6地域89地区）が設定されており、そこではサーミにのみトナカイ飼育が認められている。南部の一部地域ではサーミとともに非サーミにもトナカイ飼育が認められているものの、1地域4地区に限定されており、トナカイ飼育はサーミの生業という認識が定着している。

　ただし、トナカイ飼育を行うサーミは、現在ではごく少数に限られている。サーミ就業人口の6～8％程度に過ぎない。サーミ関連の補助金が支給されるサーミ支援地域に限っても、同地域の産業就業人口に占める割合は8.1％（2016年）に過ぎない。それは、トナカイ飼育に従事する者の収入が相対的に低いからである。そのため、国がトナカイ飼育を行う者に財政的支援（1億2,310万NOK（2018/2019年））を行っているのである。

　したがって、トナカイ飼育はサーミの象徴としてサーミ社会を支える役割を果たしているといった方が現実的である。

4. ノルウェー・サーミの課題と未来

　近代における強烈な抑圧と同化を経験したノルウェー・サーミは、第二次世界大戦後の同化政策の見直しと、アルタダム建設反対運動を契機にした1980年代以降のサーミの権利の見直しにより、大きく復権を遂げている。

　その中で、新たな課題も浮上している。第一に、サーミとノルウェー人の利害対立である。近年、ノルウェー人からサーミへの手厚い権利保障に対する批判が生じている。その批判の矛先は、サーミの人々がもつ国会とサーミ議会の二重の選挙権やサーミの人々やサーミ社会への多額の補助金に向けられている。それを象徴する出来事として、国政選挙におけるサーミ議会の廃止を訴える国民政党の躍進がある。それだけ、サーミの復権に対するノルウェー人のまなざしは厳しくなっている。サーミの文化や社会が尊重され続けるには、この問題を解決することが重要であろう。

　第二に、サーミ内部の利害対立も課題になっている。まず、①サーミ社会におけるサーミ議会偏重へのトナカイ飼育協会からの批判がある。国からの財政的支援の分配をめぐる利害対立といってよい。その背後に、脆弱な経済的基盤

のトナカイ飼育者と経済的に恵まれたホワイトカラーの存在がある。②サーミ議会内の政党間の主張の違いも軽視できない。サーミ議会の廃止を唱える進歩党の議員がサーミ議会に議席を確保しているのが象徴的なことである。さらに、③主流言語としての北サーミ語と他のサーミ語方言の社会的位置の違いがある。北サーミ語はサーミ社会で最大の話者をもつ方言である。そのため、北欧3国でも統一正書法が最初に確立され、サーミテレビ・サーミラジオや各種のサーミ語による新聞・雑誌等で最も多く使用されている。それに比べると他のサーミ語方言は、どうしても社会的に劣位におかれてしまう。

　第三に、自治体とサーミ社会の対立も見逃せない。フィンマルク地方を中心としたサーミの人々が多く居住するノルウェーの北部地域は、人口が希薄な自治体が多い。そのため、自治体経営は苦しいが、それとは対照的にサーミ議会の財政基盤は強固である。その矛盾は、北部地域でもサーミ人口がより少数の地域で利害対立として表面化しがちである。自治体としては資源開発を進め、雇用を創出したい衝動にかられる一方、サーミの人々はサーミ文化を維持するとの観点から自治体の考えと対立することがある。

　第四に、サーミ社会の未来を展望する際、国家の財政的支援から脱却し、経済的自立を模索することが重要になる。サーミ議会はこの点に関わって、独自の課税権獲得の構想を打ち出したこともあるが、国の理解を得ることができなかった。サーミ社会が経済的に自立することは重要な課題になっている。

5.　おわりに──先住民族の復権における国内法と国際法の意義

　以上のように、ノルウェー・サーミの復権はアルタダム建設反対運動をきっかけに大きく進んだ。この運動の結果、ノルウェー政府は国内のサーミの復権を進めるためにサーミ議会の設立、サーミ語の公用語化等に関わる各種の国内法を整備し、憲法でサーミおよびサーミ文化の保障を明確にした。国内の先住民族運動が復権の原動力となり、国内法に結実したといえる。

　ノルウェー・サーミの復権はILO第169号条約の批准をもたらし、それを契機にフィンマルク法が制定された。ここでは法的拘束力をもつ国際法が国内法の制定につながったわけである。さらに、ノルウェーでのサーミの復権は国際的な影響力をもたらし、北欧3国を対象にした北欧サーミ条約の制定に結実した。いずれの国も、同条約の批准には至っていないものの、国内法が整備され

たノルウェー政府やノルウェー・サーミが中心となり、国際法が制定されたの
である。

　一連の動きを振り返ると、先住民族の主体的な運動が国内での復権とそれを
保障する国内法（サーミ法等）の整備につながり、復権の進展をベースにした国
際法（ILO 第 169 号条約）の批准とそれによるさらなる国内法（フィンマルク法）
の制定が実現し、その動きがさらに先住民族の復権を後押しする国際法（北欧
サーミ条約）の制定に結実したことがわかる。国内での復権と国内法の整備が
出発点となり、それをベースにして国際法との相互連関を通して、他国の先住
民族の復権にも影響を与えてきた姿が見てとれる。

　ここから、国内での復権と国内法の整備が最も基本的な力をもつと同時に、
先住民族の復権には、国際法と国内法の相互連関も重要な意義をもつことが明
らかになる。

⎧ **考えてみよう** ⎫

・一国内の先住民族と他の国民との利害対立はどのように調整すべきだろうか。
・先住民族内部の対立は、先住民族運動にどのような影響を与えるだろうか。

【参考文献】

小内透編著『調査と社会理論・研究報告書 29 ノルウェーとスウェーデンのサーミ
　の現状』（北海道大学大学院教育学研究院教育社会学研究室、2013 年）

同『調査と社会理論・研究報告書 32 ノルウェー・フィンマルク地方におけるサー
　ミの現状』（北海道大学大学院教育学研究院教育社会学研究室、2015 年）

同『先住民族の社会学 第 1 巻 北欧サーミの復権と現状──ノルウェー・スウェー
　デン・フィンランドを対象に』（東信堂、2018 年）

庄司博史「サーミ──先住民権をもとめて」原聖・庄司博史編『講座 世界の先住民
　族 ファースト・ピープルズの現在 06 ヨーロッパ』（明石書店、2005 年）58-75 頁

Christina Allard, "The Rationale for the Duty to Consult Indigenous Peoples", *Arctic
　Review on Law and Politics*, Vol.9（2018）

第10章　カナダ

はたして先住民族の権利保障の「先進国」か

守谷賢輔

1. はじめに

　カナダの憲法は、連邦議会と州議会の権限配分等、政治の仕組を定める1867年憲法と、基本的人権や先住民族の権利等を定める1982年憲法から構成される。1867年憲法91条24号は「インディアンおよびインディアンに留保された土地」が連邦議会の権限であることを定める。1982年憲法35条1項は「先住民族の権利および条約上の権利はここに承認され確定される」と規定し、35条2項は「この憲法における『カナダの先住民族』には、インディアン、イヌイットおよびメティスが含まれる」ことを明らかにする。1867年憲法91条24号の「インディアン」と1982年憲法35条2項の「インディアン」は同じ意味ではなく、一般に前者の「インディアン」は、後者の「インディアン、イヌイットおよびメティス」を指すと解されている。

　カナダ憲法にはこれらの各先住民族集団を定義する規定を有していないが、一般に35条2項の「インディアン」とは、ファースト・ネーションズと称される集団を指す。イヌイットはカナダの北極圏に居住してきた人々、メティスは入植者と先住民族との間に生まれた子孫を指す。2016年の国勢調査では、ファースト・ネーションズを対象とした連邦の法律である「インディアン法（*Indian Act*, RSC, 1985）」に基づき登録された「登録インディアン（Status Indians）」と、そうした資格を有しないとされる「非登録インディアン（non-States Indians）」の総数は167万を超え、カナダの総人口の約4.9％を占める（登録インディアンにはファースト・ネーションズの人たちの一部が含まれる。本章3(2)を参照）。

　なお、「インディアン」という用語に対しては、コロンブスがインドと間違っ

て名付けたことや先住民族集団の多様性を覆い隠すことから使用すべきではない、との批判があるが、現在も憲法および法令で用いられていることから、本章では必要な箇所に限り使用する。

　カナダ政府は様々な手段を用いて先住民族の土地を収奪したり同化を強制したりしてきたが、他方で、先住民族の権利保障に先進的な国であると評されている。本章では、先住民族の権利の憲法典化に至る経緯とその後の展開を概観し、カナダがどのような意味で「先進国」なのかを検討する。

2.　先住民族の法と入植者の法

(1)　土地と先住民族との関係

　カナダの多くの先住民族は土地所有という概念を有しておらず、土地を「共有」するという概念を持っている。この概念によれば、土地は個人ではなくコミュニティ全体に帰属する。そして、土地それ自体に自己の観念を見出し、土地は先住民族の一部と考えられている。先住民族は、こうした土地との非常に神聖な関係を前提として、自らの「法」すなわち先住民族法に基づき自治を営んできた。したがって、先住民族法は先住民族の権利保障の核心に位置付けられる。

(2)　先住民族の法と入植者の法

　先住民族法は、欧米を起源とするいわゆる近代法から見ると「異質」である。そのため、先住民族と入植者の間で締結された条約の意図や理解が双方で大きく異なり、現在でも論争の的である。この点には、先住民族の文化が文字文化ではなく口頭文化であることが密接不可分に関係している。

　ところで、先住民族は自らの集団を主権国家と対等なネーションであると自認してきたが、現実には、カナダという国家に組み込まれており、独立したネーションとみなされていない。それゆえに、先住民族は、入植者が制定した法の枠内で「権利」を主張しなければならず、最初から不利な立場に立たざるを得ない。また、多くの先住民族の人たちが想定する「主権」は、近代法のそれとは異なることに注意を要する。すなわち彼らにとって主権の最も基本的な定義は、人間とは何者なのか、何であるのかを発見する固有の自由（inherent freedom）を人間は生まれながらにもっていること、というものである。言い換

えると、主権は、あなたは誰であり何であるのかを知る権利を意味する。主権は、個人として、コミュニティとして、ネーションとしてのアイデンティティを定義し、維持し、永続させる人間の自然的権利（natural right）であり、多くの先住民族は、主権を政治的権利や法的権利と同様に「人権」と考えている。したがって、主権は譲渡されたり奪われたりしえない人間の固有の特質とされる。

3. 先住民族の権利の憲法化までの過程

(1) 条約の締結

　先住民族と入植者との間で多くの条約が締結されてきた。ここで言う「条約」そして 1982 年憲法 35 条が定める「条約」は、主権国家間で締結される国際条約を意味するものではないと一般に解されている。条約の締結は先住民族と入植者の関係でのみ認められており、カナダ法において独特な位置付けを有している。

　条約の内容は時代によって異なる。17 世紀後半から 18 世紀半ばにかけて、現在のカナダの東部地域の一部を植民地化していたフランスと、ハドソン湾等に植民地を形成していたイギリスは、これらの地域の覇権を争った。この頃の先住民族と入植者の条約は、土地の割譲を伴わない平和友好条約という形態をとっていた。両国は、自国の政治的経済的利益を追求するために条約締結が不可欠と考えていた。他方で先住民族の側も、領土および商業関係を維持し強化し、他のヨーロッパ人や他の先住民族集団との共闘や対抗のための強力な同盟関係を必要としていた。

　ところが、英国国王は、1800 年代半ばに領土を拡大するための条約を先住民族と締結しようとし始めた。武力衝突なく領土を獲得するこのアプローチは、1763 年国王布告（Royal Proclamation, 1763）の文言にも具体化されている。すなわち 1763 年国王布告は、アパラチア山脈からミシシッピ川にはさまれた地域を先住民族の土地であること、入植者による先住民族の土地の購入を禁止し、購入できるのは国王のみであること、先住民族との条約作成に責任を負うのは国王のみであること、を確立した。1763 年国王布告は、アメリカの領土拡大に歯止めをかけ、ケベックの支配を確立し、先住民族との戦争で政治的経済的なコストを負うことを防ごうとした。

　しかし、国王布告には支配権（Dominion）や主権という多義的な概念が含まれており、先住民族の土地や政治的権限を尊重する一方で、それらを侵害する可能性を開いていた。実際に、入植者の都合によって、先住民族の同意なく土地が収奪されていく。例えば、1867年の連邦結成後に入植者と先住民族との間で締結された1から11の番号が付されたナンバー条約（Numbered Treaties）は、入植者が入植、林業、鉱業、農業や他の経済的目的のために領土を獲得するものであった。確かに文言上は、保留地や狩猟漁業権の見返りに土地を割譲することとされているが、先住民族がそのような内容であると理解していたわけではない、と批判されてきた。

　先住民族が入植者と異なる理解を示していたのは、ナンバー条約に限られない。平和友好条約でさえも当事者の共通の理解を欠いているものもあった。契約法の文言を用いることで、「意見の一致（meeting of the minds）」の欠如がしばしば見られた。先住民族は文字を読むことができなかったため、条文の文言の内容を国王が口頭で説明したものに依拠していた。また、国王の代理人の説明は最終的な条約の成文と常に一致するわけでもなかった。国王と先住民族の条約は、常に国王の意図を反映していたわけではないし、両当事者が同意した事項のすべてを反映していたわけでもなかった。

　このような齟齬が生じたのは文言の問題だけではない。すなわち、異なる世界観、言語、文化を持った当事者によって締結されていたことにも大きな要因があった。また、多くの先住民族は、他者との関係を静的なものと捉えず、儀式を通じて継続的にその関係を更新し再確認してきた。紙に書いた契約を通じて交易の条件を凍結させるという考えは、先住民族にとって異質な概念であった。かつて裁判所は、条約の成文の文言に「特権」を与えてきたが、先住民族法も条約の内容を解するにあたって、それと等しく重要な一部を構成していることを忘れてはならない。

(2) インディアン法

　1867年の連邦の形成は先住民族にとって極めて大きな重要性をもつものであったが、先住民族はその過程に参加することが認められていなかった。1867年憲法91条24号に基づき、1876年に「インディアン法」が制定された。インディアン法は登録インディアンとなるための資格を定義し、インディアンのための保留地や資金の管理等に関する定めを置き、また、登録インディアンの行

政機関であるインディアン・バンド、バンド評議会（council）やそれに関する選挙制度を規定する。91 条 24 号におけるインディアンであっても、インディアン法上の定義に当てはまらない血統や文化をもつ多くのインディアンが存在する。父母がともにインディアンであっても、特許状を付与された成員（charter member）に祖先が属していなかったために登録インディアンの地位を有しない者もいるし、既にイギリスと条約を締結していたインディアン（Treaty Indian）が登録インディアンに必ず含まれるわけでもなかった。登録インディアンと非登録インディアンを区別する連邦政府の政策は、先住民族集団の対立を生じさせた。

　また、この法律は、選挙権の獲得と引き換えにインディアン法上の地位の放棄を定める公民権付与（enfranchisement）条項を設けていたり、登録インディアンの女性が登録インディアンの地位をもたない男性と婚姻した場合に公民権を付与する一方で、インディアンの地位を奪ったりした。このように、インディアンの地位とカナダ市民の地位は両立するものではないとされていた。また、ポトラッチやサンダンスといった先住民族の伝統的な儀式を禁止し、「文明化」を促進させる同化教育の場である寄宿学校（residential school）についての定めを置いていた。

(3) 同化政策への抵抗と Calder 事件判決の影響

　1960 年代から活発な先住民族運動が見られた。先住民族は、これまで締結してきた条約（後述する現代的条約（modern treaties）との対比で歴史的条約（historical treaties）と呼ばれる）におけるカナダ政府の義務が、入植者の理解する意味においてさえも無視されてきたことを批判し、その履行を訴えた。また、条約が締結されていない地域では条約作成の交渉の必要性を主張した。これに対してカナダ政府は同化政策を推し進めた。1969 年白書は、インディアン法や条約等を廃止し、最終的に先住民族に関する憲法規定を削除することを宣言した。ところが、この白書は先住民族の極めて強い反発を招き、先住民族集団を結集させ、多くの先住民族の政治組織の発展を促した。

　また、非先住民族も運動に加わり、先住民族の土地権（aboriginal title）が法的に存在しうることを初めて認めたカルダー事件最高裁判決（1973 年）がこうした動向をさらに後押しした。連邦政府はこの判決を契機に、条約を締結していない先住民族と現代的条約を締結する手続に着手していく。1973 年以来、土地

の排他的使用や権限等を定める 26 の包括的土地請求協定（comprehensive land claims）（その多くは自治政府の規定をもつ）と先住民族政府の立法権等を定める 4 つの自治政府協定が署名されており、これらの現代的条約が対象としている土地の割合は、カナダの土地全体のうち 30％を超えている。

4.　先住民族の権利をめぐる憲法修正と修正案

(1) 1982 年憲法制定までの経緯

　1982 年憲法の制定によって、カナダは法的に完全にイギリスから独立した。この憲法の第 1 章「権利および自由に関するカナダ憲章（*Canadian Charter of Rights and Freedoms*）」は個人の権利を保障する規定を設け、それとは別に設けられた第 2 章「先住民族の諸権利」は先住民族の権利および条約上の権利を保障する。以下では、憲法制定の経緯を概観する。

　カナダはもともとイギリスの植民地であったが、1931 年にイギリスが制定したウェストミンスター憲章によって実質的な独立を果たした。その後、法的に独立することを目的に、1970 年代にビクトリア憲章方式やバンクーバー方式と称される憲法修正が試みられた。先住民族は、こうした憲法論議から一貫して締め出されていたことから、憲法修正をあまり支持していなかった。また、先住民族の権利を明文化する憲法修正に対して大きな懸念を有していた。というのは、先住民族の固有の権利が害され、先住民族の法の存在が憲法の規定により掘り崩されると危惧していたためである。とりわけ、これまで英国国王と条約を締結していたファースト・ネーションズは、同意なく国際条約を侵害するものだと批判した。また、条約を締結していない先住民族は、自らがカナダの法的枠組の外にあると主張した。先住民族の権利の憲法典化の目的が有益であるとしても、先住民族がそれを普遍的に価値あるものと見ていたわけではなかったのである。

　他方で全国インディアン協会（National Indian Brotherhood）等のいくつかの先住民族集団は、彼らが植民地主義の犠牲者であり続けていることをロビー活動の奥の手としながら、憲法に先住民族の権利を明記することを働きかけるため渡英した。このことはカナダのメディアでも大きく報じられた。

　先住民族の権利の規定は当初、憲法修正案に盛り込まれていたが、州政府が反対する中で議題にも上がらなくなる。全国インディアン協会は多くのファー

スト・ネーションズの支持のない中で規定の復活について態度を明確にしなか
ったため、カナダ先住民族評議会（Native Council of Canada）、カナダ先住民族女
性連合（Native Woman's Association）等の先住民族集団が規定の復活に向けた政
治的イニシアティブをとることになった。連邦政府が州政府の同意のないまま
で動くことはできないと主張したことで、州政府に対する先住民族の抗議運動
が行われ、州政府は規定を再度盛り込むことに同意した。

　ほとんどの先住民族集団は先住民族の権利の憲法典化を望んでいなかった
が、上述のカナダ先住民族評議会等の戦略的な抵抗がそれを促進した、との分
析が提示されている。非先住民族のカナダ人は憲法典化によって先住民族の権
利が最もよく保障されていると考えるようになっているが、多くの先住民族は
現在もそうした意見を共有しておらず、今なおこの論争に将来暗い影を落とす
のではないか、と懸念されている。

(2) 1983 年憲法修正とその後の憲法修正案

　1983 年の憲法修正会議では、1982 年憲法 37 条 1 項に基づき、先住民族の代
表もカナダの首相によって召集された。この会議によって、35 条 1 項が保障す
る先住民族の権利と条約上の権利が男女に等しく保障されること（同条 4 項）、
土地請求協定による権利が条約上の権利に含まれること（同条 3 項）、先住民族
に関する憲法条項に影響を及ぼす憲法修正会議に先住民族の代表の参加をカナ
ダの首相が要請すること（35.1 条）等が追加された。こうした改正によって議
論が一定の前進をみせたが、先住民族の権利の具体的内容、とりわけ先住民族
の切実な要求である自治権が保障されるかが明確ではなかった。

　1992 年に提出された憲法修正案であるシャーロットタウン合意は、35.1 条
で先住民族が固有の自治権を有すること等を規定していた。ファースト・ネー
ションズ議会をはじめとする 4 つの主要な先住民族代表機関は支持したが、フ
ァースト・ネーションズの人たちの多くが反対票を投じた。自治権はカナダ憲
法の一部としてではなくネーション間の条約に基づくべきであるとの主張や、自
治権が先住民族の女性に与える影響への懸念等が反対の理由として挙げられる。
結局のところ、国民投票で約半数の国民が反対し、この合意は成立しなかった。

　憲法修正で一定の前進をみたものの、先住民族の権利の内容、とりわけ自治
権が保障されるかどうかは不明確なままであった。憲法修正による合意を得るこ
とが困難になったことから、先住民族の権利の保障のあり方は裁判所に委ねら

れることになる。そこで以下では、35 条 1 項の権利に関するカナダ最高裁の判決をみていく。

5.　先住民族の権利に関する判例の展開

　35 条 1 項が保障する先住民族の諸権利の内容は、最高裁判決によって形成されてきた。ここでは最高裁が、35 条 1 項によって保障された先住民族の権利に関する重要な憲法原理と位置付けている「調和（reconciliation）」の観念を中心に、判例の内容を概観する。

(1)　初期の判例

　スパロー事件判決（1990 年）は、35 条 1 項の「承認および確定」という文言が、国王の主権（ここでの「主権」とは「統治権」を意味する）の行使に対する制約を導入していると解し、連邦の立法権と先住民族に対して果たすべき連邦の義務の「調和」を達成する最善の方法は、先住民族の権利に対する制約の正当化根拠を要求することである、と判示した。そして、権利の制約を正当化する目的は、天然資源の保全および管理等の「どうしても必要で実質的な（compelling and substantial）」目的でなければならないと説いた。このように、スパロー事件判決が示した「調和」の観念は、連邦の立法権の制限と権利制限の正当化根拠を厳格に解するものとして用いられた。

　ヴァン・ダ・ピート事件判決（1996 年）は「調和」の観念の新しい展開をみせた。この判決は、先住民族の権利の根拠は、ヨーロッパ人が北アメリカに到来したとき、先住民族が数世紀にわたって既にここに存在し、その土地で居住し、独自の文化に参加していた、という事実にあることを明らかにし、35 条 1 項が保障する先住民族の権利は、第 1 に、ヨーロッパ人が北アメリカに到来する前に独自の先住民族社会が既に当該土地を占有していた事実を憲法が承認する手段として、第 2 に、かかる以前からの占有をカナダの領土に対する国王の主権の主張と「調和」させる手段として、最も良く理解できると判示した。

　ヴァン・ダ・ピート事件判決はこうした「調和」の観念を前提とし、35 条 1 項の先住民族の権利の立証に必要な要件を示した（ヴァン・ダ・ピート・テスト）。すなわち、第 1 に、当該活動が権利を主張している先住民族集団の独自の文化にとって不可欠な慣行、慣習または伝統でなければならず、この慣行、慣習ま

たは伝統は入植者と接触する前から存在するものでなければならない。入植者との接触の影響によって生じたものはこの要件を満たさない。第 2 に、これらの慣行、慣習および伝統が今日まで継続していなければならない。これらの立証責任は先住民族にある。パマジェワン事件判決 (1996 年) は、このテストが先住民族の自治権の主張にも適用されることを明らかにした。

　しかし、ヴァン・ダ・ピート・テストに対して強い批判がある。例えば、先住民族と非先住民族双方に共通するものを 35 条 1 項の保障範囲から排除し、先住民族の権利や文化を、非先住民族の文化の諸特徴から取り除いた残りの物と定義することや、「接触前」という要件は、ヨーロッパ人との接触により生じた活動が、先住民族の文化や社会組織にとって十分に重大かつ根本的ではなかった、と一方的に想定していることである。この判決における「調和」は、先住民族の文化の内容を一方的に決めつけ、特定の鋳型に押し込めるものとして機能している。

　グラッドストーン事件判決 (1996 年) は、「調和」の観念から経済的地域的公平さ等も権利の制約の正当化根拠となるとし、非常に広範な権利制約を認めた。これは、スパロー事件判決が示した厳格な基準を否定するかのような判断である。デルガムーク事件判決 (1997 年) はグラッドストーン事件判決から、農業、林業、鉱業等の経済発展が土地権の制約の正当化根拠となることを認めた。またマーシャル第一事件判決 (1999 年) は、条約上の権利の制約はグラッドストーン事件判決の権利制約の論理が適用されるとした。これらの一連の判決は、先住民族の権利を極めて広範に制約する根拠として「調和」の観念を用いている、と考えられる。

(2) 判例の展開

　ハイダ・ネーション事件判決 (2004 年) は「調和」の観念を強調し、土地権が証明されていなくとも、政府には先住民族と協議し、場合によっては便宜を図る法的義務があると判示した。このような法的義務は、その後の判例によって歴史的条約 (ミキスー・クリー事件判決 (2005 年)) と現代的条約 (ベックマン事件判決 (2010 年)) の条約上の権利に及ぶことが明らかにされた。

　先住民族は権利の立証責任を負わされる困難を強いられていたことから、協議し便宜を図る義務は、先住民族の権利保障の新たなパラダイムを示すものだと高く評価する見解がみられた。しかし、その後の判例は、「調和」という用語

自体に言及することがハイダ・ネーション事件判決よりもかなり少なくなっており、かつ形式的なかたちで用いられているに過ぎない感がある。そして、社会全体の利益との衡量が強調される傾向にある。もともとハイダ・ネーション事件判決は、協議し便宜を図るプロセスは先住民族に拒否権を与えるものではないと説いていたし、利益の衡量と妥協は「調和」の観念に内在するものであり、利益の衡量を行うのは国王（連邦と州）だとしていた。これらは先住民族の側からすると、カナダの主権（ここでの「主権」とは、「国の最高意思決定権」と「統治権」を意味する）を当然の前提とすることに内在する問題である。すなわち、カナダの主権を自明ものとし先住民族の権利が立証されていないと想定することは、植民地主義そのものである。先住民族の法からすれば、歴史的不正義に基づく国王の主権の主張は認められない。協議の義務の存在を認めることは、国王に決定権があることを変更するものではなく、国王の主権を自明のものとする従来の判例の枠組に何らの変化をもたらすものではない。それゆえに、判例が示す「調和」の観念は一貫して植民地主義に根差すものである、との批判が加えられている。

(3) 判例における先住民族の「法」

　先住民族にとって、カナダと等しいネーションであるためには、先住民族の法がカナダ法と等しい価値をもつことが承認されなければならない。上述のように、判例は、国王の主権を否定する意味での先住民族の法の存在を認めていない。もっとも、先住民族の法を完全に無視しているわけでもない。ここでは、判例の先住民族法の位置付けをみていくことにする。

　スパロー事件判決は問題となっている権利の意味について、先住民族の視点それ自体にセンシティブであることが不可欠であると述べていた。ヴァン・ダ・ピート事件判決はこれを受けて、コモン・ロー（イギリスの制定法と裁判で形成されてきた判例法を継受し発展させてきたカナダ法）の視点と先住民族の視点の双方に等しく重みをおいて、権利が立証されたかどうかを決定する必要性を説き、ヴァン・ダ・ピート・テストを提示した。この判決は、先住民族の視点に先住民族法が含まれることを示唆するが、先住民族の視点はカナダの法構造および憲法構造が認識可能なものでなければならないと留保し、先住民族の視点の考慮に一定の限界があることを示唆した。

　デルガムーク事件判決は、先住民族の視点を考慮に入れる必要性を説き、先

住民族の土地の占有が問題となる土地権の事案において決定的に重要になるオーラル・ヒストリーを過小評価してはならない、と述べた。そして、土地権の根拠は以前からの占有にあるとし、この占有はコモン・ロー上の原理に由来するとともに先住民族法に由来する、と判示した。ここで、土地権の根拠となる占有の概念は、入植者の法であるコモン・ローだけでなく先住民族法を含むことが示唆されている。ただし、カナダの法構造と憲法構造を緊張させないやり方で、先住民族の視点に等しく重みをおく必要がある、という留保が付されている。これらを前提に、土地権の立証テスト（デルガムーク・テスト）が示さた。それによると、先住民族は、第 1 に、国王が主権を主張する前から土地を占有していること、第 2 に、国王が主権を主張する前からの土地の占有を証拠とする場合には、現在の土地の占有と継続性があること、第 3 に、国王が主権を主張したとき、その占有が排他的であったこと、を立証しなければならない。

　デルガムーク事件判決は、土地権の立証に必要な「占有」とは何かをそれほど明らかにしていなかったため、その後の判例は揺れ動いていたが、チルコーティン事件判決（2014 年）はそれを「十分な占有」といえるかどうかであると判示し、その審査にあたって先住民族の法に焦点を当て、当該集団の生活様式等を考慮する必要性を説いた。また、コモン・ローの視点から、家屋等の物理的に占有した土地だけでなく実際に利用していた周辺の土地を含むものと解するとともに、これらの占有の観念は、遊牧または半遊牧の先住民族の生活様式を反映させなければならないものだと論じる。また、第 3 の要件である排他性は、当該先住民族集団が他の集団が土地に立ち入る際に許可を要求していたり条約を締結していたりした場合に立証されうるとする。

　この判決は先住民族の法を考慮に入れているが、土地権の立証テストにどのように、またどの程度組み込まれるのかが未だ明確にされていない、先住民族の法が土地権の立証のための 1 つの負担に過ぎないものとされ、証拠の欠片に貶められている等の批判がある。根本的な問題は、立地権の立証のテストがカナダの主権の主張を中心に組み立てられていることや、先住民族の法を考慮するに過ぎないことにあると思われる。先住民族が対等なネーションであることを妨げるこれらの軛をいかに克服できるかが、今後の課題であるだろう。

6.　国 連 宣 言

(1)　国連宣言の反対から支持への過程

　カナダ政府は、「先住民族の権利に関する国連宣言」（国連宣言）の草案だけで
なく最終案にも反対票を投じていた。その理由は、国連宣言がその内容を実施
する明確さを欠き宣言を実施するための国内法の指針とならないこと、カナダ
憲法の枠組と基本的に両立しないことであった。例えば、土地、領域および資
源の権利と他者の利益を衡量する必要性を認めていないこと、条約を覆すおそ
れがあること、「自由意思による事前の十分な情報に基づく同意（FPIC）」が先
住民族の拒否権のように用いられることを挙げていた。しかし 2010 年に、特
段の説明なく国連宣言に賛成する立場に転じた。その後カナダ政府は、歴史的
不正義をただし植民地主義から脱却することが必要であるとし、先住民族政府
が連邦政府や州政府とともに意思決定に参加し決定することで条約を締結する
ことが FPIC の最終的な表現である、との見解を示した。

(2)　国連宣言の国内法化

　政府の国連宣言の支持を受け、同宣言を国内法化する法案が連邦議会に提出
された。法案は 2 度廃案となったが、2021 年に連邦法の成立をみた。この法律
は前文で国連宣言が「調和」の枠組を提供し、先住民族の法体系等に由来する
先住民族の固有の権利、特に土地等への権利の尊重を強調していることに言及
し、同宣言がカナダ法の解釈の 1 つの根拠として確定されていること、先住民
族が植民地化や土地の収奪等の結果として歴史的不正義を被ってきたこと、無
主地理論が法的にも道徳的にも無効であること、カナダ政府があらゆる形態の
植民地主義を拒否し、先住民族とのあらゆる関係が先住民族の自治権の承認と
実施に基づかなければならないこと、カナダで国連宣言を実施する措置が先住
民族の統治機構を考慮しなければならないこと等を掲げる。そして、カナダ政
府が先住民族と協議および協力し、国連宣言と両立するために必要なあらゆる
措置を講じること等を定める。なお、この法律の成立に先立ち、2019 年にブリ
ティッシュ・コロンビア州が、カナダの州で初めて国連宣言を実施する法律を
制定した。

　国連宣言には、先住民族の法を明記している点で従来の人権条約と重大な違
いがあること、権利保障を限定する判例理論を打破する可能性を有する等の指

摘がある。国連宣言の国内法化が最高裁の憲法解釈にどのような影響を及ぼすのか等、今後の展開が注目される。

7. おわりに

　カナダは先住民族の権利保障に関する先進的な取組をしてきたと評されている。その大きな出来事の1つとして、先住民族の権利の憲法典化を挙げることができる。しかし、そもそも先住民族集団の多くがそれを望んでいたわけではなく、また、先住民族の憲法上の権利は最高裁判決によって相当制限されており、先住民族は決して満足していないのが現状である。こうした背景には、先住民族が自らを主権国家と対等なネーションだと認識していること、先住民族が有する「権利」や「法」の概念と入植者のそれらの間に「ズレ」がある等の問題を指摘できる。カナダが本当に先住民族の権利保障に「先進的」であるためには何が必要かを慎重に検討し続けたい。

> 考えてみよう
> ・先住民族の権利を憲法で規定することには、どのような意義と課題があるだろうか。
> ・先住民族が有する「権利」や「法」の概念は、国家の法制度や政策とどのように接合できるだろうか。

【参考文献】
守谷賢輔「カナダ最高裁判決と先住民の自治」『関西大学法学論集』59 巻 5 号（2010年）47-79 頁
同「先住民の『土地権（aboriginal title）』および条約上の権利をめぐる近年のカナダ憲法判例の一つの動向──先住民と協議し便宜を図る義務について」『関西大学法学論集』62 巻 4・5 号（2013 年）325-386 頁
同「先住民族の『土地権（aboriginal title）』の根拠（1）〜（3・完）──カナダの判例の生成と展開を手がかりに」『福岡大学法学論叢』62 巻 1 号（2017 年）253-278 頁、62 巻 3 号（2017 年）797-817 頁、62 巻 4 号（2018 年）1011-1036 頁
David W. Elliott, *Law and Aboriginal Peoples in Canada*, 5th ed., Captus Press, 2005
Douglas Sanders, "The Indian Lobby" in Keith Banting & Richard Simeon, eds., *And No One Cheered: Federalism, Democracy and the Constitution Act*, Methuen, 1983

John Borrows & Leonard Rotman, (eds.), *Aboriginal Legal Issues: Cases, Materials & Commentary* , 5th ed., Lexis Nexis, 2018

第11章　台　湾

国連非加盟国において先住民族の権利擁護はいかに展開したのか

石　垣　　直

1.　はじめに

　台湾の主要な住民は、漢族系の人々である。しかし、17世紀に中国大陸から
の漢族系移民が増加する以前、数千年にわたってこの土地に住み続けていたの
は、オーストロネシア語族系の人々だった。漢族系移民の増加によりオースト
ロネシア語族系住民は次第にマイノリティになっていった。しかし、その子孫
たちは1980年代に始まる権利回復運動を通じて、「台湾の本来の主人」として
の「原住民族」という名称・総称を獲得してきた。

　この章では、台湾における原住民の歴史と、かれらの諸権利に関連する憲
法・法制度を整理した上で、現在国連に加盟していない台湾（中華民国）におけ
る原住民のための権利保障の在り方、それと「先住民族の権利に関する国連宣
言」（国連宣言）や国際条約との関係について考えてみたい。

　なお、以下では、個人あるいは集団の総称としては「原住民」を、集団とし
ての権利が強調される文脈では「原住民族」という表記を用いることにする。

2.　台湾の歴史と原住民

　現在、政府が公式に認めた「原住民族」は、アミ、パイワン、タイヤル、ブ
ヌン等計16の民族である。その人口（約58万人）は、台湾の総人口（約2,300
万人）の2％強に過ぎない。しかし、台湾における原住民の居住の歴史は、
5,000年～6,000年ともいわれる。また、言語学や考古学そして遺伝子研究の
成果等から、台湾は東南アジア島嶼部や太平洋の島々に拡散したオーストロネ

シア語族系の人々にとっての原郷、あるいは重要な中継基地だったと考えられている。

　古い時代の中国の王朝、例えば隋王朝は、現在の台湾あるいはその北東に位置する沖縄諸島一帯を含む地域を、「流求」と呼んでいたようである。しかし、中国の王朝がその版図の一部として台湾を取り込むようになったのは、かなり遅れて 17 世紀末のことであった。中国の王朝が支配する以前、オランダ東インド会社が既に台湾に進出していたが、その間接統治が影響を及ぼした範囲は、台湾の西南部の平地や一部の山地にとどまっていた。明末の鄭氏政権、さらには清朝による統治が始まると、漢族系の人々の入植・勢力範囲は西部および北部平地へと拡大していった。しかし、中央山地一帯およびその東側、すなわち台湾の面積の約半分は、19 世紀末の時点でもなお原住民諸族の勢力下にあった。

　日清戦争（1894〜1895 年）をへて台湾の割譲を受けた日本は、台湾総督府（総督府）を設置して植民地統治に乗り出した。その直接的な統治は、原住民が多く居住する中央山地にも及ぶようになった。山地部には警備道路が敷かれ、その要所には派出所や交易所、さらには原住民児童のための教育所等が設置された。総督府は、抗日蜂起に対しては徹底した鎮圧を行い、時には統治の利便性のための移住・集住政策も強行した。これと前後し、総督府は原住民に対する旧慣調査や土地調査を実施した。しかし、現地の慣習法や土地制度に基づいた統治が行われることはなかった。

　日本の敗戦を受けて第二次世界大戦後に台湾を統治するようになった中国国民党（国民党）主体の中華民国政府（国民党政権）は、基本的には日本植民地期以来の隔離・教化政策、土地政策を踏襲した。その一方で、国民党政権およびその下位の台湾省政府は、戦後初期に「高山族」、後に「山地同胞」（山胞）と呼ばれるようになった原住民が居住する地区に対しても、地方自治制度を施行していった。こうして原住民は、本格的に近代国家に取り込まれることになったのである。

3.　原住民族運動の軌跡

　第二次世界大戦後、中国大陸での中国共産党（共産党）との内戦に敗れた国民党政権が 1949 年にその本拠を台湾に移すことになった。国民党政権は、半世

紀にわたる日本の植民地統治を経験した台湾の住民に対する「国民化」政策（標準華語の使用、中華文化の教育等）を進めた。それは山地部や東部平地で生活する原住民に対しても同様であった。かれらの居住地区にも現金経済が浸透するようになると、原住民の一部には、植民地時代から世帯ごとに割り当てられていた保留地を漢族系住民にリースあるいは違法に売却して現金を得ようとする者が出てきた。また、1960年代になると進学や就業機会を求めて村落を離れ、都市部で生活する原住民も次第に増えてきた。そこでかれらが直面したのが、不当な労働環境での就労、そして台湾のマジョリティである漢族系住民からの差別であった。なかには人身売買の対象となって働かされる者や、過酷な労働環境下で発生した炭鉱事故等で命を落とす者もあった。

　こうしたなか、都市の大学やキリスト教系神学校に通う原住民のエリートの一部が、「台湾の本来の主人」としての「原住民」という名称を掲げた権利回復運動を開始した。その先駆けとなったのが、1983年に台湾大学の原住民学生らが創刊した雑誌『高山青』であった。当時の台湾は、内戦・反共を理由として1949年に始まった長期戒厳令のなかにあった。『高山青』創刊の翌1984年4月には、民主化を要求する非国民党勢力（「党外」勢力）が組織した「党外編輯作家聯誼会」内に、「少数民族委員会」が設けられた。さらに、同年12月には、漢族系住民を多く含む聯誼会とは別に、「原住民」としての主体性をより一層強調した組織として「台湾原住民権利促進会」（原権会）が結成された。

　原権会の主張や活動は、長期戒厳令下で盛り上がり始めていた民主化要求と「台湾意識」の高揚という大きな潮流とともに、人々に広く知られるようになっていった。こうした動きはあくまでも台湾内部の状況を反映したものだったが、原権会のスタンスと主張は、早くから国際的な先住民族運動の言説とも結びついていた。1987年には、フィリピンを訪問した原住民のキリスト教関係者が、「世界先住民族会議」（WCIP）がまとめた「先住権に関する原則宣言」（Declaration of Principles of Indigenous Rights）を現地の「コルディレラ民族同盟」（CPA）から入手し、その翻訳作業が進められた。翌1988年3月には、同原則宣言等を参考にした「台湾原住民族権利宣言」が発表され、組織名称も「民族」としての集団的な権利を強調した「台湾原住民族権利促進会」（傍点引用者）に改称された。

　かれらは同宣言において、原住民族が漢族とはルーツの異なる別の民族であること、そして台湾のもともとの「主人」であることを強調し、人権を基礎と

した生存権・労働権・土地権・財産権・教育権・自治権・文化的アイデンティティ権等の尊重を求めた。この権利回復運動は、より具体的に、土地返還、自治権、言語・文化の尊重した教育を実施する権利、各レベルの議会における議席保障といった主張を掲げていた。同宣言が示した方向性に基づき、1980 年代末〜1990 年代初頭には土地返還を要求した大規模デモが複数回にわたって実施された。

　1990 年代初頭の台湾では、台湾出身者として初めて中華民国総統（大統領）に就任した李登輝の主導で、憲法修正作業・国会改革が進められていた。原権会が掲げる原住民族としての諸権利は、非国民党勢力が結成した民主進歩党（民進党）のサポートも受けながら、中央政治の舞台において主張されることとなった。変革を迫られて動揺する国民党勢力に対して民進党勢力が攻勢をかける中、少数でありながらも「台湾の主体性」を強調した大きな潮流において影響力を持ち始めていた原住民族側の要求が、部分的に認められるようになった。例えば、憲法修正作業の過程で、1994 年には「原住民」という文言が、1997 年には「原住民族」および「民族意願」（民族の意思）という文言が、憲法追加修正条文に明記されることとなった。他方で、1996 年 12 月 10 日の世界人権デーには、行政院（行政府・内閣）に専門部局として「行政院原住民委員会」（後に「行政院原住民族委員会」、そして「原住民族委員会」に改称　傍点引用者　略称「原民会」）が設置された。

　1996 年 3 月以降、台湾ではこれまでに計 7 回の総統・副総統直接選挙（任期 4 年、3 選禁止）が実施されてきた。1996 年〜2000 年には李登輝（国民党）が、2000 年〜2008 年には陳水扁（民進党）が、2008 年〜2016 年には馬英九（国民党）が、2016 年からは蔡英文（民進党）が、総統としてそれぞれの政権を運営してきた。台湾はこの間も中国との統一／独立問題で揺れてきたが、原住民側は、特に台湾の主体性を強調する民進党政権下において立法府や行政府での積極的な活動を行い、その要求の一部を実現してきた。こうした中、2016 年 5 月に就任した蔡英文総統は、同年 8 月、原住民各界のリーダーらを総統府に招待し、中華民国総統として初めて、公式の謝罪を行った。同政権は、過去の軍事・独裁政権下や紛争時に行われた不正義に対する改善や和解を目指して世界各地で展開されている「移行期正義」（Transitional Justice）の議論を、台湾でも導入・展開している。台湾の文脈では、1947 年に発生した「228 事件」やその後の長期戒厳令下で行われた国民党政権による台湾民衆への弾圧が「移行期正義」をめ

ぐる議論の重要な主題となっているが、同時に原住民と過去の植民者や国家との歴史的な関係性の再検討も積極的に進められている。

4.　現行の憲法・法制度と原住民族

　台湾の正式な国名は、辛亥革命の翌年（1912 年）に誕生した「中華民国」である。上述のように、半世紀にわたる日本の植民地統治の後には、国民党政権が台湾と統治するようになったが、国共内戦をへて 1949 年に誕生した共産党主導の中華人民共和国政府は、台湾は同国の台湾省であるとし、中華民国の存在を認めなかった。それでも中華民国は、1970 年代の初頭まで「中国の代表者」として国連に参加し、米国を盟主とする自由主義圏の支持を得て国連・安全保障理事会においても五大国の 1 つとして常任理事国の席を維持していた。

　しかし、国際社会や国連においても、中国大陸を長らく実効支配する中華人民共和国こそが中国の代表者だとする声が次第に高まってきた。1971 年、国連総会でのアルバニア決議で中華人民共和国の中国代表権が確定し、中華民国は国連を脱退した。その後、中華民国の国際的孤立はより一層深まり、2022 年 2 月現在、同国と国交を結ぶ国は 14 か国に過ぎない。こうした国際環境にあるものの、台湾に存在する中華民国政府は、独自の憲法と法制度に基づいた統治を行っている。以下では、中華民国をめぐるこうした複雑な歴史と現状を踏まえた上で、原住民族に対する現行の憲法・法制度の概要を整理してみたい。

(1) 中華民国憲法と原住民族

　中華民国政府が中国大陸に存在した 1947 年に公布・施行された中華民国憲法は、国共内戦下にあって十全に運用されることはなかったが、その条文では国内のモンゴル族やチベット族の参政権や地方自治の保障が謳われていた。しかし、中華民国憲法・本文には、台湾の「高山族」あるいは「山胞」への直接的な言及はない。憲法上で台湾の「原住民（族）」に言及しているのは、李登輝政権以降の憲法修正作業を通じて生み出された「増修条文」（追加修正条文）のみである。追加修正条文は、「国家統一前」の暫定的な措置として、憲法本文を改正することなく、中華民国政府が実効支配中の「自由地区」（台湾島とその周辺離島、福建省金門・馬祖等）に適用するものとして付加的に作成されたものである。

　追加修正条文 4 条 1 項では、立法院（国会）における立法委員（国会議員）の原住民代表者を、「平地原住民」および「山地原住民」各 3 名と規定している。この「平地／山地」という区分は、日本植民地期の普通行政区／特別行政区および戸籍上の区分に基づくもので、歴史的に平地部に居住してきたアミやプユマ等は前者に、山地部居住のタイヤル、パイワン、ブヌン等は後者に属する。立法院の議席定数は 113 議席であり、原住民に保障された 6 議席は全議席数の約 5 ％を占めることになる。また現行制度では立法院の全議席中 34 議席は「不分区」制（比例代表制）に基づいて選出されるため、選挙の状況によっては、原住民族全体としては 6 ＋ α の議席を獲得する場合もある。なお、原住民側はこれまでに「平地／山地」区分の撤廃や原住民各族への議席保障を要求してきたが、それは依然認められていない。

　追加修正条文中で原住民に言及した条文としては、10 条 11 項および 12 項もある。前者は、国家は多元文化を肯定し、原住民族の言語および文化を積極的に維持・発展させるとしている。後者は、国家は「民族の意思」に基づき、原住民族の地位や政治参与を保障し、教育文化・交通水利・衛生医療等を保障し発展させると謳っている。これらの条文は一般に「原住民族条項」と呼ばれ、原住民族の諸権利の保障を謳った憲法上の根拠としてしばしば言及されている。ただし、上述の 4 条 1 項は中華民国憲法本文における諸民族あるいは特殊な「生活習慣」を有する国民に対する条文（26 条、64 条、135 条）を、10 条内の 2 つの項は「辺境地区」の各民族に対する条文（168 条、169 条）を転用したものである。実際、追加修正条文 10 条 12 項の後段には、「澎湖、金門および馬祖地区の人民」も同様であると規定されており、必ずしもこれらの条文が台湾の「原住民族」を「国家の成立に先立つ存在」あるいは「理念的には国家と対等な存在」と規定しているわけではないことを示している（石垣 2011）。

　では、現行の憲法・法制度における「原住民（族）」身分の根拠は何なのか。実はその根拠は、日本植民地期に作成された戸籍にある。当時「蕃」（蕃族）あるいは「〇〇族」として戸籍登録された人々が、戦後に（総称としての）「高山族」、改称後には「山胞」と規定され、それが上記の憲法修正作業をへて「原住民（族）」と呼ばれるようになったのである。上述の「原住民族条項」の内容と集団に対する法律・行政上の呼称変遷から判断するならば、その地位と名称は、権利を要求する側にとっては「原住民族」（indigenous peoples）であるが、憲法・法制度上の位置付けは「国内の少数民族」としての地位に留まっているものと

理解できる。なお、日本植民地期に既に漢族化が進んでいる認識され、「熟」
（熟蕃、平埔族）として戸籍登録された人々は、戦後に漢族系住民として扱われ、
長年にわたる「原住民族」認定要求にも関わらず、依然としてその身分を認め
られていない。

(2) 原住民族に対する諸優遇政策

　台湾の原住民に対しては、戦後初期から、格差是正あるいはマイノリティに
対する権利保障のために、地方自治、公務員試験、教育等の分野で諸優遇措置
が講じられてきた。

　その1つは、原住民が多く居住する地方自治体の行政首長を原住民に限定す
るという地方制度法の規定である。ただし、この規定は日本植民地期に特別行
政区に設定されていた地域内の「郷」（山地郷）や直轄市の「区」等に限定され
たもので、以前より普通行政区の一部として扱われてきた平地郷（鎮・市）等は
除外されている。また、同法には個々の行政区域内の原住民の人口比率に応じ
て、直轄市および県（市）や郷（鎮・市）の議会でも原住民議員を選出する規定
もあるが、それでも原住民人口の多い山地郷等を除けば、通常、個々の地方議
会の原住民議員は少数にとどまっている。

　同じく地方自治・行政に関連する特別措置としては、一般の公務員試験とは
別途実施されている「公務人員特殊考試原住民族考試」（原住民特考）がある。
この制度は、かれらが置かれた特殊な状況に対応しうる原住民籍の公務員養成
を目指したもので、その起源は1956年実施の「特種考試台湾省山地人民應山地
行政人員考試」に遡る。この制度によって原住民は、公務員を目指す一般の国
民とは別枠で、原住民行政専門の公務員としての資格を得ることができる。な
お、この公務員試験の対象範囲は、行政職と技術職を含んでおり、原住民が多
く住む地域の地方自治体だけでなく、行政院に設置された上述の原民会や、原
住民が通う地域の学校等事務職として勤務することも可能である。

　原住民に対しては、教育分野においても戦後初期から様々な優遇政策が実施
されてきた。1946年には成績の優秀な原住民（当時の名称は「高山族」）児童・生
徒を中等・高等教育機関へと自動的に進学させる「保送」制度が始まった。ま
た1951年からは、原住民児童・生徒の進学を促すために、入学試験の合格基準
点を下げたり、一定割合の加点を行ったりする優遇措置も開始された。高校や
大学・大学院進学に際した加点等の優遇措置はその後も継続され、別途実施さ

れる各族言語（族語）の試験によってその「母語」使用能力を証明できる者については、現在でも最大で総合成績の 35％を加点することが可能となっている。

　原住民に関する優遇政策や権利保障のための施策は、例えば、「原住民族教育法」(1998 年)、「原住民身分法」(2001 年)、「原住族工作権保障法」(2001 年)、「原住民民族別認定辦法」(2002 年) 等、それぞれ個別の法律に基づいて実施されてきた。2005 年には、原住民に関する諸法律の「母法」ともいうべき「原住民族基本法」が公布・施行された。全 35 条からなる同法では、原住民行政や自治の推進、言語・文化の保護・発展、土地・資源に対する権利保障、メディアや知的財産に関する権利保障、インフラの整備・促進、公衆衛生・医療・福祉に関する権利保障、司法における原住民の言語・文化・慣習法の尊重、世界の先住民族および少数民族との交流促進等が謳われている。また近年では、蔡英文政権の下で、「原住民族語言発展法」の制定・施行 (2017 年) や「原住民族教育法」の 5 度目の改正 (2019 年) が行われ、原住民各族の言語・文化の保護・発展ならびに原住民各族の主体性を強調した教育の在り方をめぐる議論が、これまで以上に活発になっている。

5.　台湾における原住民族の諸権利と国家——国連宣言および国際条約との関係性

　以上のように台湾では、民主化の必要性が叫ばれ、人々の「台湾意識」が高揚するなかで、原住民族の権利保障をめぐる議論や施策が展開されてきた。以下では、台湾における原住民族の諸権利をめぐる現状と、国連宣言や関連条約に代表される先住民族の諸権利を擁護する国際的な潮流との関係を考えてみたい。

(1) 原住民族が求める諸権利と国家が許容する諸権利との齟齬

　前節までで見てきたように、台湾の原住民族には戦後初期より様々な優遇政策が講じられてきた。ただしそれは、少数民族、マイノリティであるが故の優遇・権利保障であり、必ずしも、国家に先立つ存在、理念上は国家と対等な存在として、原住民族の諸権利を保障してきたわけではない。国民党であるか民進党であるかを問わず、歴代の政権は、言語・文化・教育における諸権利は支持・承認してきたが、土地や自治等国家側の権益と衝突しかねない諸権利つい

ては、必ずしも積極的に認めてきたわけではない。

　1980年代半ばからの原住民族運動において、原住民族側は土地返還を求めて
きた。これに対する政府側の対応は、一部の小区画の土地を原住民保留地とし
て追加登録するというものだった。また2005年に原住民族基本法が制定され
「原住民族土地」(「原住民族伝統領域土地」および既存の原住民保留地を指す)とい
う文言が登場し、「原住民族土地或部落範囲土地劃設辦法」(公布・施行：2017年)
によってその範囲の確定のための諸手続が示されたが、個々の民族やその下位
グループが歴史的に利用してきた土地に対する集団的な権利は、依然として確
立されていない。加えて、同辦法が「原住民族伝統領域土地」の対象を公有地
に限定(現状で非原住民および民間団体等が使用する土地を除外)したことに対し
ては、一部の原住民から強い反発を招くことになった。

　また、土地に対する権利と並んで台湾の原住民族運動において再三掲げられ
てきた平地原住民／山地原住民という日本植民地期以来の制度に基づく区分の
撤廃、国政(立法府)における民族ごとの代表者の議席保障、そして個々の民族
を主体とした自治についても、依然として実現してはいない。先にみたよう
に、台湾の原住民族には、立法院において計6議席が保障されている。ただし、
その議席は人口の多い民族集団(例えば「平地原住民」ではアミ、「山地原住民」で
はタイヤルやパイワン)が独占する傾向にあり、原住民各族が個々の民族の代表
者を国政に送るという制度にはなっていない。また自治については、民進党の
陳水扁政権誕生の前後から再三にわたって議論され、幾度となく草案も作成さ
れてきたが、その権限や財源等をめぐる問題もあり、依然として立法化される
までには至っていない。

　現在の台湾では、原住民族基本法の制定および関連する法律の整備等もあ
り、木材等の森林資源の利用や狩猟権等の分野において、以前に比べて原住民
の諸権利を肯定する司法判断等が出ていることは確かである。しかし、かつて
個々の集団がその勢力範囲とした森林その他の土地や資源については、国家や
民間・私人による管理・使用という現状もあって返還が進まず、自治について
も長年にわたって議論はあるものの、その基礎となる法律の制定においても課
題が山積しているというのが実情である。

(2) 原住民族の諸権利に関する憲法・国内法制度と国連宣言・国際条約

　台湾の原住民族運動は、その初期から、先住民族の諸権利の尊重を謳う国際

的な議論から影響を受けてきた。民族としての集団的権利を踏まえて生存権、土地権、財産権、教育観、自治権等に言及した1988年の台湾原住民族権利宣言は、2007年に採択された先住民族の権利に関する国連宣言と比較しても、遜色のないものだった。原住民族運動のリーダーらは、同宣言を基礎とした権利要求を掲げ、要望の一部を実現してきたのである。

　とは言うものの、国連宣言や関連する国際条約の監視制度の存在が直接的に台湾原住民族の諸権利獲得を可能にしてきたわけではない。そもそも中華民国は、先住民族の諸権利をめぐる世界的な議論が活発化する以前の1971年に国連を脱退している。したがって、台湾の原住民族は、国連および関連諸機関そして国際条約による先住民族の権利保障のためのメカニズムを直接的に利用することは困難なのである。

　では、台湾原住民族による権利獲得を可能にしてきたのは何だったのか。それは、第一に、戦後における「台湾意識」の台頭であった。戦後の中華民国は、中国大陸との統一／独立をめぐって揺れてきたが、中国大陸との差異を強調し台湾としての独自性を主張するとき、数千年単位でこの地域に生活してきた、「原住民族」を名乗るオーストロネシア語族系の人々の存在は、無視できないものだった。後に民進党となった非国民党勢力が、総人口の2％程度に過ぎない原住民族側の権利主張を擁護してきたのは、台湾の独自性を主張する上で、原住民族の存在が象徴的な意味をもっていたからであった。

　原住民族による諸権利の獲得を可能にしてきた第二の要素は、中華民国憲法である。漢族を主体としつつも多様な少数民族を抱える中国大陸の状況を念頭に置いて定められたこの憲法は、モンゴル族やチベット族等各民族の権利を一定程度保障する構成になっていた。巨大な領土を統治するための憲法をもった国家の実質的な統治範囲が台湾という相対的に極小な地域に限定されたことで、追加修正条文という形ではあるが、絶対的マイノリティである原住民族が国政に影響力を及ぼすようになった。言い換えれば、中華民国の台湾遷移が、中国大陸における「五族共和」（漢族、満州族、モンゴル族、チベット族、イスラム教系の民族による共和）ならぬ、台湾での「漢原共和」（漢族と原住民族との共和）の可能性を開いたのである。

　もちろん、台湾のこうした政治および憲法の特殊性だけで、原住民族の権利保障の進展を説明することはできない。原住民族側の権利主張が国内で一定の支持を得て実際に法制化される過程では、やはり国連宣言（および同草案）に代

表される先住民族の諸権利を擁護する潮流が間接的に影響を与えてきた。こうした潮流や議論は、欧米への留学経験をもつ原住民や漢族の知識人らを通じて、絶えず台湾に紹介されてきた（例えば、許世楷ほか2001；施2005；施（編）2005；安納亞2010；包正豪ほか2014等）。実際、原住民族の諸権利に保障のための「母法」ともいうべき原住民族基本法の制定に際しては、当時の国連宣言草案が、その根拠の1つとして挙げられていた。また、原住民リーダーの中には、行政院に設置された原民会だけでなく、考試院（人事院に相当）や監察院（弾劾・会計監査等を所管）等政府の主要機関で要職を務める者もあり、原住民籍の立法委員とともに、世界的な先住民族運動の動向を踏まえた施策の必要性を、様々な場面で強調してきた。加えて現在の台湾では、中国大陸の共産党政府との対照性を示す際に「人権」の尊重を強調することが多く、国連宣言に代表される先住民族の諸権利を擁護する言説や理念は、ある種の「権威」として、間接的ながら政府の原住民族政策に影響を及ぼしているのである。

6. おわりに

　台湾では、1980年代以来の権利回復運動を通じて、原住民族が要求する諸権利が部分的に認められてきた。しかし、その権利要求は、国連宣言や国際条約の監視制度を直接利用するのではなく、国内外の政治・社会状況を見据えながら展開されてきた。

　憲法において、必ずしも明確には国家の成立に先立って存在した「indigenous peoples」とは規定されず、また、国連にも加盟していない中華民国における原住民族の諸権利をめぐる議論や政策の進展は、次のことを示している。世界各地で植民地化を経験してきた集団が「先住民族」としての諸権利を主張する上で、国連宣言や関連する国際条約の存在は極めて重要である。しかし、国連宣言や国際条約はそのままでは理念あるいは象徴に留まっており、それが実際の政策として国内で実施されるか否かは、個々の国や地域が置かれた歴史的および現在的な社会・政治状況に大きく左右される。

　本章が扱った台湾の事例は、国連宣言や諸国際条約の成り立ちや仕組の検討に加え、先住民族の諸権利を擁護する理念が現実の施策として実行される／されない個々の国や地域の文脈・状況に注目した調査・研究（例えば石垣2018）の必要性を示している。こうした成果に基づく世界的な比較研究からは、「先住

民族」概念およびそれと関連した諸権利概念の成り立ちに関わる歴史性、そしてこの理念の実現をめぐる地域的な適用可能性（逆にその困難さ）が明らかになるだろう。

考えてみよう

・国連に加盟していない国や地域において、先住民族はどのように国連宣言を活用できるだろうか。
・台湾と中国大陸の関係は、台湾における原住民族の権利擁護にどのような影響を与えてきただろうか。

【参考文献】
石垣直『現代台湾を生きる原住民——ブヌンの土地と権利回復運動の人類学』（風響社、2011 年）
同「近代国家の成立と「先住民族」——台湾と沖縄の歴史と現状」深山直子・丸山淳子・木村真希子編『先住民からみる現代世界——わたしたちの〈あたりまえ〉に挑む』（昭和堂、2018 年）
包正豪／蔡志偉（Awi Mona）／官大偉『國際原住民族重要政策文件彙編』（原住民族委員會、2014 年）
安納亞（Anaya, S. James）『國際法中的原住民族』（*Indigenous Peoples in International Law*）（行政院原住民族委員會、2010 年）
施正鋒『台灣原住民族政治與政策』（新新台灣文化教育基金會出版、2005 年）
施正鋒編『原住民族主權與國家主權』（翰蘆圖書出版、2012 年）
許世楷／施正鋒／布興・大立編『原住民族人權與自治』（前衛出版社、2012 年）

第12章　ニュージーランド

どのような法制度が先住民族運動に活用されるのか

深 山 直 子

1. はじめに

　ニュージーランドは、2018年時点で全人口470万人の内、ヨーロッパ系住民が70%、先住民族マオリが17%を占める、英連邦を構成する植民国家である。同じく植民国家であるアメリカやカナダ等とは異なり、先住民族が一定の自治権を有する領域を設定しておらず、つまり先住民族とそれ以外の人々が「住み分け」をしない先住民族政策を採用してきた。ニュージーランドに暮らすポリネシア系民族のマオリは、今でこそ脱植民地化に向けて先進的な取組をする先住民族としてしばしば注目を集める。しかし、かつては植民地主義そして同化主義に基づく近代国家形成のもと、法・政治・文化・社会において劣位に立たされていた。そのような状況が大きく転換したのは、ここ半世紀のことである。

　本章の目的は第一に、1960年代以降の先住民族運動の高揚と展開を粗描し、現代ではどのような特徴を持つに至ったのかを明らかにすることにある。その際には、ニュージーランド国内における法制度との関わりに留意したい。第二に、そのような先住民族運動の延長線上にありながらも、新しい特徴が指摘できる近年の先住民族運動の一事例として、オークランド郊外イフマータオの住宅開発計画に対する反対運動を、ウェブサイト上の情報を手掛かりに再構成することにある。特に、2015年あたりから顕在化したこの運動の舞台が、国内に留まらず国連という国際的なアリーナにまでおよび、マオリによる「先住民族の権利に関する国連宣言」（国連宣言）等の国際法の活用がみられた点に注目したい。最後に、マオリの先住民族運動とそれが依拠する法制度が、どのように変化してきているのかについて、考察を加える。

2. 先住民族運動の現代的展開

(1) マオリの先住民族化と先住民族運動の高揚

　マオリの祖先は、紀元後 13 世紀以降に東ポリネシアから、アオテアロア・ニュージーランドの島々に断続的に船団を組んで到来したといわれる。彼らは島内各地に生活拠点を定め、出自に基づいて複数のレベルの部族集団から成る分節的な社会構造を発達させた。18 世紀後半になると、ヨーロッパ人が来島するようになった。欧米の列強各国が進出をもくろむなか、イギリスは 1840 年にマオリ諸首長との間にワイタンギ条約を締結した。後述するように、そこではマオリの地位や権利の確保が謳われたものの、イギリスそしてヨーロッパ系入植者が条約を遵守することはなかった。そして、ヨーロッパ人の入植が急速に進み、マオリが暮らしてきた土地は不当な買収や戦争の末の没収等により次々と奪われていった。マオリは生業手段や生活空間を失い、さらに伝統的な社会構造は弱体化し、人口減少や貧困化が深刻になった。また、キリスト教の布教や同化主義的な教育の結果、固有の信仰や世界観、言語や知識も変質せざるを得なかった。マオリは植民地主義に基づく多様な収奪を経験し、人口のみならずあらゆる意味で劣位に追いやられ、マイノリティになった。換言すれば、潜在的に先住民族になったわけである。

　20 世紀に入ると、マオリ人口はようやく増加傾向に転じたが、イギリスからの独立性を強めつつ近代国家形成が図られるなかで、マオリに対する同化主義的な圧力は継続した。ところが 1960 年代末から 70 年代にかけて、世界各地でのマイノリティによる社会運動に刺激を受けて、ニュージーランドでもマオリが先住民族という意識を確固たるものにし、先住民族運動を展開するようになった。訴えの内容は多岐にわたったが、その中心は土地の奪還・堅持、マオリ語をはじめとする伝統的な文化の復興、ワイタンギ条約の尊重にあった。1970年代半ばには各地で、ロビー活動やデモ行進、土地の占拠等が実施され、国家の視点に立てば「違法」とみなされる手段がとられることもあった。全国各地に拡がった運動は、マジョリティであるヨーロッパ系住民に対して衝撃を与え、政府による先住民族政策は単一文化主義から二文化主義へと大きく舵を切った。そして「マオリ・ルネッサンス」と呼ばれるマオリ文化・社会の復興という時代を迎えた（深山 2012）。

(2) ワイタンギ条約法の制定とワイタンギ審判所の創設

　1975 年ワイタンギ条約法（Treaty of Waitangi Act 1975）が制定されたことは、そのような先住民族政策の転換を象徴する出来事だったといえる。ここで、この法が依拠するワイタンギ条約を振り返ってみよう。1840 年にイギリスの主導のもと、当時のイギリスの「国王（Crown）」であった女王とマオリ諸首長との間で、平和的手段による主権の確立を目的として締結された。全 3 条から成り、その英語版の内容は以下のように要約できる。

　一条：すべての首長たちは、主権のもとに有するすべての権利と権力を、イギリス女王に委譲すること。
　二条：イギリス女王は首長、部族、個々の家族や個人に、彼／彼女らが集団あるいは個人として所有している土地、不動産、森林、水産資源、その他財産を、彼／彼女らが望む限り、完全に排他的で支障なく所有することを確認し保証すること。ただし、首長は、土地所有者が手放すことを望む土地に対する、排他的な先買権をイギリス女王に委譲すること。
　三条：イギリス女王はニュージーランドの原住民を保護し、イギリス臣民としてのすべての権利と特権を付与すること。

　当時としては、「原住民」マオリに一定の地位や権利を認める先進的な内容であったといえよう。しかし問題は、既に述べたようにこの条約が締結直後からイギリス側にほとんど顧みられることなく、長らく形骸化していたことにあった。ところが、1975 年ワイタンギ条約法が制定され、ワイタンギ条約の「原則」に対して一定の法的効力が認められることになった。加えて、ワイタンギ審判所（Waitangi Tribunal）が創設され、条約の「原則」に合致しない「国王」による作為・不作為のために不利益を被るマオリ個人や集団の申立を受けて、審理と審判を行い、「国王」に対して報告書の形で勧告する制度が整えられた。「国王」は、ここではとりあえずその時代のニュージーランドの政府、と理解しておこう。ワイタンギ審判所は裁判所とは異なり、マオリと政府の間に起こった／起こっていることに関する調査に比重を置くことに特徴がある。この審判所は改革を経て 1980 年代半ばからは、マオリが条約締結時まで遡って政府を相手取り植民地主義的収奪を訴えることができる国家機関として、機能するようになった（深山 2012）。

(3) 部族による政府との和解に向けた活動

　部族は、かつてはマオリ社会を構成する基本的な社会的単位であったが、植民地化と同化主義的政策のなかで、弱体化した。しかしながら、「マオリ・ルネッサンス」という時代を迎え、ワイタンギ審判所あるいは裁判所において、政府を訴えたり政府との直接交渉に臨んだりする主体として表舞台に立つようになり、再び実体化していった。こうして現代ニュージーランドの先住民族運動は、各地で領域を主張する部族が主体となり、ワイタンギ条約を主たる法的根拠として、国家機関において植民地化の実態を明らかにし、それを踏まえて政府と交渉を進め、和解に至ったあかつきにはその条件として一定の権利や資産を得る、という一連のプロセスを経るようになっているといえる。このような「ワイタンギ条約に基づく和解プロセス（Treaty of Waitangi settlement process）」（e.g. Hayward and Wheen 2015）では当該の部族と政府は、他部族の先例に鑑みながら、現実的な和解条件の内容を擦り合わせる必要があるために、和解までには何年もの時間がかかることが一般的であるが、1990 年代以降は実際に和解に至る事例が続いている。

　なお、そのような和解条件には通常、政府によるワイタンギ条約違反の認定と謝罪に加え、政府から部族に対する特定地域との特別な紐帯や共同管理の権利の認定（文化的補償）、政府から部族に対する現金等の資産の委譲（経済的補償）等が含まれている。そして最終的にはその内容が、「○○（部族名）申立和解法」といった名の法律として、制定されることになる（深山 2012）。

　以上みてきたように、ワイタンギ条約は先住民族運動の高揚の結果、いわば復権を果たしているといえよう。そのため、現代ではニュージーランドの創立文書あるいは憲法的文書と評されるまでになっている。ちなみに、英米法の伝統に基づくニュージーランドの法は、国会で立法される制定法と、イギリス時代から継承する判例の集積からなるコモン・ローから成っていると捉えられるが、ワイタンギ条約の法的効力は司法の場では、制定法に組み込まれた範囲内に留まるとされていることには、注意を払う必要がある。

　いずれにせよ、マオリにとってワイタンギ条約は、先住民族としての固有の地位や権利を広く保障する最重要の法的文書に位置付けられていることは確かであり、先住民族運動がどのようなかたちをとるにせよ、必ずといっていいほど言及され、その遵守が叫ばれてきた。ただし、裁判によっては先住権原をコモン・ローの法理であるとしたうえで、むしろそれが先住権の根拠として挙げ

られることがある。

⑷　国連宣言への反対から賛成へ

　ニュージーランドにおいて先住民族政策が二文化主義に基づくものへと転換した 1970 年代は、先住民族問題が国際社会の取り組むべき問題として取り上げられるようになった時代でもあった。1980 年代には国連に世界各地から先住民族が集い、国連宣言の取りまとめに向けて議論を進めるようになった。その後、各国との長きにわたる交渉を経て、2007 年に国連の総会で、国連宣言が採択されたわけである。

　ところが 2007 年の採択時に、労働党政権であったニュージーランドは、オーストラリア、カナダ、アメリカ合衆国とともに反対票を投じていた。この頃には既に、ニュージーランドは先住民族の地位と権利の回復に実績がある国家として広く知られており、ましてや二大政党の一翼を担う労働党は、対する国民党よりもマオリの権利擁護に手厚いという定評があった。にもかかわらず、反対票を投じたのは、どのような理由からだったのだろうか。この点に関して、当時の政権は、第一に国連宣言は国内における先住民族の権利に関する既存の法制度と本質的に両立しないこと、第二に国連宣言に謳われている自決権は先住民族が国家から離脱する可能性を含意している以上、国家主権と両立しないこと、第三に国内におけるワイタンギ審判所を中心とする法制度が先住民族を補償するためのシステムとして十分に確立しているために、国連宣言は不必要であること、を主張したと指摘されている（Round and Finkel 2019: 46-54）。

　しかしながらその後与党が交代し、2010 年に国民党政権は、協力関係にあったマオリ党からはもとよりマオリ社会からも広く、政府が国連宣言に反対したことに対して批判の声が上がったことを受けて、マオリの諸権利については既存の国内法に基づいて対応すると牽制しながらも、国連宣言に賛成する立場へと転じた。マオリの視点に立てばこれにより、先住民族としての地位や権利を主張する際に、ワイタンギ条約やコモン・ローといった法に加えて、新たに国連宣言という国際法的根拠を得たということになる。

　このことを念頭に、次節では 2010 年代に活発化した、イフマータオでの住宅開発計画に対するマオリの反対運動をみていく。そして、運動の目的、主体、手段という 3 点において、2⑶で論じた「ワイタンギ条約に基づく和解プロセス」を特徴とする従来の先住民族運動とは一線を画することを明らかにし、そ

こでの国際法の活用について指摘する。

3.　イフマータオにおける開発反対運動

(1)　歴史的背景

　イフマータオとは、北島北部に位置する最大都市オークランドの南部郊外にある、マンゲレ湾に突き出たマンゲレ半島の火山円錐丘上の地域を指している。オークランド中心部からは車で約 30 分、オークランド国際空港からほど近いところである。約 750 年前にマオリの祖先が暮らした国内最古級の集落遺跡が所在するところであり、東ポリネシアから到来したこれらの人々が、いかにこの島で農業を発展させてきたのかを知るために貴重な農業遺跡としても知られる（NZ History ウェブサイト）。

　マンゲレ半島は地理的にも環境的にも恵まれていることから、古来、ワイカトとして束ねられる諸部族をはじめとして、多数の部族が行き交い、居住してきたところと考えられている。ところが 1840 年代になると、ヨーロッパ系入植者が入植するようになり、牧畜を開始した。入植者が急増し、土地獲得に向けた動きに拍車がかかるなかで、それに抵抗するべく北島中央部を中心に諸部族が連帯するようになった。1858 年にイギリス王に対抗して、ワイカト部族連合の首長を「マオリ王」として擁立した「マオリ王運動」が組織された。また、入植者政府とマオリの対立は、1860 年に北島西部のタラナキで激化し、結果的に「マオリ王運動」を巻き込みながら大規模な戦争へと発展していった。最終的には、政府がマオリを鎮圧し、反乱民とみなした部族からは広大な土地を没収した（深山 2012）。当時イフマータオに居住していたマオリも同様に位置付けられて、南方へと追いやられたという。そしてイフマータオの土地は政府の手に渡ったのちに、一部はマオリが居住するために確保されることになったものの、1860 年代末には約 1,000 エーカーが、入植者の個人所有地になった（e.g. The Spinoff ウェブサイト）。

(2)　紛争の経緯

　1999 年になって、ニュージーランドにおけるマオリ史初期を伝える貴重な遺跡であることから、地方自治体らがイフマータオの土地 100 エーカーを、複数の所有者から購入した。2 年後にその土地は、「オートゥアタウア・ストーンフ

イフマータオにて占拠のために建てられた簡易建築物とメッセージ・ボード（2020 年 2 月
筆者撮影）

ィールド歴史的保護区」に指定され、保護されることになった。2007 年に地方
自治体は近接する牧草地・空地についても、やはり文化的・歴史的重要性を認
めて、開発対象外とするゾーニングをした。ところが、土地所有者である個人
がこの決定を不服としたために、特別裁判所の 1 つである環境裁判所で争われ
ることになり、その結果、この所有者の主張が認められ、2012 年に開発対象の
土地としてゾーニングし直された。都市オークランドが膨張し、開発計画が加
速していくなかで、2014 年に地方自治体は、イフマータオの約 30 ヘクタール
の土地を、重点的な住宅地開発のための「特別住宅地区 62」に指定した。さら
に 2014 年にはその土地所有者が、ニュージーランドで誕生し今やオセアニア
最大手の建材・建設企業となった、フレッチャー・ビルディング社に売却した。
それにより、約 500 戸の住宅建設に向けた開発計画が現実味を帯びてきたよう
に思われた。
　従来は人為的改変の少ない牧草地であった土地が、都市郊外の密度高い住宅
地へと開発される可能性が浮上したことによって、2015 年あたりから、当時オ
ークランド大学法学部の学生だった 20 代後半のパニア・ニュートンはじめ、イ
フマータオの住人やそこを領域としてきた部族の成員ら、比較的若年のマオリ
が SOUL（Save Our Unique Landscape）を名乗り、イフマータオ保護キャンペー

ンとして、開発反対運動を開始した。この運動は当初からウェブサイトを充実
させ（既に閉鎖）、SNS を駆使し、例えば Twitter で「#protectihumātao」とい
うハッシュタグを用いて情報拡散に努めたことも、特徴的であった。2016 年に
入り、開発計画が具体化するに従い、SOUL の反対運動は盛り上がりを見せ、
当該の土地に簡易建築物を建てたり、運び込んだキャラバンに住み込んだりす
る占拠活動が展開した。

　その光景は、多くの国民に 2(1)で触れた 1970 年代半ばの先住民族運動の高
揚を思い起こさせたものと考えられる。SOUL は、地方自治体あるいは政府が
介入して開発計画を中止させ、祖先の生活の痕跡が残る土地を現状のまま維持
するべきだと主張した（e.g. RNZ ウェブサイト a）。同じ 2016 年に、当該の土地
の所有権は、フレッチャー・ビルディング社からその子会社フレッチャー・レ
ジデンシャル社に移った（以下、共にフレッチャー社とする）。2017 年にはニュ
ージーランド遺産局がフレッチャー社に当該の土地での開発を許可した（e.g.
RNZ ウェブサイト a）。

(3) 法制度に基づく多様な訴え

　SOUL を中心とするマオリによる反対運動は、示威を目的とする活動に留ま
らず、法制度に基づく活動にも拡がりを見せた。例えば 2015 年にはワイタン
ギ審判所にて、政府は開発を許可することによってワイタンギ条約に違反した
と申立を行い、緊急の審問を要求した。あるいは 2016 年には特別裁判所の 1
つであるマオリ土地裁判所にて、当該の土地はマオリがヨーロッパ人到来以前
から所有してきたマオリ慣習地であると訴えた。さらに、2017 年には環境裁判
所にて、同年にニュージーランド遺産局が下した開発の許可を不適切として訴
えた。しかしいずれの場合も、政府や国家機関、企業に法的瑕疵が明らかにあ
ったとは言い難いなかで、反対運動におけるマオリの訴えは基本的に認められ
なかった。

　またマオリ側には、イフマータオを領域の一部と主張する部族が多数いるな
かで、それらが必ずしも一致団結して反対運動に参加していたわけではないと
いう、複雑な事情もあった。そもそもこの頃、イフマータオ周辺の土地を領域
とする主要な部族は、土地等に対する植民地主義的な収奪に関して、既に政府
と和解に至っていた、あるいは至りつつあった。さらに、ある部族は当初はフ
レッチャー社による土地の購入に反対していたものの、2016 年に購入が現実化

した際には、同社と協議のうえ建設予定の住宅の一部をもらい受けることに合意していたと報じられた。一筋縄では捉えられない状況のなかで、部族の内部で意見が分かれることもあったようだ。こういったマオリ社会内での亀裂は、新しいかたちの運動を先導する革新的な若者と、必ずしもそのような運動に与せずに部族として「ワイタンギ条約に基づく和解プロセス」を重視する伝統的な長老、という単純化された対立構図のなかで報じられることもあった（e.g. RNZ ウェブサイト b）。

(4) 国連における国際法を用いた訴え

　ワイタンギ審判所での申立や裁判所での訴訟がなかなか実を結ばず、国内では反対運動が継続するも膠着した状態が続くなかで、SOUL は国際的な活動へと展開を図った。ニュートンらは、2017 年 5 月に国連の「先住民族問題に関する常設フォーラム（PFII）」、そして同年 8 月に国連の「人種差別撤廃委員会（CERD）」におもむき、自分たちの主張を訴えた。その内容は、2017 年 9 月に SOUL がニュージーランド首相に提出した公開書簡より、うかがい知ることができる。一部、抜粋してみよう。

　　首相、政府の特別住宅地域法（SHA 法）は、「優先審査」プロセスを通じて「特別住宅地区 62」を指定し、マナ・フェヌア〔当該の土地を領域とするマオリのこと〕やその他の利害関係者から、フレッチャー社の提案に対して法的にもしくはその他のやり方で異議を唱える権利を奪いました。過去の〔土地の〕収奪と SHA 法は、ワイタンギ条約に違反しているのみならず、2 つの主要な国連人権文書である、国連宣言と人種差別撤廃条約の重大な違反です。ニュージーランド政府は、双方に対する完全なる署名者〔signatory, 原文ママ〕として、我々の国際的な評価にも影響を及ぼすこれらの合意を、遵守する義務があります。… （中略）…すべてのニュージーランド人と来国者が、私たちのかけがえのない遺産を享受できるように、イフマータオの土地の公正で持続可能な未来のために必要な、リーダーシップ、ビジョン、およびリソースを提供するよう求めます。（Scoop ウェブサイト）
　＊〔　〕内は筆者補足

CERD は 2017 年 9 月に、人権差別撤廃条約の締約国であるニュージーラン

ドが提出を義務付けられている定期報告書に対して総括所見を明らかにするなかで、イフマータオの土地紛争について言及した。当該の土地が、「特別住宅地区62」に指定された際に、その過程にマオリが参加する機会がなかったという報告があることに懸念を示し、「委員会は、締約国が影響を受けるすべてのマオリと協議して、『特別住宅地区62』の指定を、ワイタンギ条約、国連宣言、その他関連する国際基準と合致しているのかを評価するために、検討することを勧告」した（U.N. Doc. CERD/C/NZL/CO/21-22(2017), para. 19.）。

　また、2019年3月には、国連人権理事会に任命された「適切な住居に対する権利に関する特別報告者」および「先住民族の権利に関する特別報告者」2名が、ニュージーランドに対して勧告をした。そのなかで、当該の土地の文化的・精神的・考古学的重要性が指摘され、住宅建設計画に懸念を示した。さらにやはり「特別住宅地区62」の指定の際、その過程に地域の部族が適切に参加しなかったのではないか、という疑念を明らかにした。また、フレッチャー社が一部のマオリ代表者と協議するに留まっていたとし、より包括的な協議と和解が重要であると指摘した。加えて、その国際法的根拠として、自由権規約、人種差別撤廃条約、そして国連宣言等に言及した（OHCHRウェブサイト）。

　国内においても、2019年は事態が大きく動いた年だった。2019年3月にSOULはニュージーランドの国会たる代議院に対して、約2万人の署名とともに嘆願書を提出し、政府に、イフマータオの「特別住宅地区62」を企業から購入するといった方法で介入するよう要請した。7月には、イフマータオにて、立ち退き通知が出てもなお反対運動のため占拠する人々と警察が衝突し、逮捕者が出た。その一方で、反対運動は全国各地に拡がりを見せた。

　2020年2月には、ニュージーランド遺産局はついに「オートゥアタウア・ストーンフィールド」を「歴史的場所」のカテゴリー2からカテゴリー1へと昇格させ、国家の遺産として傑出した意義があることを認定し、それにイフマータオの土地も含むことを発表した。そして政府はイフマータオの問題には介入しないというこれまでの方針を翻し、解決が図られるまで建設を開始させないことを約束した。2020年12月に、政府はフレッチャー社より当該の土地を購入することを決定し、政府は関係するマオリ代表者とともに土地の活用方法を検討していくことについて合意に至った。これを受けて、SOULが先導したイフマータオ保護キャンペーンは「解決」を宣言し、運動は一応の収束を見た（NZ governmentウェブサイト）。

4. おわりに

　5 年以上に及んだイフマータオにおける開発反対運動について、ウェブサイト上の情報を手掛かりに時系列的に再構成してきたわけだが、この近年の運動には、目的、主体、手段の 3 点で、従来の先住民族運動とは一線を画する新たな特徴が指摘できる。

　まず目的についてだが、先祖伝来の土地に関して、植民地主義的収奪を受けたことを前提にしながらも、その返還や補償ではなく、あくまで歴史的・文化的価値のある遺跡としての保護を求めていた。それは、SOUL がしばしば自分たちを形容する際に用いた、「反対者ではなく『守護者』(not protesters but "protectors")」、あるいはマオリ語でやはり「守るひと」を意味するカイティアキという言葉にも端的に表現されていた。

　次に主体についてだが、運動を主導したマオリたちは、自分たちが部族の成員であるという属性を重視し、それに基づいて当該の土地との繋がりを主張しながらも、部族とは重ならない SOUL という新しい組織を結成した。部族では、長老や部族組織の幹部が意思決定において重要な役割を果たすことが一般的だが、SOUL とそれを中心とする運動参加者の緩やかなまとまりにおいては、ニュートンに代表されるように若年層の活躍が目立った。

　さらに手段であるが、ワイタンギ審判所や諸々の裁判所において申立や訴訟をする、あるいは政治的な訴えかけをするに留まらなかった。すなわち法制度をはじめとした既存の制度の枠組のなかで行われてきた従来の先住民族運動を踏襲することに加えて、土地占拠等の「違法」な活動を行ったり、インターネット上での情報拡散を試みたりと、手段において多様性に富んでいたといえる。さらに、それでも国内において運動が行き詰まるなかで、国際的アリーナにおいて国際法に訴えるという新たな手段をも採用したのだった。

　視点を変えれば、目的と主体、双方において従来の先住民族運動とは異なっていたために、国内における諸制度の枠組のなかで訴えるという手段には、限界があったとも捉えられる。それを何とか乗り越えるために、SOUL は国連において国際法を根拠にして訴えるという、従来は積極的に選ばれてこなかった手段を講じたのだろう。そしてその手段は確かに有効だったものと、その後の「解決」に至るまでの展開を考えると評価できる。

　2(4)でみてきた通り、ニュージーランドは 2007 年の国連宣言の採択時には、

国内において先住民族の権利に関する法制度が、既に十分に確立していることを主たる理由に、反対票を投じたのだった。ところがイフマータオの運動は、政府にとっては皮肉なことに、既存の「ワイタンギ条約に基づく和解プロセス」において、マオリによる先住民族としての訴えのすべてを積極的に扱えるわけではない、ということを明らかにした出来事になったのである。あるいは、部族と政府が和解に至った後のいわゆるポスト和解時代が進むなかで、従来とは異なる目的、主体、手段をもったマオリの運動が登場しつつあることを示しているという見方もできるだろう（e.g. The Conversation AUS and NZ ウェブサイト）。

　いずれにせよ、マオリはこの出来事で、国連宣言をはじめとする先住民族に関係する国際法の有効性を改めて確認したはずだ。マオリの国際法学者として国連に勤務していたこともあるクレア・チャーターズは、特に国連宣言について、国家に対する法的拘束力は持たないながらも、「先住民族が自分たちの法的、政治的な主張をおこなうに際して宣言を活用すること」によって、国家に「長期的に見て先住民族に対するしかるべき処遇をおこない、かつ宣言の遵守へと導いていくことを通じて、宣言に真摯に向き合うようにさせることが可能である」と論じ、積極的に国連宣言を活用することの意義を主張する（チャーターズ 2017: 18）。マオリが国連宣言を活用する事例が今後も続けば、先住民族と国家の関係性、そしてニュージーランドという国家のかたちは、さらに変化していく可能性がある。

> **考えてみよう**
> ・先住民族運動にウェブサイトやSNSを駆使することには、どのような可能性と危険性があるだろうか。
> ・ワイタンギ条約のような入植初期の取り決めが、現代において法的効力をもつことの利点と欠点は何だろうか。

【参考文献】
クレア・チャーターズ、角田猛之訳「活用しなければ無駄になる——法的、政治的請求においてマオリが国連先住民族権利宣言を活用することの意義」『ノモス』第41号（2017年）15-36頁
深山直子『現代マオリと「先住民の運動」——土地・海・都市そして環境』（風響社、

2012 年）

Janine Hayward and Nicola Wheen., eds. *Treaty of Waitangi Settlements*, Bridge Williams Books, 2015

NZ government ウェブサイト
https://www.beehive.govt.nz/release/agreement-reached-future-ihum%C4%81tao（2022 年 10 月 24 日時点）

NZ History ウェブサイト
https://nzhistory.govt.nz/media/photo/otuataua-stonefields（2022 年 10 月 24 日時点）

Olivia Round and Jodi Finkel, *Ensuring Indigenous Rights: New Zealand and UNDRIP*, Honors Thesis, 190, 2019

RNZ ウェブサイト a
https: //www. rnz. co. nz/news/national/395281/ihumatao-land-battle-a-timeline（2022 年 10 月 24 日時点）

RNZ ウェブサイト b
https://www.rnz.co.nz/news/te-manu-korihi/395151/ihumatao-protest-kaumatua-and-rangatahi-split-over-development（2022 年 10 月 24 日時点）

Scoop ウェブサイト
https: //www. scoop. co. nz/stories/PO1709/S00267/open-letter-to-pm-follow-the-advice-of-un-over-ihumatao.htm（2022 年 10 月 24 日時点）

The Conversation AUS and NZ ウェブサイト
https: //theconversation. com/land-occupation-at-ihumatao-why-the-new-zealand-government-needs-to-act-cautiously-but-quickly-122548（2022 年 10 月 24 日時点）

The Spinoff ウェブサイト
https://thespinoff.co.nz/atea/27-07-2019/our-trail-of-tears-the-story-of-how-ihumatao-was-stolen/（2022 年 10 月 24 日時点）

UN CERD, *Concluding Observations on the Combined Twenty-First and Twenty-Second Periodic Reports of New Zealand*, UN Doc. CERD/C/NZL/CO/21-22, 22 September, 2017
（https://undocs.org/CERD/C/NZL/CO/21-22（2022 年 10 月 24 日時点））

UN CERD, *Mandates of the Special Rapporteur on adequate housing as a component of the right to an adequate standard of living and on the right to non-discrimination in this context and the Special Rapporteur on the rights of indigenous peoples*, AL NZL 1/2019, 22 March, 2019
（https://spcommreports.ohchr.org/TMResultsBase/DownLoadPublicCommunicationFile?gId = 24461（2022 年 10 月 24 日時点））

第13章　アメリカ合衆国

先住民族にとってインディアン法の利点と欠点とは何か

落合研一

1. はじめに

　アメリカ合衆国の先住民族とは、ヨーロッパの船が初めて到来する以前から
アメリカ大陸やハワイ諸島等で暮らしている諸民族のうち、現在の合衆国の領
土で暮らしている諸民族であり、具体的には、チェロキー、ナバホ、チョクト
ー等、文化や帰属意識によって区別される様々な民族が含まれている。

　アメリカ合衆国および諸州では、このような先住民族に関する様々な法律が
制定され、講学上の概念として「インディアン法（Indian law）」と総称されてい
る。また、現在のインディアン法には、隣接する 48 州の「アメリカ・インディ
アン（American Indian）」、アラスカ州の「アラスカ先住民（Alaska Native）」、ハ
ワイ州の「ハワイ先住民（Native Hawaiian）」といった地域ごとの総称もある。
スペインのバロスから大西洋に出帆したコロンブスは、1492 年に現在のバハマ
諸島に到達したが、当初の目的地インディアス（東アジア地域）に到達したと思
いこみ、現地の人々をインディオと名づけた。インディアンという呼称はこの
ような誤解に由来しており、アメリカ・インディアンについても、1970 年代か
ら「アメリカ先住民（Native American）」が一般的になっているが、本章ではイ
ンディアン法の用語と定義をそのまま使うこととし、Native(s)については、こ
の原語を意識できるように「先住民」という訳語を使う。なお、アメリカ大陸
の先住民族を「インディアン・トライブ（Indian tribes）」と明記したアメリカ合
衆国憲法の施行以降、合衆国議会は、トライブに関する様々な法律（連邦インデ
ィアン法）を制定してきたが、やがて連邦インディアン法が適用されるトライ
ブを定義するようになった。そのため、現在のアメリカ合衆国において、連邦

インディアン法が適用されるトライブは、辞書的意味ないし文化人類学等におけるトライブと異なる。このことは、「人種（race）」に関する項目を含む合衆国の国勢調査でも指摘できる。従来は、担当地域の各世帯を訪問する調査員が調査対象者の帰属を判断していたが、調査コスト削減のため、1960年に「人種」の選択肢をチェックする自己申告制となり、様々なトライブの名称も選択肢に列挙された。2000年からは「人種」の複数選択も可能となっている。したがって、国勢調査のトライブは自己申告の結果であり、連邦インディアン法で定義されているトライブとは必ずしも一致しない。また、トライブの成員であると自称していても連邦インディアン法の定義に該当していない人々は、該当している人々から「ワナビー（Wannabe = Want to be）」、つまり「（連邦インディアン法の対象に）なりたがる者」等と嘲弄されるが、ワナビーもこの差異を象徴する存在といえよう。

　本章では、インディアン法においてアメリカ・インディアン、アラスカ先住民、ハワイ先住民という区別が生じた歴史的経緯を理解するとともに、各地域の先住民族にとってのインディアン法、とりわけ連邦インディアン法の利点や欠点について考えてみよう。

2. アメリカ大陸の先住民族

(1)「国家対国家」の関係

　コロンブスの到来以降、ヨーロッパ諸国がアメリカ大陸に進出したが、イギリスは、アメリカ大陸の先住民族に土地の占有権（土地で暮らし続ける権利）を保障し、各民族の主権を認めたため、イギリスと各民族は「国家対国家（Nation to Nation）」の関係となった。主権とは、他集団に干渉されることなく、自集団のことを自集団だけで決められるという集団の権力であり、国家だけでなく、州・地方公共団体・民族等が主権を有する集団になりうるが、国家間の関係を規定する国際法は、国家の主権だけを認めている。「国家対国家」の関係は、各民族を国家と同視したものだが、完全に同視したわけではなく、いずれの民族も、占有している土地の処分（イギリス以外の国家に対する譲渡や売却等）、軍事や外交については主権の行使を認められていなかった。

　アメリカ東部の13の植民地は、1776年にイギリスから独立し、それぞれ主権を有する「邦（State）」になったが、ヨーロッパ諸国に対抗するため、1781年

に連合規約を定め、各邦が主権の一部を委譲して連邦制のアメリカ合衆国を樹立した。1787 年には憲法を制定し、「外国との通商・交渉（Commerce）ならびに各州間およびインディアン・トライブとの間の通商・交渉を規制する」権限を合衆国議会に与えたが（1 編 8 節 3 項）、このように、合衆国では、憲法がインディアン・トライブに関する広範な立法権限を議会に与えていることが、連邦インディアン法の淵源となっている。連邦インディアン法が何ら制定されていない憲法制定当時、トライブは、アメリカ大陸の先住民族全般を指していたと理解してよい。

(2) 国内従属国家

　合衆国議会は、1790 年からトライブに関する法律を立て続けに制定し、連邦インディアン法の基本的な枠組を確立した。その内容は、トライブの主権がおよぶインディアン・カントリーという領域を定めてインディアンと合衆国市民を分離し、市民による領域内の土地の購入等を制約するもので、土地の処分・軍事・外交を除き、領域内のインディアンに対する制約はなく、ここでも「国家対国家」の関係は維持されていたといえる。

　しかし、ヨーロッパからの移民が増え続け、新たな土地獲得の必要に迫られた合衆国議会は、1830 年、ミシシッピ川より東部のトライブを西部に移住させるため、「インディアン移住法」を制定した。以降、東部の各トライブは、暮らし続けてきた土地から遠く離れた保留地への移住を余儀なくされるが、複数のトライブが 1 つの保留地に移住させられるケースや、1 つのトライブが複数の保留地に移住させられるケースもあった。

　また、合衆国最高裁も、1831 年の「チェロキー・ネーション対ジョージア州」判決において、合衆国の領土内にあるトライブは外国ではなく、正確には「国内従属国家」であり、合衆国とトライブは「後見人と被後見人の関係」にあると判示した。これにより、後見人としての保護義務が合衆国に課されたとはいえ、トライブの主権は、合衆国議会による制約を排除できないものとなった。ただし、合衆国最高裁は、翌 32 年の「ウースター対ジョージア州」判決において、トライブの主権は「州」の主権と対等であると判示している。なお、各トライブは、トライブの他にネーション、コミュニティ、バンド等の呼称を選択できる。連邦インディアン法においてこれらの用語は互換可能なものとされており、チェロキー・ネーションもトライブである。

(3) インディアン・トライブの解体

　1848 年のゴールドラッシュ以降、大陸西部の開拓が急速に進むと、インディアン法は、広大な保留地から合衆国市民を不当に締め出すものと批判されるようになった。合衆国政府は、トライブとの条約締結により、保留地の土地を区分してトライブの成員に割り当て、余剰地を譲渡させようと試みるも、交渉は難航した。1871 年、合衆国議会は、「合衆国の領土内のいかなるトライブも、条約について交渉しうるものと認められない」とする法律を制定し、すべてのトライブとの条約締結を終結させる。同法は、新規の条約を締結しないというものであり、既存の条約を無効にしたわけではない。なお、アメリカ合衆国憲法は、国家間の交渉（外交）を政府に委ねているが、国民は、法律だけでなく、政府が締結する条約にも拘束されるため、議会が条約の内容を確認して承認するプロセス（批准）を定めている。合衆国議会は、政府がトライブと締結する条約を批准しないと宣言したにとどまらず、政府の条約交渉の相手からトライブを除外したわけだが、これにより合衆国は、議会が法律を制定するだけで、いつでもトライブの土地を取得できるようになった。

　合衆国議会は、1887 年に「一般土地割当法（ドーズ法）」を制定した。同法は、トライブ行政を所掌する内務長官に対し、保留地の土地を 160 エーカー（東京ドーム約 14 個分）ずつ区分し、各区画をトライブの各世帯主に割り当て、余剰区画を市民に売却する権限を付与するものであった。18 歳以上の単身者には 80 エーカーの土地が与えられた。合衆国議会は、保留地に土地の個人所有制を導入することで、余剰地の獲得と、トライブの解体を狙っていたといえよう。各成員の所有地については、25 年の免税期間が設けられたが、期間経過後に納税して所有地を維持することは難しく、1887 年に 1 億 3800 万エーカーあった所有地は、1934 年には 4800 万エーカーになったという。

　また、合衆国議会は、1924 年に「合衆国の領土内で生まれたすべてのインディアンは、合衆国市民であると宣言される。ただし、そのような市民権の付与は、トライブまたはその他の財産に対するインディアンの権利にまったく影響しない」という「インディアン市民権法」を制定し、同法施行以降に合衆国で生まれたすべてのインディアンを合衆国市民とした。こうして、インディアンと市民の分離を基本としてきた連邦インディアン法は、インディアン・トライブの解体と合衆国市民への統合を基本とするものになった。

(4) インディアン・トライブの再組織化

　一般土地割当法の制定後、所有地を失って都市部に流入するインディアンが増えると、非インディアン市民の不満が高まった。また、1928 年に保留地の実態調査報告、いわゆるメリアム報告書が刊行され、保留地で暮らすインディアンの窮状が伝えられると、インディアンに対する同情的世論も広まった。こうして一般土地割当法は、排外主義的な市民とインディアンに同情的な市民の双方から批判されるようになったため、合衆国議会は、1934 年に「インディアン再組織法（IRA: Indian Reorganization Act）」を制定し、インディアンの土地のさらなる割り当てを禁止した。もっとも、既にトライブの成員に割り当てられた土地や、非インディアン市民が購入した余剰区画の所有権を維持させるため、一般土地割当法も存続している。

　IRA は、保留地の土地、経済、組織の回復を目的とするもので、土地の回復については、内務長官に対し、現存の保留地に土地を追加する権限、すべての土地を喪失したトライブのために新たな保留地を設立する権限、売却されていない余剰地の所有権をトライブに回復させる権限を与え、既に売却された所有地や余剰地を再購入する資金として 200 万ドルを確保した。経済の回復については、トライブへの貸付資金 1,000 万ドル、職業教育資金 20 万ドルを確保し、組織の回復については、トライブごとに憲法の制定や政府・議会の設立ができるとした。「できる」という条文ではあったものの、内務長官は、IRA の制定後すぐに、憲法の模範例として政府や議会に関する条項等を公示している。内務省にとって、支援するトライブの集団的意思が制度として 1 つに代表されていること、すなわち、合衆国とトライブを「政府対政府（Government to Government）」の関係にすることが重要であり、憲法の制定や政府・議会の設立が、支援の決定権限を有する内務長官の心証を有利に導くことは明らかだった。また、IRA は、内務長官が保留地ごとに実施する住民投票において、21 歳以上の成人の過半数が IRA の適用に賛成した保留地だけに適用された。

　IRA は、インディアンと非インディアンを再び分離させるべく、保留地を回復させ、トライブの自治を再び可能にさせようとするものである。しかし、同法には、合衆国の支援と引き替えに、欧米型の議会制をトライブに導入させるもの、さらには、トライブを内務省の傀儡にしようとするものといった批判もある。

(5) インディアン・トライブの「優遇」と合衆国憲法の平等保護条項

　1968年、合衆国議会は、「インディアン公民権法」を制定し、合衆国憲法の諸権利をトライブの成員にも実質的に保障することにした。1924年の「インディアン市民権法」も、合衆国で生まれたすべてのインディアンに市民権を付与して合衆国憲法の諸権利を保障するものだったが、同法施行後もインディアンに選挙権を認めない州がある等、インディアン市民と非インディアン市民の権利保障は必ずしも平等ではなかった。また、合衆国がインディアン市民に合衆国憲法の諸権利を保障するという論理は、トライブの自治を前提とするIRAと矛盾しかねない。事実、インディアン公民権法は、「トライブは、自治権の行使において、成員の信教の自由、表現の自由を制限する法律を制定してはならない」という条項のように、トライブが「してはならない」ことを定めており、合衆国憲法によってトライブの自治を制約したということもできる。

　インディアン公民権法の端緒は、合衆国議会上院の司法委員会における1962年の公聴会である。公聴会には、トライブの政府関係者と一般の成員が参考人として招致された。ほとんどの政府関係者は、「トライブという共同体の利益」を優先すべきであり、トライブ政府が個々の成員に保障しなければならない権利等想定できないと証言したが、一般の成員からは、トライブ政府が一部の成員を優遇し、選挙結果を不正に操作しているという証言や、トライブ政府の権力濫用から成員を保護する法律を求める証言もあった。合衆国議会は、このような成員の証言を重視して、成員にも合衆国憲法の諸権利を保障する、すなわち、成員に合衆国憲法の諸権利を保障する義務をトライブ政府に負わせることにしたわけである。

　1924年のインディアン市民権法によりインディアンも名目的には合衆国市民となったものの、合衆国憲法の諸権利の実質的な保障において、非インディアン市民との格差があった。しかし、インディアン公民権法によりその格差も解消されることになる。インディアン公民権法の成立後、このように考えた非インディアン市民が、それまでに確立されていたインディアンだけを対象とした法制度や政策を批判し、その憲法適合性を争う訴訟を提起するようになった。インディアンも非インディアンと対等な市民となった以上、インディアンだけを対象とする法制度や政策は、合衆国憲法の「法の平等な保護」条項に違反した不当な「優遇」にあたるという訴えである。ここで、このような訴訟に対する合衆国最高裁の重要な判例、1974年の「モートン対マンカリ」判決を確

認しておく。

　IRA 12 条は、内務長官に対し、1849 年から内務省に設けられている「インディアン局（BIA: Bureau of Indian Affairs）」の職員に任命するインディアンについて、職位ごとに年齢、経験、知識、能力等の基準を定め、採用や昇進において基準をクリアしているインディアンと非インディアンが競合した場合、インディアンを優先させるよう命じていた。本件は、インディアン職員と昇進時期が重なったために昇進できなかった BIA の非インディアン職員のマンカリ氏が、これを不服として、他の非インディアン職員とともに集団訴訟を起こしたものである。1972 年当時、モートン内務長官は、インディアンの血統を 4 分の 1 以上有し、かつ合衆国政府によって承認されたトライブの成員である者という優先対象の基準を公示していた。

　合衆国最高裁は、IRA12 条の目的について、トライブの自治を実現させる組織にするため、ほとんどの職員が非インディアンであった当時の BIA の状況を是正しようとしたものとし、BIA の業務にトライブの成員を優先的に参加させることは、トライブのニーズに適切に対応するための合理的な手段であると評価した。そして、BIA における優先は、インディアンという人種的ないし民族的集団ではなく、合衆国政府によって承認されたトライブの成員だけを対象とするもので、民族的にはインディアンであってもこの優先の対象にならない人々もいることから、本質的に、民族的というよりも政治的なものであり、憲法違反ではないと判示した。

　1990 年代になると、合衆国最高裁は、インディアンの優先を定めた合衆国や各州の法律について、憲法適合性を厳格に、つまり、憲法違反の疑いを前提に審査するようになっており、「合衆国憲法のもとでは、過去の人種差別の償いについて、債権者である（償われる権利を有する）人種や債務者である（償う義務を負う）人種といったものはありえない」という見解を示した裁判官もいる。しかし、IRA の優先は、インディアンのうち「合衆国政府によって承認されたトライブの成員」に対象を絞った政治的なものであり、インディアン（全般）を対象とする人種的・民族的なものとは異なる。つまり、合衆国最高裁が憲法適合性を厳格に判断するとしているのは、あくまでもインディアンの優先を定めた合衆国や各州の法律であって、インディアンのうち「合衆国政府によって承認されたトライブの成員」に対象を絞っている IRA の優先ではないことから、「モートン対マンカリ」判決は現在も維持されている。

(6)　現在のインディアン法

　現在も、すべてのインディアン・トライブが主権を有する政治的共同体であることに変わりはなく、「インディアン移住法」以前のインディアン・カントリーという法的概念も存続している。

　とはいえ、IRA のもとで内務省が支援するのは保留地の回復であり、IRA と「モートン対マンカリ」判決によって、現在の連邦インディアン法の対象は、内務省が承認したトライブに限られている。法律において何らかの権利や支援と、その対象者の要件を定めれば、その要件に該当する者としない者という、それまでなかった区別が生じる。IRA と「モートン対マンカリ」判決によって、それまで「アメリカ大陸で暮らす先住民族」以上でも以下でもなかったトライブにも、連邦インディアン法の対象となるトライブと対象ではないトライブという区別が生じたわけである。前者は、辞書的意味だけでなく法的意味のトライブであり、後者は、辞書的意味のトライブにとどまるということができる。

　現在の内務省による承認の要件は、① 1900 年から実質的にトライブの自治を維持していることと、②他と区別しうる共同体であることである（行政命令集 25 編 1 章 F 節 83 条）。承認を申請するトライブは、①については、トライブの成員資格を定めた文書や成員名簿、州政府によるトライブ認定証や州政府への申請書類、トライブの記事が載っている論文・書籍・新聞等を提出し、②については、成員間の婚姻の割合、成員たちの共有・協働、宗教的・世俗的儀式等の実態を示して、要件をクリアしていると立証しなければならない。また、承認を申請できるのは、ハワイ州を除く 49 州のトライブである。したがって、ハワイ先住民には連邦インディアン法が適用されない。内務省は、2022 年 1 月までに 574 のトライブを承認している。

　内務省が承認したトライブだけでなく、当該トライブの成員も連邦インディアン法の適用対象となる。成員資格を定めて該当者を認定するのは、内務省ではなくトライブであり、ほとんどのトライブが血統割合を要件としている。要求される割合は 4 分の 1 以上が一般的だが、高い血統割合を定めると将来的に成員数が減少する可能性も高くなるため、16 分の 1 以上とするトライブや、割合を定めていないトライブもある。

(7) アラスカ州

　アラスカは、インディアン、エスキモー、アリュート等の諸民族が暮らす地域だったが、やがてロシア領となった。しかし、クリミア戦争により財政難となったロシア帝国は、アラスカの売却を決定し、1867 年にアメリカ合衆国と「アラスカ譲渡条約」を締結した。同条約において、アラスカ地区に留まる「未開の先住トライブ（uncivilized native tribes）」は、合衆国のインディアン法に従うものとされたが、アラスカ地区には保留地制度がなかったため、1887 年の一般土地割当法はアラスカ地区に適用されず、1906 年に土地の個人所有制を導入する「アラスカ土地割当法」が制定された。アラスカ地区は 1912 年に準州となり、1924 年のインディアン市民権法がアラスカ準州にも適用された。1934 年の IRA は、当初、アラスカ準州に適用されなかったが、1936 年の改正によって適用されることになった。しかし、内務省が承認したトライブにも保留地はなく、アラスカ先住民にとって土地の確保が重要な課題となった。

　1958 年、アラスカ準州は、「アラスカ州創設法」によって合衆国 49 番目の州となった。同法には、「インディアン、エスキモーまたはアリュート（以下、先住民（natives）という。）が権利ないし権原を有しているかもしれない土地ないしその他の財産（漁業権を含む）」に対する州や州民の権利を永久に放棄するという規定、つまり、合衆国議会がアラスカ先住民の土地権や漁業権を承認したかのような規定があった。しかし、アラスカ州がそのような土地を州有地にしようとしたため、先住民は、1966 年にアラスカ先住民連盟（Alaska Federation of Natives）を発足させ、アラスカ州のすべての土地の地上と地下の所有権等を合衆国議会に請求した。また、1968 年にアラスカ州北岸ノース・スロープのプルドー湾で大油田が発見されると、採掘した原油を南岸バルディーズの不凍港まで送るパイプラインが必要となった石油会社も、先住民との係争を回避し、州有地をリースできるようにするため、合衆国議会に立法による解決を求めた。

　合衆国議会は、1971 年 12 月 18 日に「アラスカ先住民請求処理法」を制定し、「人種に基づく永続的な権利や義務、保留地制度や信託制度等を設けないように」先住民の請求を処理した。具体的には、先住民の土地権、狩猟権、漁業権を消滅させ、その代償として、アラスカ州の 1 割にあたる 4,400 万エーカーの土地と 9 億 6,250 万ドルを先住民に下付することにした。そのため、州を 12 の地域に区分し、各地域に 1 つずつ、先住民を株主とする営利目的の地域企業を設立し、州法が定める基準をクリアした村落にも 200 を超える同様の村落企

業を設立して、土地と下付金の受領・運用主体とした。4,400 万エーカーの土地のうち、地上所有権は、約 1,600 万エーカーが地域企業に、約 2,200 万エーカーが村落企業に、残余地が先住民個人等に配分され、地下所有権は、すべて地域企業に配分された。そして、「1971 年 12 月 18 日の時点で先住民の血統を 4 分の 1 以上有する者」という同法の先住民の定義に該当する 8 万 239 名に、地域企業から 100 株の株式が与えられた。株式の譲渡等は、同法制定から 20 年後の 1991 年まで制限された。

　内務省が承認したトライブにとっても、その成員が株主となっている村落企業の所有地が重要な自治基盤だったが、企業が破産したり、1991 年以降に株式が非先住民に譲渡されたりすれば、企業の所有地が非先住民のものになってしまう懸念があった。そこで、アラスカ先住民連盟は、企業の所有地を内務省が承認したトライブに譲渡することを認めるよう合衆国議会に要求した。合衆国議会は、1987 年に同法を改正し、企業が破産しても所有地を債権者に対する弁償に充当しないことや、株主の過半数が賛成しなければ株式の譲渡制限を解除できないこと等を規定したが、企業の所有地をトライブに譲渡することは認めなかった。それでも、1993 年に内務省が、「アラスカ先住民の村落および村落企業は、隣接する 48 州のトライブと同じ地位にあり、保護、免除、特権に対し、承認された他のトライブと同じ権利を有する」との見解を示した。また、2021 年 6 月には合衆国最高裁も、「イエレン対チェハリス保留地トライブ連合」判決において、アラスカ先住民の企業に内務省が承認したトライブと同じ地位を認めている。

　2022 年 1 月現在、内務省の BIA は、アラスカ州に 227 の内務省が承認したアラスカ先住民の村落およびトライブがあると公表しており、アラスカ先住民連盟は、11 の地域企業、171 の村落企業、191 の内務省が承認したトライブがあるとしている。なお、アラスカ州にも唯一、州南端の島嶼の 1 つアネット島にメトラカットラ保留地がある。

3.　ハワイ州の先住民族

(1) ハワイ王国

　ヨーロッパの船が初めて到来した 1778 年当時、ハワイ諸島は、アリイ・ヌイと呼ばれるリーダーによって島ごとに統治されていた。しかし、ハワイ島のア

リイ・ヌイだったカメハメハ1世が、1810年までに主要8島を支配してハワイ王国を成立させた。1819年に1世が逝去すると息子リホリホが2世となったが、6年後に訪問先のロンドンで急逝し、2世の弟カウイケアオウリが3世となる。カメハメハ3世は、欧米人を政治顧問に登用し、1840年に立憲君主制の憲法を制定、1845年に議会を開設すると、1849年には合衆国と通商条約を締結した。以降、ヨーロッパ諸国とも締結したが、このことは、欧米諸国がハワイ王国を独立国として認めたことを意味する。

　ハワイ王国議会は、1848年にマヘレ（土地分配）法を制定し、カメハメハ3世に領土の約60％にあたる2,500万エーカー、240以上の王族に1,500万エーカーの土地を分配したが、3世は、1,000万エーカーを政府領、1,500万エーカーを王領とした。また、同法が土地の個人所有を認めたため、欧米諸国からの移民がプランテーションを経営するようになった。

　ハワイ王国の経済を支えてきた捕鯨は、1859年にペンシルベニア州で石油が発見されて鯨油価格が暴落すると衰退し、サトウキビ生産が主要産業となる。王国の経済が砂糖産業と合衆国市場に依存するようになるにつれて、歴代国王は、プランテーションを経営する合衆国からの有力移民の要求を無視できなくなった。7代カラカウアは、王権の一部を政府に委譲する憲法改正に応じたが、ハワイアンの国家として王族による君主制を堅持したため、有力移民らは、合衆国にハワイ王国の併合を求めるようになった。

(2) ハワイ自治領

　1891年に即位した8代女王リリウオカラニがハワイアンの権利や王権の拡大を試みたため、合衆国の駐ハワイ公使スティーヴンスは、有力移民らと王国の転覆を共謀し、1893年、合衆国海軍を動員してリリウオカラニをイオラニ宮殿に幽閉すると、すべての王領を没収してハワイ共和国を樹立した。合衆国議会は、当初、共和国との併合条約を批准しなかったが、1898年に合衆国海軍がマニラ沖でスペイン海軍に勝利すると、ハワイ諸島の軍事的メリットから「ハワイ併合に関する合同決議」を可決し、1900年には「ハワイ基本法」を制定して共和国を自治領とした。同法は、合衆国大統領が議会上院の承認を経て知事を任命すること、二院制議会を設立すること、合衆国議会が自治領議会の決定を無効にできること等を規定していた。また、合衆国議会は、「ハワイ先住民（Native Hawaiian）」の居住環境改善のため、1920年に「ハワイアン住宅委員会

法」を制定し、ハワイ諸島の約 20 万エーカーの土地を同委員会に委ねてハワイ先住民に宅地を提供することにしたが、住宅建設費用の支援はなく、あまり効果がなかった。同委員会によるハワイ先住民の定義は、「（ヨーロッパの船が初めて到来した）1778 年以前からハワイ諸島で暮らしていた人種の血統を 2 分の 1 以上有するすべての子孫」である。

　1903 年、ハワイ自治領議会は、州としての承認を合衆国議会に請願する決議を満場一致で採択した。1935 年には合衆国議会がハワイ州憲法の制定を承認し、1950 年、自治領にハワイ州憲法制定会議が設立された。同会議は、メンバー 63 名のうち 12 名がハワイ先住民であり、州承認後もハワイアン住宅委員会法による政策を合衆国に継続させるため、州憲法 12 編 1 節に同法の内容を明記した。1959 年、合衆国議会は、ハワイ州に 140 万エーカーの公有地を信託する「ハワイ州承認法」を制定し、ハワイ自治領を 50 番目の州とした。

(3)　ハワイ州

　1978 年のハワイ州憲法の改正により、州政府に「ハワイアン局（OHA: Office of Hawaiian Affairs）」が設立された。OHA は、「ハワイ先住民およびハワイアン（Hawaiian）」の現状や福祉を改善するために設立された州政府の機関でありながら、他の州政府機関から独立している。州憲法における「ハワイ先住民」は、ハワイアン住宅委員会の定義どおりだが、「ハワイアン」は、血統割合に関係なく、1778 年以前からハワイ諸島で暮らしていた祖先を有するすべての子孫とされ、ハワイ先住民よりも該当者が増える。OHA は、ハワイアン政策の立案と実施、他の州政府機関による同政策の内容や実施状況の評価、補助金の申請や寄付金・補償金の管理といった業務に従事しており、1980 年以降は、公有地からの州の収益の 20％を主な財源としている。事業資金、住宅改修費、学費等の支援として、この 10 年間に総額 3400 万ドル以上を融資しているという。以下、本稿では、法令等の用語どおりに「ハワイ先住民」と「ハワイアン」を使うが、OHA が支援の対象者を少しでも増やそうと、血統割合を問わないことを重視しているため、ハワイ州の辞書的意味の先住民族についても「ハワイアン」を使う。

　ハワイ王国の転覆から 100 周年にあたる 1993 年には、合衆国議会が「ハワイ先住民に対する合同謝罪決議」を採択している。前文と 3 か条で構成される同決議は、前文において、1778 年以降の歴史的経緯を 37 段落にわたって詳説し、

1条では、「ハワイ王国の違法な転覆」の歴史的重要性を認め（1項）、ハワイ州とハワイ先住民との和解の取組を承認、推奨するとともに（2項）、合衆国市民を代表してハワイ先住民に謝罪し（3項）、王国転覆の帰結を認めて（4項）、合衆国とハワイ先住民との和解の取組を支持するよう大統領に要請している（5項）。2条では、「ハワイ先住民」を「1778年以前から、現在のハワイ州である地域を占有し、主権を行使していた先住民の子孫であるすべての個人」と定義した。3条は、「本決議のいかなる条項も、合衆国に対する要求に応じることを意図したものではない」というもので、合衆国最高裁も、2009年の「ハワイ州対OHA」判決において、同決議はハワイ先住民にいかなる権利も付与していないと判示している。

　2005年、ハワイ州選出のダニエル・アカカ上院議員が、同じくハワイ州選出で上院の重鎮だったダニエル・イノウエ議員らとともに「ハワイ先住民政府再組織法案」を提出した。同法案は、ハワイ先住民の自治政府を再び組織し、自治政府と合衆国との政治的・法的関係を確認するプロセスを提供するものである。同法案は、IRAのハワイアン版であり、法案が可決されれば、内務長官が指名する9名のハワイアン有識者による委員会でハワイアン名簿を作成し、名簿に登録された「公認ハワイアン」による選挙を実施して暫定統治評議会を設け、自治政府の権限、公認ハワイアンの権利・義務等を決めることになっている。なお、公認ハワイアンの要件は、「ハワイ王国が転覆された1893年の1月1日以前から、現在のハワイ州を構成しているハワイ諸島で暮らしていた者の子孫、あるいは統治権を行使していた者の直系子孫、および1921年のハワイアン住宅委員会法における有資格者の子孫であると証明できる18歳以上の者」であり、やはり血統割合は問われていない。

　しかし、この法案は、合衆国議会で可決されないまま現在に至っている。その背景には、「1778年以来、異人種・異民族間の婚姻もなされ、ハワイ先住民の伝統文化も他の人々に広まり、現在では血統を調査しない限り、ハワイ先住民と他の人々を区別できない。それゆえ、この法案は、ハワイ州の人々に人種ないし民族に基づく分離を強制しようとするものである」といった批判がある。また、同法案に対するハワイアンの意見も賛成ばかりではなく、1893年以降の移民の子孫も数世代にわたってハワイ諸島で暮らしており、ハワイアンだと思っているという意見や、欧米諸国から独立国として認められていたハワイ王国の転覆は国際法違反であり、「内務省が承認したトライブ」と同等の地位を合衆

国に求めれば、合衆国の違法行為を許容することになるといった意見もある。

　この法案を提出したふたりの上院議員がいずれも逝去したこともあり、今後も合衆国議会での成立は難しいと考えられていたが、2014 年、当時のオバマ大統領が、合衆国とハワイ先住民との和解の取組を支持すると表明したことを受けて、2015 年 9 月、内務省は、ハワイ先住民政府の再組織プロセスに適用する規則案公告（NPRM: Notice of Proposed Rulemaking）を官報に掲載した。NPRM では、ハワイ先住民政府を再組織するかどうかという課題から、政府の組織、合衆国政府との関係までをハワイ先住民コミュニティに決定させることが提案されている。また、内務省は、ハワイ先住民政府再組織法案にあるハワイ先住民名簿委員会を設立し、OHA が把握しているハワイ先住民とハワイアンをベースに名簿の作成を進めている。しかし、ハワイアンの集団的意思決定には、様々な課題がありそうである。事実、ハワイアンの NPO 法人が、独自に作成した名簿に登録されたハワイアンを有権者として、ハワイ州憲法制定会議のハワイアン代表の選挙を実施しようとしたが、名簿に登録されなかったハワイアンが選挙の差し止めを裁判所に請求し、合衆国最高裁によって認められる等、既に混乱している。

4.　おわりに

　まず、「先住民族の権利に関する国連宣言」（国連宣言）の連邦インディアン法に対する影響を確認しておこう。国連宣言は、2007 年の国連総会で採択されたが、アメリカ合衆国は、カナダ、オーストラリア、ニュージーランドとともに反対した。また、連邦インディアン法は、そのほとんどが 2007 年以前に制定されており、基本的に国際法の影響を受けていない。なお、合衆国は、国連宣言に現行の連邦インディアン法と矛盾する条項はなかったとして、2010 年に賛成している。

　最後に、本章の課題の検討において考慮すべきポイントを指摘しておこう。本章で詳述してきた通り、連邦インディアン法のほとんどは、非インディアン市民の都合や価値観によって制定されてきた。したがって、インディアンと非インディアンは、ライフスタイルや価値観等のあらゆる文化的要素においてまったく異なるという二元論からは、連邦インディアン法に利点などないということになろう。しかし、現在では、非インディアン市民と同様に個人の自由を

享受したいと考えているトライブの成員が増えている。また、インディアン公民権法の制定以降、成員男性と非成員女性との間に産まれた子どもは成員として認められるのに、成員女性と非成員男性との間に産まれた子どもは成員として認められないというあるトライブの父系主義による成員認定要件について、そのトライブの成員である母親が、合衆国憲法の「法の平等な保護」条項に違反していると合衆国裁判所に訴えた事例もある。徹底した二元論は、このような現実から乖離している。

　また、インディアンの現状は、不公正なプロセスを積み重ねた結果といえる。したがって、不公正なプロセスをすべて是正しなければならないという原理論からは、保留地も不公正なものであって、その回復を促進する IRA にもやはり利点などないことになろう。しかし、例えば、もともとアメリカ大陸の東海岸で暮らしていたものの、現在はオクラホマ州の保留地にいる先住民族が、内務省にトライブの承認を申請したとき、非インディアンである人々が、この先住民族に対して、もともと暮らしていた東海岸の土地の回復を要求し続けるべきだと主張したり、連邦インディアン法にコミットしないことを先住民族の「あるべき姿」とし、この先住民族について、支援金によって内務省に懐柔されたと評価したりすることは適切だろうか。先住民族や成員の自己決定を尊重すべきならば、徹底した二元論や原理論に基づく非インディアンの主張は、現在を生きる先住民族やその成員にとって、余計なお世話といいたくなるものかもしれない。

　当然のことながら、先住民族や成員が何を追求するのかによって、それぞれにとってのインディアン法の利点や欠点も異なってくる。したがって、この課題に対する普遍的な正解はなく、インディアン法と総称される既存の様々な法律や、これから確立すべきインディアン法について、現在の先住民族や成員の政治的・経済的・社会的実情や具体的ニーズ等を把握しながら、ケース・バイ・ケースで考える姿勢が重要である。

考えてみよう

・アメリカ合衆国の多くのトライブにおいて、血統が成員資格の要件となっているのはなぜだろうか。
・先住民族内部の多様化が進む中で、先住民族運動には何が必要になるだろうか。

【参考文献】

常本照樹「アラスカ先住民の権利と法」杉原泰雄他編『平和と国際協調の憲法学』（勁草書房、1990 年）

藤田尚則『アメリカ・インディアン法研究Ⅰ・Ⅱ・Ⅲ』（北樹出版、2012、2013、2017 年）

Jon M. Van Dyke, *Who Owns The Crown Lands of Hawaii?*, 2008

Stephan L. Pevar, *The Rights of Indians and Tribes*, 4th, 2012

William C. Canby, JR., *American Indian Law*, 7th, 2020

第14章　ボツワナ

アフリカの先住民族とは誰か

丸山淳子

1. はじめに

　アフリカにおける先住民族とは、いったい誰だろうか。他の地域を扱った章のように、具体的な民族名を挙げて、この問いに答えることは簡単ではない。そして、この難しさこそが、アフリカの先住民族をめぐる問題の複雑さを端的に示している。

　先住民族の権利運動はもともと、1960年の北米やオセアニアで、主流派を占めるヨーロッパ系植民者より先にその土地に住み、植民者によって建てられた国家のなかで周辺化された人々が、自らを「先住民族」として自決権を要求するかたちで始まった。アフリカも同様に、長年にわたってヨーロッパ列強による植民地化を経験し、1960年代以降に脱植民地化の道が模索されたが、その結果、北米やオセアニアとは異なり、ほとんどの国家が、アフリカ人が政権を握るポスト植民地国家として独立を果たした。この状況で、北米やオセアニアの植民国家のようにヨーロッパ系植民者との関係に着眼するのであれば、すべてのアフリカ人を先住民族とみなすことができ、実際にアフリカでは、そのような言説が広く受け入れられている。あるいは、植民地から独立を果たしたポスト植民地国家には、先住民族という存在やそれにまつわる問題はもはや存在しないという見解もある。

　一方で、アフリカ各地では、植民地期を通して多層的な支配関係が強化されたり、生み出されたりしたが、その多くは植民地からの独立によって解決することはなく、むしろ新生国家においてアフリカ人のなかの民族間不平等や差別の問題として温存されながら、今日に至っている。この状況を改善するために、アフリカで先住民族という言葉が使われ始めるのが、1990年代のことであった。アフリカのなかでとりわけ周辺化された民族や集団の一部が、ヨーロッ

パ系植民者ではなくアフリカ人政権に対して自らを先住民族と位置付けて組織化し、グローバルに展開される権利運動に加わるようになったのである。彼らは、自身の苦境が他の地域の先住民族のそれと同様のものであるとして、先住民族のグローバルなネットワークにつながり、国際 NGO や支援団体等の強いサポートも得て、国連の先住民作業部会のメンバーとなり「先住民族の権利に関する国連宣言」（国連宣言）の起草に加わってきた。

　このように、アフリカの先住民族をめぐっては、「すべてのアフリカ人が先住民族」「アフリカには先住民族は存在しない」あるいは「アフリカ人のなかでも一部の周辺化された集団が先住民族」等、複数の対立する考え方が併存している。そのどれを支持するのか、あるいは「一部」とはどの人々を指すのかについては、それぞれの国家や地域の歴史や現状を反映して、いくつもの異なる立場や見方がある。本章では、南部アフリカに位置するボツワナ共和国（以下、ボツワナ）に焦点を当て、国際的には先住民族とみなされることが多いが、国内では正式にそう認められていないサンの人々を事例として、アフリカにおいて先住民族という考え方を用いることの可能性と課題を検討したい。

2.　ボツワナにおける先住民族運動の「停滞」？

　2006 年、ボツワナでアフリカの先住民族運動史におけるランドマークともいうべき判決が出された。最高裁判所が、この国で古くから狩猟採集を営んできたサンの人々が開発政策によって彼らの故地である中央カラハリ動物保護区から立ち退きを強いられたことを、違憲としたのである。この判決は、先住民族の国連における作業上の定義として知られるコーボ定義や、オーストラリアのアボリジニの先住権を認めたマボ判決等にも言及し、グローバルな先住民族の権利運動を意識しながら、サンが先住民族であること認めたものとして国際的に高く評価された。そして、その翌年、ボツワナは、国連総会に諮られた国連宣言の採決に、賛成票を投じた。このように 2000 年代初頭は、独立以来アフリカでは議論の俎上にも上らなかった先住民族の権利という考え方が、ボツワナ、ひいてはアフリカにおいても有効性を発揮することを予感させる時期であった。

　しかし、それから 15 年が経過した現在、ボツワナ政府は、いずれの特定の民族をも先住民族と正式に承認してはいない。先住民族の権利という考え方を反

映した法や制度、政策等も整備されないままである。政府は、折に触れて「す
べての民族がボツワナの先住民族である」という立場を、国内外向けて表明し
続けている。例えば 2017 年にも、国連の第 16 回先住民族問題に関する常設フ
ォーラムに出席した地方行政・地方開発省の大臣が、国連宣言をサポートする
ことを表明しつつ、改めて政府のこの立場を強調している。そして、このこと
は、国内の新聞や政府の公式 Facebook でも記事にされ、広く国民に知らされ
た。
　また、2006 年の判決により決着がついたかに思われた中央カラハリ動物保護
区の立ち退き問題も、依然として国連において未解決の問題として注目されて
いる。最近では、2018 年に人種差別撤廃委員会がボツワナ政府に対して、最高
裁判所の判決が適切に執行されていない可能性を指摘している。また自由権規
約委員会は、2021 年に出した総括所見において、政府が、裁判の提訴者リスト
に載っていた者だけに限定して故地である中央カラハリ動物保護区への帰還を
許可したことにより、元住民の大半が故地にアクセスできないままであること
を問題視している。
　いったんは先住民族の権利を認める方向で進みだしたかにみえたボツワナに
おいて、このような状況は「停滞」にみえるだろう。この状況を、アフリカの
国家はガバナンスが国際水準に追い付いていないからだとみなしたり、アフリ
カの先住民族が、他地域の先住民族に比べて国際的な仕組や法、制度等に無知
で、国際的な支援なしでは抵抗する力が弱いと考えたりすることもできるかも
しれない。実際、先住民族の権利運動において、アフリカは「遅れている」地
域とみなされることが多い。しかしこのような見方では、アフリカの人々の直
面する問題はアフリカの側に由来するという結末しか見いだせず、人々が今ま
さに直面している様々な困難を置き去りにしかねない。そこで、以下では、先
住民族の権利という考え方やそれにまつわる法や制度と、アフリカの先住民族
をめぐる個別具体的な事例のあいだにある齟齬に目を向け、この「停滞」につ
いて考えてみたい。

3.　重層的な移動の歴史

　アフリカは、グローバルに展開される先住民族の権利運動に、いちばん最後
に加わった地域である。アフリカが加わるころには、先住民族の権利擁護のた

めの手法や制度、法等のあり方は、先行していた他地域のケースに適合されるかたちで、既に練り上げられていた。しかし、それらの先行地域とは、民族間関係や歴史的経緯が大きく異なるアフリカでは、先住民族とは誰なのかでさえ、自明のことではない。まずは南部アフリカを例にとりあげ、その複雑さを概観してみたい。

現在、南部アフリカに居住する人々は、いくつもの集団に分けられるが、最も古くからこの地で暮らしていたのが、コイサン諸語を話す人々である。このなかでも、狩猟採集生活を最近まで続けてきた人々が、本章でとりあげるサンと呼ばれる人々で、主に牧畜を営んでいた人々はコイコイと総称される。サンもコイコイも、さらに数十の言語・地域集団に分かれている。

3世紀ごろになって、南部アフリカに到来したのがバントゥ系の言語を話す人々である。この人々は、アフリカ中央部のコンゴ盆地をルーツとし、数百年をかけてアフリカ大陸の東部や南部に拡散した。拡散の過程で、移動や離合集散を繰り返し、いくつもの民族を形成してきたが、今日の南部アフリカにおいては、最大人口を占め、各国の政権の中心を担っている人々となっている。

16世紀になるとポルトガル、17世紀にオランダが本格的に入植を始めた。オランダの入植者らは、地元のアフリカ人やヨーロッパの他地域から来た人々と混血を繰り返し、アフリカーナーとよばれる集団を成した。18世紀になるとイギリスが入植し、19世紀にはドイツも加わって、南部アフリカ一帯でアフリカ分割が進み、植民地支配の影響はますます強くなった。このような植民地支配からの独立は1960年代以降に進んだが、現在でも、植民者にルーツをもつ住人が、南アフリカ共和国（南アフリカ）を中心に一定の人口規模をもって生活している。

このように現在の南部アフリカの人口は、到来の時期が異なる複数の集団によって構成されている。さらに複雑なのは、南部アフリカ域内でも人々の移動が、互いに連鎖しながら常態化してきたことである。例えば、現在のボツワナにもっとも早くから居住していたのは、コイサン系の人々であるが、それぞれの言語・地域集団の居住域が固定されていたわけではなく、今日では他国となっている地域も含めた広大な土地で移動を繰り返しながら現在に至る。また植民地期以降、ボツワナの主流派とみなされるようになったバントゥ系のツワナ語を話す人々は、15世紀ごろに現在の南アフリカやレソト王国の辺りから北西に居住域を拡大し、16世紀以降に現在のボツワナ一帯に到来した後、さらに移

動を続け複数の首長国に分派した。ツワナの到来によって、それ以前からこの地域に居住していたバントゥ系の他の言語を話す人々は、さらに他地域に移動したり、ツワナの一部として融合したり、あるいは、後にカラハリと呼ばれる別の民族集団を形成したりしたといわれる。また、ツワナの到来以降 19 世紀までには、北からイェイ、ブクシュ、西からヘレロ、東からカランガ等のバントゥ系の諸民族が、この地に移入した。これに加えて、19 世紀半ばには、南アフリカからアフリカーナーが北上してきて、1885 年にはイギリス保護領ベチュアナランドの成立によって、イギリス系の住民も増加する。

　これら複数の集団間の力関係についても、単純化して理解することはできない。植民地期においてヨーロッパ植民者がアフリカ人に対して圧倒的な権力をもっていたことは確かであり、コイサン系とバントゥ系の関係も、歴史的にみて首長国のような中央集権的な集団を形成した後者のほうが支配者となることが多かった。しかし、植民地支配下で、コイサン系がバントゥ系よりも優位に位置付けられたり、コイサン系とヨーロッパ系の混血集団が力をもったりしたこともあった。また、例えば、ボツワナで狩猟採集を営んでいたサンと、農耕牧畜を主たる生業としたツワナのあいだの関係性も、単なる支配—被支配関係のみに還元できるものではない。両者のあいだには何世紀にもわたって交易関係や干ばつ時の相互扶助関係が築かれ、言語や儀礼の借用や共有、通婚関係等の交流も続いてきた。またツワナの首長国においても、その配下に置かれたサンがいた一方で、ほとんど関与を受けずに生活を営んでいたサンもおり、関係性の地域差は大きかった。

　このように、アフリカの地域社会は、異なる集団が異なる時期に折り重なるように到来してつくられてきた。その移動の過程で、集団の融合や分離が繰り返され、集団間の通婚関係も珍しくなく、いわゆる混血集団も多く生まれた。すなわち、特定の地点においてどの集団が「先着」であったのか、あるいは歴史を通してどの集団が「優位」であったのかを明確にすることは困難で、そもそも「民族」の輪郭も不定形で柔軟なものであり続けてきたのである。このような状況では、「もともと住んでいた人」と「あとから来た人」や、「支配者」と「被支配者」を明確かつ固定的に区別することは不可能である。このため特定の民族名を挙げて、先住民族あるいは非先住民族とあらかじめ認定することは困難であるばかりか、不適切でさえある。個別の地域、歴史の文脈のなかで状況を 1 つ 1 つ理解し、慎重に検討することが必須となるのである。

　このような状況を背景に、南部アフリカでは、コイサン系、バントゥ系、ヨーロッパ系のいずれにルーツをもつ集団も、先住民族であると主張し、認められる可能性をもっている。実際、アフリカの先住民族の国際ネットワーク組織であるアフリカ先住民族調整委員会（IPACC）のウェブサイトには、南部アフリカの先住民族として、サンやコイコイ等のコイサン系のほかに、バントゥ系牧畜民のヒンバや、コイサン系とヨーロッパ系にルーツをもつ混血グループが複数、さらにバントゥ系に出自をもつが現在はコイサン系言語を話すダマラも挙げられている。また、例えば同じコイコイでも、南アフリカでは自らを先住民族であると主張するグループがある一方で、国境を隔てたナミビア共和国では、国内で政治力を持つ自分たちは先住民族ではないと考える人々も多いというように複雑さを極めている。

4.　中央カラハリ動物保護区の立ち退き問題と先住民族運動

　このような歴史的背景をもつアフリカにおいて、特定の集団が先住民族として主張をするとき、どのようなことが起きるのであろうか。ボツワナにおいて、先住民族という考え方が初めて本格的に用いられ、国内外の関心を広く集めた中央カラハリ動物保護区の立ち退き問題を事例として、この問題を考えていきたい。

　中央カラハリ動物保護区は、1961年にイギリス保護領政府によって設立された。その目的は、広大なカラハリ砂漠に暮らす野生動物とともに、狩猟採集生活を営んでいたサンを保護することであった。一方、1966年に独立したボツワナ政府は、サンを特別扱いし保護することは植民地主義的であるとして批判し、彼らを「主流社会に統合する」ことを目指した。そのために、学校や病院を備えた開発の拠点をつくり、都市部から離れた地域に住む人々をそこに移住させる「遠隔地開発計画」が全国的に実施され、中央カラハリ動物保護区もその対象となった。開発計画が始まった1979年当初は、動物保護区内のカデと呼ばれる地域に開発の拠点が設けられたが、1989年には、野生動物保護と住民の生活改善を謳って、開発拠点を動物保護区外に移すことが閣議決定された。1997年になると、動物保護区外に3つの開発拠点が設けられ、住民の立ち退きが始まった。2002年には、動物保護区内に提供されていた行政サービスのすべてが停止され、実質的に住民は、それまで狩猟採集生活を営んできた故地を立

ち退かざるを得なくなってしまった。

　この立ち退きの決定と実施が、アフリカからも先住民族の権利運動に加わる
人々が増加しはじめた 1990 年代になされたことは、立ち退き反対運動の方向
性に大きな影響を与えた。まず立ち退き計画が発表されるとすぐに国外に拠点
をおく大手の先住民族支援 NGO が中心となり「先住民族が故地を追われる」
ことに対する大規模な反対運動が組織された。つづいてボツワナにもサンを先
住民族と位置付ける NGO が誕生し、国外の先住民族支援 NGO や国内の人権
系 NGO らとともに、政府との交渉を進めるためにネゴシエーションチームを
結成した。しかし交渉は難航し、結果的に 2002 年、ネゴシエーションチームは
政府を提訴し、2006 年の「勝訴判決」まで長期にわたって法廷闘争が繰り広げ
られることになった。

　このように立ち退き反対運動が先住民族の権利運動として展開された背景に
は、先住民族の定義が、国際機関における議論の深化とともに、より包含的な
ものへ変化してきたことがあった。その特徴の一つ目は、旧来のヨーロッパ系
植民者に対する先着性を基準とした先住民族の定義ではなく、先着性、自己認
識、被支配性、文化的独自性等の複数の要素を鑑みて先住民族と認めることが
国際的に合意されるようになってきたことである。それによって、旧来の北米
やオセアニアの植民国家だけでなく、アジアやアフリカの国家のなかで周辺化
されてきた人々も含みこむかたちで、この言葉が用いられるようになっていっ
た。2 つ目として、先住民族の定義をあらかじめ設けると、そこから排除され
る人々が発生するとして、一律の基準を当てはめることは慎重に回避されるよ
うになってきたことが挙げられる。この時期に進んだ国連宣言の起草にあたっ
て、先住民族の定義をあえて明記しなかった理由の一つに、誰を先住民族とす
るかの基準も先住民族が自己決定できるべきであるという主張があったことに
もそれが表れている。

　このように国際社会において先住民族の定義がより包含的で開かれたものに
なっていったからこそ、アフリカの中央カラハリ動物保護区の立ち退き問題が
「先住民族の問題」として位置付けられることが可能になったといえる。しか
し、立ち退き問題をめぐるローカルな現場では、特定の集団が先住民族である
か否かをめぐる論争や、先住民族の範囲を限定しようとする動きは、むしろ活
発化していった。以下の 2 節では、そのことをとりあげたい。

5.「ボツワナの先住民族は誰なのか」をめぐる論争

　中央カラハリ動物保護区の立ち退き反対運動に端を発して、サンを先住民族とする言説が国外から取り入れられ、国内でも流通するようになると、ボツワナの先住民族とは誰なのかをめぐって2つの立場が対立し、連日メディアを賑わした。一方は、先住民族とは植民地化以前にこの地に住んでいたアフリカ人すべてを指すとする立場で、もう一方はサンのように周辺化された民族のみを先住民族とみなす立場であった。ボツワナ政府は、前者の立場から「すべてのボツワナ人が先住民族である」と表明した。他のアフリカ諸国と同様に、ボツワナは、独立に際して、植民者の便宜でひかれた国境線を維持しながら国民形成を試みてきた。このような状況で、特定の民族を先住民族と認めることが国民形成の阻害や分離独立、民族紛争等を引き起こしかねないという危惧は、多くのアフリカ諸国で共有されてきた。加えて、ボツワナは、独立以来、隣国南アフリカの人種隔離政策（アパルトヘイト）に反対する「前線国」として、人種や民族に基づいた政策を徹底して回避してきた。民族別の政策や制度を禁じると同時に、すべての国民を主流派である「ツワナ」に同化させることにより、国民国家形成が進められてきたのである。こうした経緯を踏まえて、大統領もこの問題に対して、「いくつかのアフリカ人のコミュニティが他の人々よりも先住である」というのは「植民地主義的アパルトヘイトの幻想」であると非難した。

　これに対して、後者の立場に立って、そのようなボツワナの国民国家形成のあり方こそが問題だと異議を唱えたのが、国連等で練られてきた先住民族の権利という考え方を参照に、立ち退き反対運動を進めた国内外のNGOであった。この時期には、アフリカ連合内の「アフリカ人権委員会」が、アフリカの先住民族の基準として、先着性や植民者との関係よりも文化的差異に基づく周辺化や土地との特別なつながりが重要であると表明し、アフリカ人のあいだの不均衡に注目させたのを筆頭に、アフリカの歴史的経緯を背景として先住民族の問題が議論されるようになっていた。こうした流れに接続するかたちで、立ち退き反対運動は、この地域の住民が、ツワナとは異なる文化をもち、砂漠で伝統的な狩猟採集生活を営んできた人々であることを焦点化し、グローバルに進行する先住民族の権利回復運動の一環として進められたのである。

　先住民族の権利という考え方が、立ち退き反対運動に用いられたことで、「辺

境の民」として存在すら等閑視されていた人々が国内外から注目を浴び、その問題の解決に向けて事態が動いたことは、それまでになかった画期的なことであった。それが可能になったのは、先住民族という考え方が、旧来の植民国家のそれだけではなく、アフリカの問題も含むような、より包含的なものとしてとらえられるようになってきたからに他ならない。その一方で、定義が確定しているわけではなく、ある意味ではいかようにも活用できる先住民族という考え方が国外から急遽持ち込まれたことは、ボツワナ全体を巻き込む大きな論争と対立を生んだのも事実であった。自らも先住民族であるはずだと考えたボツワナの主流派のなかには、サンだけを先住民族とみなす考え方や、それが国外のNGOによって主導されていたことに対する強い反発がうまれていた。何よりも問題であったのは、その結果、この論争が、もはや当事者のほとんど関わらない都市部や国外、インターネット空間等で激しく闘わされるものになっていったことだった。それによって、当事者の直面する具体的な問題解決から人々の目がそらされ、すべてが対立構造に還元されることになっていたのである。このような流れを嫌って、立ち退き反対運動から離脱していったボツワナのローカルNGOも複数あった。

6.　先住民族の範囲の限定がもたらすもの

　一方、先住民族の範囲を限定する方向で進んだのが、2002年から始まる法廷闘争であった。そこでは、提訴をした側が、自らが「先祖代々、この地に暮らす先住民族」であることを立証することが必要だと考えられ、憲法に照らしてその正統性が問われたり、証拠となる資料が求められたりして、誰がこの土地に対する権利をもっているのかを明確することが注力された。

　まず、ボツワナの憲法には「人種、出身地、政治的意見、肌の色、信条、性別を問わず個人の基本的権利と自由を保護する」とあり、先住民族について定めた条項はない。唯一、中央カラハリ動物保護区に関連するのが14条で、国民の移動の自由を認めたうえで、その例外を示す3項Cにおいて「ブッシュマンの保護または福祉のために合理的に必要とされる範囲で、ブッシュマンではない人が、ボツワナの定められた地域に移入または居住することに制限を課すこと」と記載されている。これを受けて、裁判では、立ち退きを経験した人々が証人として出廷し、自身が憲法に記載された「ブッシュマン」であることを証

明することで、「ブッシュマンの保護」のために設立された中央カラハリ動物保
護区からの立ち退きが不当なものであったと訴えようとした。

　「ブッシュマン」とは、サンに対する別称で、民族名称として広く使われ、
1961 年に中央カラハリ動物保護区が設立されたときに、その住人として想定さ
れていた人々であった。しかし、この地域もまたアフリカの他地域と同様、特
定の民族のみが暮らしていた場所ではなかった。サンを中心としながらも、バ
ントゥ系のカラハリやツワナ等の他民族や他地域出身者とも同一の居住集団を
形成してともに狩猟採集をし、婚姻関係や疑似親族関係を築いていた。このよ
うなかたちで「他者」を包含することによってこそ、乾燥した砂漠での暮らし
は成立してきたのである。その結果、住民の多くはサンのみならず、バントゥ
系にも血縁的なつながりをもち、複数の言語を用いながら生活してきた人々で
あった。民族の境界線はあいまいで揺らぎをもつもので、そのアイデンティテ
ィは文脈に応じて変化するのが常であった。

　法廷においては、まず、かつてこの動物保護区設立を提案した人類学者が証
人として招かれ、この地域に暮らしてきた人々は、その民族的出自に関わらず
「ブッシュマン」というアイデンティティをもつと証言した。これを受けて、証
人として出廷した立ち退きを経験した人々もまた、どちらの側の弁護士の質問
に対しても、その出自やアイデンティティがなんであれ、自らを「ブッシュマ
ン」であると繰り返し答えることになった。憲法に照らして、「ブッシュマン」
が特定の民族名とみなされ、その人々がこの地域の「正統な住民」とみなされ
る状況では、人々は自らの揺らぐアイデンティティをその型にはめて証言せざ
るを得なくなっていくことが端的に現れたものとなった。

　また彼らが先住民族であることを示す証拠として提出された資料には、出自
集団ごとの「伝統的なテリトリー」を示す地図もあった。先住民族が用いてき
た地名や土地利用方法は「正式なもの」と認められていないことが多いため、
GPS を用いて丁寧に聞き取りを重ねて地図を作成し、土地権を主張するという
のは、多くの先住民族運動で採用されてきた戦略であった。中央カラハリ動物
保護区に関しても、先住民族支援団体やコンサルタントのサポートのもと地図
が作成され、そこには、「伝統的テリトリー」を区分し、そこを利用していた
人々の出自集団名が示された。さらにこれに基づいて各地域を境界線で囲い、
それぞれに「コミュニティ利用区域」を設けることで、参加型自然資源管理を
実施することも提案された。

　地図に示された地名の多くは、この地域のランドマークである、雨季にだけ窪地にできるパンとよばれる水たまりに付けられたものであった。移動性の高い生活をしてきた彼らは、雨季には水を求めてパンの周囲に集まって居住し、パンの水が消える乾季になれば、野生の根茎類やスイカのような水分を多く含む植物に頼るべく、少人数のグループに散らばって生活してきた。このように常に構成員が入れ替わり、集団の大小も可変的な居住集団こそが、彼らにとっては生活の基本単位であった。加えて、雨が降る場所も量も年によって大きくばらつく乾燥地では、生活域を限定しないことが重要であり、パンは、特定の誰かのものとして占有されるのではなく、異なる地域から来た人々が「出会う場」であったと言える。

　このような柔軟性を備えた彼らの社会関係や土地利用のあり方は、法廷に提出された資料では、出自集団ごとの「伝統的テリトリー」という排他的占有を想起させるかたちに回収されてしまうことになった。ある土地の先住民族であることは、特定の輪郭ある集団が古くから現在に至るまでそこにいるという「連続性」を前提としている以上、そのときどきにメンバーが変化する融通無碍な居住集団ではなく、生活上はほとんど機能していなかったとしても出自を同じくする人々の集団のほうが説得力をもつと考えられたからであろう。とはいえ、これによって、この地域で築かれてきた「どこへ行っても誰もが歓迎される」という人と土地との関係とは真逆のかたちで、彼らの「伝統」が提示されてしまったのである。

　最後に、2006年に出た「勝訴」といわれる判決結果もまた、誰が「故地に帰れる先住民族」であるかを選別する結果となった。判決結果を受けて、政府が「提訴者リストに載っていた189人に限って帰還を許可する」と発表したからである。この189人とは、立ち退き計画に最後まで抵抗し、国内外のNGOが中心となって起訴の準備をしたときに、まっさきに呼びかけられた人々であった。一方でこれらのNGOとの接点がなかったり、不慣れゆえに書類不備があったりした人々は、提訴者リストに名前が載っておらず、正式に帰還することが許されなかった。実際、中央カラハリ動物保護区の入り口には、このリストをもった行政官が待機し、それに基づいて帰還の可否が言い渡された。さらに判決文に「政府は中央カラハリ動物保護区内に行政サービスを提供する義務はない」という判決が含まれていたことも、帰還を可能にする人々を限定するものとなった。自分の自動車をもち、水や農作物、市販の食品等を運べる人に

しか帰還は現実的ではなく、こうしたことが可能なだけの経済力のない人は、立ち退き先にとどまるよりなかった。このように「勝訴した先住民族」というのは、先住民族運動に加わることが可能で、同時に経済力ももっていた、いわば限られた「成功者」たちだけとなってしまったのである。

　このように、法廷という場では、この土地の「正統な住民」すなわち先住民族の範囲を明確化することは避けられず、提訴者側、政府側のどちらの弁護士もそれに寄与することになった。それは、法に照らした判断をするという手続上避けられないともいえるが、集団の範囲が曖昧でゆるやかな地域においては、数々の選別や分断を生み、結果として、本来の目的であったその地域の文化的特徴を、主流社会にとってわかりやすいものへと回収してしまう危険性ももっていた。

7.　おわりに

　先住民族の権利という考え方は、中央カラハリ動物保護区の立ち退き問題という個別的な事例に関しては、一定の成果を生んだことはまちがいない。しかし、同時にそれは、アフリカにおいて、この考え方の使いにくさ、なじみにくさを露呈させ、ときに深刻な問題を生じさせることも明るみにした。実際、ボツワナにおいては、中央カラハリ動物保護区の勝訴判決が出た 2006 年、国連宣言に賛成した 2007 年をピークに、運動を進める側も、政府の側も、先住民族の権利という考え方を用いることは激減していった。しかし、現場では問題が解消したわけでもなければ、問題解決の試みが諦められたわけでもない。2022 年に入ってからは、中央カラハリ動物保護区で生まれ育った老人の遺体を保護区内に埋葬することを政府が禁じたことが問題になり、法廷にも持ち込まれ、議論が続いている。一方、様々な交渉の結果、政府が保護区内に井戸を整備したり、行政サービスを再開するといった状況の改善も進んでいる。ただいずれの場合も参照されるのは、より広義の人権や水の権利、開発、SDGs といった考え方で、先住民族の権利という考え方の出番はほとんどない。

　不平等や人権侵害等の問題を解決するために先住民族の適用範囲を広げようとする動きと、先住民族という権利主体が無制限に拡大することを危惧する動きの拮抗は世界各地でみられるが、とりわけアフリカでは現在進行中の脱植民地化のプロセスのなかで、それが先鋭化されたかたちであらわれている。アフ

リカのような歴史を持つ地域では、明確な定義のない先住民族という考え方を
適用しようとすると、主流派もまた先住民族であるという主張が可能になった
り、先住民族が誰なのかをめぐる論争ばかりが過熱する等、この考え方の本来
の意義や、それによって解決されるべき問題がおざなりにされてしまう。一方
で、先住民族の範囲を限定し、明確化しようとすれば、もともとこの考え方で
救い上げたかったはずの人々や文化が取り残されたり、分断や排除が生まれた
りしてしまう。このようなジレンマを生みながら、先住民族の権利という考え
方を活用し具体的な問題を解決していくのは、けっして簡単なことではないの
である。

　考えてみよう

・アフリカに先住民族の権利という考え方を持ち込むことの利点と欠点とは何だ
　ろうか。
・国連宣言には先住民族の定義は存在しないが、ある集団が先住民族かどうかは
　誰がどのように決められるだろうか。

【参考文献】

深山直子・丸山淳子・木村真希子編『先住民からみる現代世界――わたしたちの「あ
　たりまえ」に挑む』（昭和堂、2018 年）

丸山淳子『変化を生きぬくブッシュマン――開発政策と先住民運動のはざまで』（世
　界思想、2010 年）

同「辺境からグローバルな権利運動へ――ボツワナと南アフリカにおけるサンの先
　住民運動」『グローバル関係学 7　ローカルと世界を結ぶ』（岩波書店、2020 年）
　158-178 頁

Maria Sapignoli, *Hunting Justice: Displacement, Law and Activism in the Kalahari*,
　Cambridge University Press, 2018

Thomas Tlou and Alec Campbell, *History of Botswana. 2nd edition*, Macmillan, 1997

第15章　日　本

はたして国内法はアイヌ民族を支えてきたのか

上 村 英 明

1.　アイヌ民族と近代の法的関係

　本章では、アイヌ民族を巡る明治以来の日本の近代法の歴史を整理し、その権利保障への動きの歴史を紹介したい。その前に、先住民族と近代法の関係がそれほど楽観的ではないことに触れておいた方が良いだろう。近代法は、欧米において19世紀までに確立した法システムを指し、日本でも明治維新以来、この近代的法整備が進められた。近代法は市民社会の形成に大きく関係するが、同時に帝国主義や植民地主義の土台ともなった。先住民族に関しては、特に後者の側面が前面に出ることになる。例えば、アイヌ民族も、政治、行政、教育、司法等に関する独自な社会規範や制度を持っていた。しかし、近代法規範は、アイヌ民族自身の規範・制度を無視し、外部から一方的にそして社会進化論的な発想をもって持ち込まれた。その点、差別や偏見を土台に、支配や搾取の道具あるいは文化や伝統の破壊者としての役割を、日本政府によって持ち込まれた近代法が担うことになる。

　他方、近代法の存在は、制度化を通して、社会の「合法性」や「正統性」の根拠という衣装をまとう。簡単にいえば、法律は社会の公正な秩序維持に不可欠である、あるいは法治主義は普遍的な価値であるというフィクションが形成される。法の制定は国会で行われ、執行には法務省等の行政官が当たり、警察官や検察官等の司法官がこれを監視する。つまり、こうした「合法性」や「正統性」はある支配民族の価値観や制度を前提にしている。先住民族のような、植民地支配下に置かれた人々にとって、正義をまとった近代法の不正義に対抗するためには、そのパラダイム自体を転換しなければならないという、気の遠

くなるような努力が必要であったし、アイヌ民族もその例外ではなかった。

　しかし、支配や搾取の道具でもあった近代法のこの側面が、世界的にもまた国内的にも徐々に転換されるようになった。第一次世界大戦が終わると、国際社会では自己決定権（自決権という訳語もあるが、日本の先住民族はこの用語を使用する）やマイノリティの権利が関心を呼ぶようになり、第二次世界大戦後には、人権を国際的に保障しようという動きが生じ、やがて脱植民地化やマイノリティの人権が確立するようになる。1980 年代に出てきた先住民族の権利保障に関する動きもその流れであった。他方、日本では、1946 年公布の日本国憲法によって一般的な人権原則が確認されるが、先住民族を含めて、様々なマイノリティの人権に注目が集まりだしたのは、1980 年代の国際人権諸条約の批准以降、具体的には自由権規約委員会による政府報告書審査が始まって以降である。

　近年、2019 年のアイヌ施策推進法で、「先住民族」という人権規範を示すカテゴリーが初めて記述されたように、法規範が大きな転換点を曲がりながら、従来の規範内容に挑戦してきたことは重要だが、近代法の差別的な社会構造も根強い。私の個人的知見ではアイヌ民族出身の弁護士や法律家はいない。アイヌ民族の権利を守る法体系がないため、裁判所では一般的な救済は十分に機能しない。またアイヌ民族の権利保障に向け法律が動きだしたとしても、そこでは多数派日本人の法律専門家が前面に出ることになり、極端にいえば、アイヌ民族を自らの論理で代弁しがちである。戦後発展してきた新しい近代法を自らの権利保障に利用することは重要だが、法的構造の面で、アイヌ民族にとって、自らの価値に従って、自らの法規範を制定するという法的自己決定権を行使するにはいくつもの課題が依然存在している。

2.　「（北海道）開拓」の始まりと「律令体制」による支配

　アイヌ民族が最初に遭遇したことになる近代法は、頭越しに行われた日露間の国際条約、1855 年の「日露和親条約」であった。日本はロシアの東漸・南下に従って国境画定を迫られたが、その実態はアイヌ民族の領土を両国政府が分割支配することであった。その時期、日本政府（江戸幕府）が用いたのが、我が蝦夷（アイヌ人）の居住する処は我が領土、という考え方で、これは、アイヌ民族を古くからの日本国民と言いくるめたものであった。そして、この一方的な

国境交渉は、その後 1875 年の樺太千島交換条約の締結による日露間の領土交
換を通し、同年の樺太アイヌ強制移住事件、1884 年の千島アイヌ強制移住事件
という国境の再画定をめぐるアイヌ民族の悲劇につながった。江戸時代には、
日本の国境概念は 1639 年に完成した鎖国政策に基づく「四つの口」、つまり外
国に開かれたゲートに拠った。中国・オランダに向かう長崎口、朝鮮への対馬
口、琉球への薩摩口そして蝦夷地につながる松前口で、それぞれの口の向こう
が外国であった。1785 年に林子平が刊行した『三国通覧図説』は、中国・オラ
ンダを除く、3 国（蝦夷国、朝鮮国、琉球国）を緩衝地帯として西欧列強に対抗
しようというものである。その点、日露交渉で確立された論理、さらにこれを
発展させた 1869 年の後述する「蝦夷地」は「皇国の北門」という発想は、松前
や薩摩を国境とし、「蝦夷国」や「琉球国」を外国とした近世の領土概念を大き
く外れた拡張主義であり、アイヌ民族の領土権の剥奪であった。

　1868 年には明治政府が成立するが、「文明開化」の号令で統治機構はすぐさ
ま近代化したわけではない。戊辰戦争の終結後、内閣制度に取って代わられる
1885 年まで、古代律令制に由来する太政官制が 1869 年に復活した。蝦夷地の
開拓は、1869 年 8 月に太政官の下に大蔵・民部・刑部・宮内・外務各省ととも
に設置された「開拓使」によって管轄された。「開拓使」は省と同列の中央官庁
で、その設置と同時に蝦夷地の「北海道改称」も行われた。この制度は上意下
達の統治機構であり、政府内部に人脈を持たないアイヌ民族にとってはその意
見を反映させる手段はなかった。同年 6 月には、明治天皇のご下問をまとめた
「蝦夷地開拓の件」という文書に「開拓」の方針が定められた。これは天皇から
の「詔勅」であり、明治憲法での用語を使えば「勅令」に当たる。「蝦夷地開拓
の件」はアイヌ民族を「土人」と称して以下のように述べている。（現代語訳）

　「蝦夷地は皇国の北門にして山丹満州に接し、ほぼ境界ありと雖も、北部に至
　りては中外雑居す。之に加うるに従来〈日本人〉官吏の土人を使役する甚だ
　過酷、対して外人頗る愛恤〈哀れみ恵むこと〉の意を尽す。故に土人往々に
　我を怨離し、彼を尊信するに至る。一旦彼れ民苦を救うを名として、土人を
　扇動すれば、その禍い延て松前・函館に及ばん。方今の要務は禍いを未然に
　防ぐことであり、函館平定の後速やかに開拓教導を蝦夷に施し、人民繁殖の
　域となさんとす。」（『北海道舊土人保護沿革史』、1934 年）〈引用者補足〉

　国境交渉では、古くからの日本国民とされたアイヌ民族が、ここでは、役人

の不当な扱いで、日本に対する忠誠心を欠くと述べられていることは興味深い。それゆえにこそ「開拓」には日本人移民を送り込む必要があった。

　この統治体制の下、1871年の戸籍法は太政官布告として制定され、その中でアイヌ民族は「平民（旧土人）」という身分の記載法で、実質的な別戸籍とされ差別された。また、開拓使も、1870年「開拓使庶務規則」で、「土人童男女」に対する手習所（初等教育機関）の設置を規定する一方、1871年には家の焼却（家屋葬送）、女性の入れ墨、男性の耳輪等を禁止する布達を出して、アイヌ文化・習慣を否定したが、これら規則や布達は、今日の政令・省令・通達に当たる行政法である。さらに「地所規則・北海道土地売貸規則」（1872年）、「北海道地券発行条例」（1877年）によってアイヌ民族の土地は奪われ、日本人移民が増加すると「山林仮規則（1873年）」、「北海道鹿猟規則（1876年）」（「獣猟毒矢禁止」）、「漁猟取締規則（1878年）」（「鮭川漁禁制」）等、開拓使の行政法令が矢継ぎ早にアイヌ民族の生活全域を厳しく規制するようになる。しかし、明治初年の統治機構は、律令国家の焼き直しであったから、「華夷秩序」を意識しながらも、近代主義的な一円支配を実現させたわけではなく、いわゆる「深山幽谷」といった内陸部の奥地には、依然実効的な統治の及ばない地域もあったことは指摘しておきたい。

3.　近代的統治と「北海道旧土人保護法」の制定

　日本国内の統治制度が1885年内閣制に移行すると、翌1886年内務省直轄の「北海道」の統治機関として「北海道庁」が設置され、「開拓」は加速度的に進展し、大資本によって搾取される。逆に、アイヌ民族は「開拓政策」によって疲弊するが、近代的な制度をまとった政府はアイヌ民族に対する認識を再定義した。「開拓使」設置50周年に当たる1918年には、記念式典に伴って『北海道史』が編纂されたが、そこで、アイヌ民族と「開拓」の関係は以下のように記述されている。

　「北海道の開拓は、知識低き蝦夷〈＝アイヌ〉によりて、之を成すこと能はず、必ず之を他の優等人種に俟たざるべからず。而して北海道の附近にありて、蝦夷と接触する優等人種は、和人の外なきを以て、其開拓の任の和人にあるは、多言を要せざる所なり」（『北海道史』、1918年）〈引用者補足〉

　「開拓」の 50 年は、政府の指導と日本人の開拓移民によって、アイヌ語名称のヤウンモシリが「北海道」に激変された歴史であり、富国強兵のための資源確保・失業した士族の移民としての救済等でその課題が解決された。この視点では、アイヌ民族は、「開拓」に不必要な「邪魔者」であり、社会進化論を持ち出し、基本的にはその「優勝劣敗」の原則に任せると位置付けられた。より明確にいえば、強制同化政策によって、「滅亡」すべき対象であった。

　先述した日本の統治機構の改革は、近代的支配の様相を強化する。1889 年には大日本帝国憲法および衆議院議員選挙法が公布された。翌 1890 年 7 月貴族院の互選・勅選および第 1 回衆議院議員選挙が実施され、同年 11 月には第 1 回帝国議会が成立した。

　さて、この時期、異常気象も加わって、「開拓」の犠牲者としてのアイヌ民族の疲弊はピークに達した。1883 年根室県、1885 年札幌県が十年計画「旧土人救済方法」を定めて、勧農政策・授産事業を展開したが、成果に乏しいこれらの政策・事業は、日清戦争に備えた財政ひっ迫により、1890 年には廃止された。1916 年の調査では、日本語を理解できるアイヌはおよそ 30％、40 歳以上のアイヌに限れば、わずか 3％であった。実は、「開拓政策」の中で、アイヌ民族が日本の法制度から明確に「排除」されたことはないといわれる。日露交渉の時代から、アイヌは古来から日本国民という論理を取らざる得なかったからだ。しかし、実態ではほぼ完全に排除された。1916 年の日本語の理解率から考えれば、日本語で書かれた通達を読み、日本語で書かなければならない書類を提出して、一般の法制度を利用できたアイヌはほとんどいなかったと思えるからだ。こうした事実からも、アイヌ民族の窮状は十分に推測される。

　この救済のために、1893 年、自由民権運動の活動家でもあった加藤政之助（立憲改進党）によって、「北海道土人保護法案」が帝国議会に提出されたが、時期尚早として廃案にされた。その後「北海道庁」によって「北海道旧土人保護法（以下、旧土法）」という特別法が提出され、1899 年の第 13 回帝国議会で制定された。旧土法の内容は、アイヌ民族の視点からみれば、それまでの政策と同じく問題満載だが、近代的立法制度の中での制定、しかもアイヌ民族政策に国家が責任を持つ「福祉法」の成立は、従来の行政法令による施策と一線を画するもので、逆にその意味で、賠償等近代法の責任を問われるはずのものであった。

　ここで旧土法の功罪を簡単にまとめておきたい。当時の「福祉」は、国家に

対する義務を前提に、国家から施される「恩恵」であった。その点旧土法は、以下の恩恵をアイヌ民族に与えた。①土地〈一戸当たり1万5000坪〉（1条）、②農具等（4条）、③医療費・薬代等（5条）、④生活支援・埋葬費等（6条）、⑤授業料（7条）である。ただし、4条〜7条に関する費用は、「北海道旧土人共有財産」の収益から充当し、それで不足する場合のみ国庫から負担する（8条）。同化の手段として国立の小学校（旧土人学校）を設置する（9条）。「北海道庁」長官は、内務大臣の監督の下、「北海道旧土人共有財産」を、誠意をもって管理する（10条）等である。他方、国家がアイヌ民族に求める義務とは、①農耕民化、②同化教育の徹底であり、勧農と同化による「滅亡」いわゆるエスノサイド政策は開拓使以来一貫していた。

　残念ながら、恩恵と義務の間には大きな差別が組み込まれていた。土地の給与は、日本人移民とは異なり、農業を希望するアイヌに限定され、1886年の「北海道土地払下規則」は移民に1人当たり10万坪を保障したが、同じ国民であるアイヌには1戸当たり1万5000坪に限定された。かつ農業に適した土地は1872年以来日本人移民に分配されてきたので、農業を強要しながら、給与地は河原や傾斜地等荒れた土地がほとんどであった。土地の所有権には譲渡等に制限が付き（2条）、さらに給与から15年後には農業に成功したかどうかの検査（「成功検査」）があり、成功していないとみなされた土地は、政府に没収された。（3条）その他、旧土法の施行に関する予算措置は、遅れて1901年の「北海道十年計画」に初めて組み込まれた。同年アイヌ教育の制度化を方向付けた「旧土人児童教育規程」が北海道庁令で制定され、同時に旧土法9条に基づく「旧土人小学校」21校が新しく「北海道庁立」小学校として設置された。「旧土人小学校」はアイヌ児童だけの学校で、修業年限4年、教科目は修身・国語・算術・体操・裁縫（女子のみ）・農業（男子のみ）で簡易な授業科目であったが、「忠君愛国」教育を目的とする修身や学校儀式は、地域の大人も巻き込んで、厳しく実施された。この「北海道十年計画」の最終年に当たる1910年には、アイヌ児童の就学率は全道で92.2％に上昇し、就学者も2,072名となり、地域の小学校が同化教育のセンターとなった。こうした構造を持つ旧土法は、アイヌ民族から長年差別法と指摘されてきたが、政府自身がこれを認めたのは、1997年の廃止から3年後の2000年であった。差別法であれば、その運用に対し、政府の賠償・補償が必要だろう。

4.　アイヌ民族の運動——「アイヌ新法」制定運動から国連人権活動へ

(1)「給与地」への農地改革による抑圧

　第二次世界大戦が終わると、日本は 1947 年の新憲法の下で、民主化が始まり、同年「北海道庁」も地方自治法改正に伴い、一般自治体「北海道」となった。また、前年の 1946 年、GHQ の指導の下、国会で成立した「自作農創設特別措置法」・「改正農地調整法」によって、翌年から「農地改革」が実施された。これは不在地主の土地を政府が強制買収し、小作農に安く売り渡して、自作農を創設し、民主主義の基盤を作ることを目的とした。ところが、旧土法でアイヌに給与された土地が「農地改革」の対象となったことから、「北海道アイヌ協会」が同年に設立され、翌年には代表が上京して政府に「農地改革」から「給与地」を除外するよう要請した。しかし、1948 年日本政府は「給与地」を除外しないことを通告し、アイヌを「不在地主」とみなして、強制買収が強行された。1975 年の北海道の調査によると、全給与地は 9,061ha（全北海道面積の0.01％）で、「成功検査」による没収が 1,950ha（全給与地の 21.52％）、この「農地改革」で 2,318ha（全給与地の 25.58％）が強制買収された。

(2)「生活保護法」の限界と特別福祉政策

　他方、福祉を恩恵ではなく、政府の責任として無差別平等に扱う立法も生まれた。1946 年に制定された「生活保護法」である。この中で、1964 年、当時総理府の下にあった行政管理庁は、同化政策の完成と「生活保護法」の整備による旧土法の有名無実化を理由にその廃止を勧告した。また、1970 年には、旧土法が差別法であることを理由に全道市長会で廃止決議が採択された。

　しかし、植民地支配によって作られた格差や貧困が、一般法の成立で簡単に解消されるわけはない。例えば、1972 年北海道は「北海道ウタリ生活実態調査」を行ったが、当時アイヌ民族の生活保護率は 115.7‰（パーミル）で、全道21‰の 5.5 倍、日本全体 12.7‰の 9.1 倍であった。北海道は、その後 7 年ごとに生活実態調査を行いながら、かつてアイヌであった住民の多い「低所得者地域」対策として、地区の道路整備、住宅資金の貸付、教育の格差是正等を含む、基本 7 年ごとの「北海道ウタリ福祉対策」を 1974 年から開始した。（北海道は2001 年から「アイヌの人たちの生活向上に関する推進方策」と名称を変更して、現在もこれを継続する一方、政府はこれを「民族政策」と弁明するようになった。）

(3)「アイヌ新法（案）」の採択

　これまでのアイヌ民族に関連する日本の法制度の特徴は、アイヌ民族自身の主体的な関わりがなく、日本政府からの押付けであったことだ。その点、1982年に始まった「アイヌ新法」制定運動は、主体性の点でアイヌ民族史の視点からも画期的であった。これを主導した「北海道ウタリ協会（1961年にアイヌ協会から改称、2009年に再改称）」は差別法である旧土法の廃止と同時に民族政策に国の歴史的責任を明確化した「アイヌ新法」制定を1982年に方針化し、具体的な起草作業を副理事長であった貝澤正を座長に開始した。そして、1984年協会総会で「アイヌ民族に関する法律（アイヌ新法）案」を採択した。同法案は、前文（制定理由）と6項目で構成される。当時「先住民族」という用語がなかったために、この言葉は使われていないが、アイヌ民族が日本とロシアの植民地政策の犠牲者であること、「北海道開拓」による土地・資源の収奪、強制同化政策による民族の尊厳の否定、不公正な農地改革の実施、旧土法の差別性等、先住民族法の特徴が明確に述べられている。しかし、本章との関係で重要なのは、アイヌ民族が政府に求める以下の記述だろう。

> 「現在行われているいわゆる北海道ウタリ福祉対策の実態は、現行諸法諸制度の寄せ集めにすぎず、整合性を欠くばかりでなく、何よりもアイヌ民族に対する国としての責任があいまいにされている。いま求められているのは、アイヌの民族的権利の回復を前提にした人種差別の一掃、民族教育と文化の振興、経済的自立対策など、抜本的かつ総合的な制度を確立することである。」（「アイヌ民族に関する法律（案）・本法制定の理由」）

　そして、要求された6項目は以下のようなものであった。①基本的人権：民族差別を撤廃して、民族としての権利の保障、②参政権：アイヌは一般的な参政権を憲法に保障されているが、これとは別に民族代表を政治参加させる権利の確保（萱野茂は比例代表制を利用し、1994年〜1998年に参議院議員を務めたが、民族代表としての参政権の行使ではない。）③教育・文化：アイヌ民族の子どもへの教育振興・民族教育およびアイヌ語を含むアイヌ文化の振興・研究、④農業漁業林業商工業等：アイヌの就業者に対する適正経営規模の確立、⑤民族自立化基金：アイヌの高齢者への年金の支給等、特別なニーズを含めアイヌ民族政策全般に対応する自主財源の確保、⑥審議機関：中央・地方にアイヌ民族政策に責任をもつ機関の設置、であった。また、新法では、「北海道ウタリ福祉対

策」のような自治体に限定し
たものではなく、全国に散ら
ばる全アイヌ民族を対象とす
ることが明記された。

この新法制定要求に対し、
1984 年に北海道は「ウタリ問
題懇話会」を設置して、新法
の検討を開始したが、中央で
はこれに水をさす事件が起き
た。1986 年、中曽根康弘首相
の日本は世界に冠たる大和民

（写真：国連広報センター提供）

族という単一民族で構成される国家であるといういわゆる「単一民族国家」発
言である。

(4)「先住民族」の主張──国連人権機関への参加

1987 年、この状況の中、野村義一・北海道ウタリ協会理事長はスイス・ジュ
ネーブの国連欧州本部に足を運び、先住民族に関する当時唯一の国連機関であ
った国連先住民作業部会（UN WGIP）に参加した。ここで野村は、中曽根発言
に抗議するとともに、アイヌ新法制定運動を国際社会に報告した。UN WGIP
の主要な任務が、先住民族にとっての世界人権宣言に当たる先住民族権利宣言
の起草作業であったことから、これ以降アイヌ民族は毎年代表団をジュネーブ
に送り、その過程に積極的に加わることになった。他方、国連諸機関との連携
もその後密接になり、1991 年には UN WGIP のエリカ＝イレーヌ・ダイス議長
の日本視察が実現し、1992 年には国連ニューヨーク本部で開催された「国際先
住民年」の開幕式典に野村理事長が招かれ、記念演説を行った。また、「国際先
住民年」の 1993 年には、前年度のノーベル平和賞受賞者で、マヤ系キチェ民族
の人権活動家リゴベルタ・メンチュウ・トゥムの「国際先住民年親善大使」と
しての来日が実現した。

アイヌ民族自身が作り出したこの潮流の中、1994 年には先述した萱野茂が国
会議員に当選し、日本政府も 1995 年新しい法律をにらんで「ウタリ対策のあり
方に関する有識者懇談会（以下、ウタリ懇）」を設置した。翌年、総合的かつ実践
的なアイヌ研究、アイヌ語を含むアイヌ文化の振興、伝統的生活空間の再生、

国民の理解の促進を骨子とするウタリ懇の報告書が提出され、これにより、政府は法律制定に動きだし、1997年3月に司法（札幌地裁）が初めてアイヌ民族を先住民族と認めた「二風谷ダム判決」の4ヵ月後、同年7月に旧土法が廃止され、「アイヌ文化の振興並びにアイヌの伝統等に関する知識の普及及び啓発に関する法律（以下、アイヌ文化振興法）」が制定された。

5. 「アイヌ文化振興法」と「アイヌ施策推進法」

(1) アイヌ文化振興法の制定とアイヌ政策の位置付け

　アイヌ文化振興法制定の意義はいくつかある。1つは、差別法であり、植民地法である旧土法の廃止である。（しかし、「アイヌ共有財産」の返還問題で戦前の貨幣価値をそのまま評価する等大きな禍根を残した。）また、目的に、日本社会の進むべき方向として「多様な文化の発展（1条）」が明記されたことの意味も大きい。さらに、アイヌ文化を振興する機関として、「アイヌ文化振興・研究推進機構」が設置され、「アイヌ文化活動アドバイザー」等の制度を通して助成が行われるようになった。この法律の波及効果として、アイヌ民族の文化活動がしやすくなったことを否定しない。

　しかし、抜本的な問題は解消されなかった。「アイヌ新法（案）」でアイヌ民族が要求したことは、「抜本的かつ総合的な」法制度の制定であったが、実現したものは、その6項目の内0.5項目の「文化」にすぎなかった。さらに、「アイヌ文化」を振興する法であるという建前から、アイヌ民族のいかなる集団・個人にも「先住権」が認められていない。それは「文化的権利」でも例外ではない。そしてアイヌ文化振興法の基本的な問題は、先住権の議論を始めるには、「国民」のアイヌ文化・伝統に対する理解を広げることが前提とされたことだろう。女性の権利を議論するためには、男性の理解が必要というに等しく、権利侵害側の視点を軸にした本末転倒な議論である。そのため、アイヌ民族に対しては、その「自発的意思および民族としての誇りを尊重するよう配慮する」（4条）と記されたのみであった。

　ともかく、その後動いたのは、またしても国際社会であった。2007年には、先住民族全体によって待望された「先住民族の権利に関する国連宣言」（国連宣言）が国連総会で採択された。これを機に、翌2008年、北海道洞爺湖で開催される先進国首脳会議（G8サミット）をにらみながら、衆参両院で「アイヌ民族を

先住民族とすることを求める決議」が採択された。また「アイヌ政策のあり方に関する有識者懇談会（以下、アイヌ懇）」が設置されて、新しい法制定への動きが始まった。このアイヌ懇が2009年に提出した報告書によって、同年には「アイヌ政策推進会議」が設置され、その後、2019年4月に制定されたものが、同じ文化法である「アイヌの人々の誇りが尊重される社会を実現するための施策の推進に関する法律（以下、アイヌ施策推進法）」である。アイヌ文化振興法は、同法の制定と同時に廃止された。（アイヌ懇の本報告書は、現在でもアイヌ政策の土台とされており、内閣官房に置かれた「アイヌ政策推進会議」のHPで読むことができる。）

(2) アイヌ施策推進法とその構造による新たな課題

　アイヌ施策推進法は、アイヌ民族を法文中で初めて「先住民族」（1条）と認め、また北海道の白老に国立アイヌ民族博物館、国立民族共生公園、慰霊施設を含む大規模な国立施設「民族共生象徴空間」（愛称ウポポイ）が2020年7月に同法によって開設されたこと等から話題を集めた。

　さて、アイヌ施策推進法による新政策の目玉は2つある。1つは常設の体験型アイヌ文化教育施設であるウポポイの管理運営主体で、「アイヌ文化振興法」によって設立されたアイヌ文化振興・研究推進機構と、それまで白老で野外施設「ポロトコタン」を運営してきた一般社団法人アイヌ民族博物館が2018年に合併して成立した「アイヌ民族文化財団」がこれに当たる。もう1つは、「アイヌ施策推進地域計画」という政策である。自治体が主体となり、アイヌ民族と事実上相談の上「アイヌ施策推進地域計画」を策定する。これを内閣総理大臣がアイヌ文化の振興事業と認定すれば、これに総額20億円の交付金（2020年度以降）が与えられる。この地域計画で、儀式に使う林産資源の利用（16条）、内水面サケ捕獲事業（17条）、またアイヌ工芸品等の商標登録（18条）に対して、その手続が簡素化される。その他、ウポポイには、アイヌ遺骨に関する国の慰霊施設が併設され、また法文にヘイト・スピーチ等を対象とできる差別禁止規定も盛り込まれた（4条）。博物館等での展示の内容や歴史解釈が適切であるかどうかは争点の1つであるが、アイヌ民族の雇用の機会ともなり、全体としていえば、評価できる部分もある。

　他方、本質的な課題は依然として未解決のままだ。本法によって、アイヌ民族は「先住民族」と認められたが、法律には先住権は何も認められていない。

また、アイヌ民族への理解が国民に広がらなければ、権利の議論はできないという視点も変わらない。その点、2019 年 9 月、畠山敏・紋別アイヌ協会会長は、儀式用の鮭を北海道知事の許可なく捕獲して、北海道警察に告発された。アイヌ施策推進法により河川でのサケの儀式用の捕獲手続は簡便化されたが、それでも北海道知事の許可は削除されなかった。畠山は、アイヌがヤウンモシリ（北海道）の川で鮭を取るのは、自己決定権だと主張している。また、2020 年 8 月には、ラポロアイヌネイション（旧浦幌アイヌ協会）が明治政府に奪われた、経済的権利としてのサケの漁業権の回復を札幌地方裁判所に提訴した。さらに、林産資源の利用では「国有林の共用林制度」のアイヌ民族の利用がアイヌ施策推進法に明記されているが、国と契約書を結び、許可を得ての利用という形になり、アイヌ民族が本来持つ森林の権利の侵害が懸念されている。さらに、差別の禁止条項があっても、不当なヘイト・スピーチは増加しており、本来なぜ本法を制定しなければならなかったのかという部分を前文等に明記しなかった政府の責任もあるだろう。

　「アイヌ施策推進法」の背景には、「日本型先住民族政策」論という理論がある。これは、「国民」の理解がなければ先住民族の権利は絵にかいた餅という考えで、政府に大きな変革を要求しない。官僚や保守的な政治家の支持を集めそうな発想である。アイヌ民族の司法等を通した、新たな闘いの真価が問われる時代が来ることになるだろう。

> **考えてみよう**
> ・先住民族に向けたヘイト・スピーチに対して、どのように対応すべきだろうか。
> ・「国民」の多数派の理解がないと、先住民族の権利は保障されないという考え方は、何が問題だろうか。

【参考文献】

上村英明「声を上げた日本の先住民族——国際連合での運動がもたらした成果と課題」深山直子・丸山淳子・木村真希子編『先住民からみる現代世界——わたしたちの〈あたりまえ〉に挑む』（昭和堂、2018 年）
同「森林認証制度の概要とアイヌ民族」（緊急検証：北海道の森林におけるアイヌ民族復権の現段階——施策推進法で「アイヌの森」はよみがえるか？）『季刊 現代の理論』デジタル版 25 号（明石書店、2021 年 2 月 10 日）〈追加発信：2 月 15 日〉
榎森進『アイヌ民族の歴史』（草風館、2007 年）

竹内渉『戦後アイヌ民族活動史』（解放出版社、2020 年）

常本照樹「アイヌ施策推進法──アイヌと日本に適合した先住民族政策を目指して」
　『法学教室』468 号（2019 年）63-69 頁

テッサ・モーリス＝スズキ、市川守弘、北大開示文書研究会編『アイヌの権利とは
　何か──新法・象徴空間・東京五輪と先住民族』（かもがわ出版、2020 年）

第16章　日　本

先住民族の権利運動は、琉球／沖縄に何をもたらしうるのか

永 井 文 也

1. はじめに

　琉球／沖縄とは、宮古列島や八重山列島等を含む沖縄諸島以南の地域を指す場合が多いが、奄美群島を含む場合もある。現在、奄美群島は鹿児島県、それ以外の島々は沖縄県に位置している。沖縄県には無人だった島々もあるが、かつてそこには琉球国が存在していた。その人々は共通する側面も持ちつつ各地で多様な文化や慣行を連綿と維持してきたが、日本の近代化や米国による軍事化等を通じた支配と抑圧の歴史的な経験をし、現在まで多くの差別や権利侵害に直面している。その是正のために様々な取組がこれまでなされてきたが、本章ではその1つである先住民族という観点から国際的な人権メカニズムを利用した活動について整理・検討する。

　なお、琉球／沖縄が意味する地理的な範囲に加え、先住民族という観点からの活動では「沖縄人」や「琉球人」、「琉球民族」といった様々な呼称が用いられており、その表現や総称は議論の途中である。本章ではこうした曖昧さも理解しつつ、一時的に琉球／沖縄の人々という呼び方を用いていく。また、先住民族の権利の核として自己決定／自決（self-determination）の権利があり、これは他章では「自決権」と訳される。しかし、琉球／沖縄の文脈では第二次世界大戦、特に沖縄戦の際の「集団自決」（強制集団死）を想起させるといった理由から「自己決定権」という訳語が用いられる場合が多く、本章もこれに従う。

2.　植民地主義と琉球／沖縄の人々

　先住民族というのが誰を指すのかというのは議論があるが、その重要な要素の 1 つに植民地主義という視座がある。琉球／沖縄における先住民族としての活動を理解する際にも、その視座を念頭に日米による支配や抑圧の歴史を認識していくことが提起されてきた。その 1 つの起点は 1609 年に遡る。この年、江戸幕府の許可を得た薩摩藩により琉球国への侵攻が行われ、琉球国は薩摩藩の一定の支配を受けることとなったが、これは幕藩体制への強制的な編入と捉えられる。一方で琉球国はその後も中国明朝と冊封関係を維持しつつ、また 19 世紀にはアメリカやオランダ、フランスとの条約締結等も行い、独立的な地位も保持していた。しかし、19 世紀後半より日本は明治維新を経て近代国家としての統合を進めるなか、1871 年の廃藩置県により琉球国を鹿児島県の管轄下とした翌年には琉球藩を設置し、また武力も背景に琉球国の制圧・解体を経て 1879 年に沖縄県が設置された。日本によるこの一連のプロセスに対して、国際法学者の阿部浩己は日本の内部で生じた事象と捉えることも出来ず、国際法上の当時の規準でも援用可能な領域取得の正当性を見出すことは難しいと述べる（阿部 2015: 262-3）。

　琉球／沖縄の人々はまた、同化主義政策や皇民化教育の対象となり、差別的な扱いも受けてきた。琉球／沖縄の社会や文化、慣習、風俗や言語等は野蛮で後進的とされ、方言札による学校での言語使用の禁止等も進められるとともに、日本の参政権も認められておらず、また「本土」の人々と結婚する際や住居を借りる際等にも差別が見られた。1903 年に大阪で開催された第 5 回内国勧業博覧会の場外パビリオンでは、アイヌ民族や台湾原住民族の人々等と共に琉球／沖縄の生身の人々が日本の近隣地域の「異人種」の見せ物として「展示」された。これは学術人類館事件と呼ばれ、日本社会における他の民族集団に対する差別的な眼差しが見て取れる。こうした差別的処遇に反対して、伊波普猷らを中心とする沖縄学や日琉同祖論等により、琉球／沖縄の人々を「日本人」と同じ民族的な背景を有するとする一方で琉球／沖縄に独自性があることも強調された。また、謝花昇らによる自由民権運動を背景に、琉球／沖縄の人々の参政権が 1912 年に一部地域以外で認められたのち、1920 年には全域に及んだ。しかし、琉球／沖縄の人々に対する差別的な扱いは継続し、第二次世界大戦でも多くの犠牲を強いた。特に 1945 年の沖縄島での地上戦を中心とする沖縄戦

では約 20 万人の戦没者を出し、そのうち 9 万人以上は民間人であった。琉球／沖縄は「本土決戦」を先延ばすための「捨て石」にされ、またその自然だけでなく首里城やその町並み、多くの文化財も破壊された。

　戦後、琉球／沖縄はアメリカの支配下に置かれることとなった。世界的には各地の植民地の解放に向けたプロセスが進められていたが、日米間で 1952 年 4 月に発効したサンフランシスコ講和条約 3 条では、米国を唯一の施政権者とする信託統治下に琉球／沖縄を置くという米国のいかなる提案にも日本が同意することが規定され、その提案までは米国が施政権を一部あるいはすべてを有するとされた。琉球／沖縄は結果的に米国からの提案もなく信託統治地域とならなかったが、その可能性を持たせながら前段階に琉球／沖縄を置くことは、米軍の統治や基地の拡大・維持に好都合であったとも窺える。例えば、その講和会議でジョン・F・ダレス全権大使は琉球／沖縄に対する日本の「潜在（残存）主権」を認める発言をしている。言い換えれば、琉球／沖縄に対する「主権」が日本に残されながらもアメリカが施政権を有するという曖昧な法的立場に置かれた。この発言の背景には戦後の国際社会における脱植民地化の動きとの関係、つまり日本の主権を残すことで琉球／沖縄が米国の植民地であるという批判を避けつつ支配を実現するといった可能性が指摘される場合もある。1953 年にはまた、「極東に脅威と緊張」がなくなるまで琉球／沖縄に対して米軍が権力を行使するという「ブルースカイ・ポリシー」と呼ばれる宣言も出された。こうした状況で琉球／沖縄の人々に対する人権侵害は戦後さらに横行し、とりわけ米軍は銃剣とブルドーザーで強制的に人々の土地を接収し基地建設を進め、琉球／沖縄内外への移住を強いられる人も多かった。また、米軍統治下で日本国憲法は適用されず、琉球／沖縄の人々の日本国籍は喪失されなかったとされるにも関わらず「本土」に行くには日本渡航証明書も必要であった。

　こうした処遇に対して、琉球／沖縄の人々は様々な形で反対・抵抗してきた。例えば、各地での米軍による土地接収と住民による反対の動きも背景に、あるいは前後して、1954 年 4 月に琉球政府立法院が「軍用地処理に関する請願決議」を全会一致で決議し、この中で米軍の土地接収の適切な支払いや賠償等を求める 4 原則が提示された。琉球政府は 1952 年の米国民政府布告 13 号「琉球政府の設立」により設立され、その立法院については同年の米国民政府布令 68 号「琉球政府章典」にて、行政府や司法府とともに具体的な組織・運営等が記述される。琉球政府は琉球／沖縄における政治の全権、立法院は立法事項につ

いての権限を有するとされた。しかし、その権限は米国民政府の布告や布令等により制限も受ける。琉球政府立法院の 1954 年の決議に対してはまた、米下院軍事委員会の琉球／沖縄への調査団を通じた 1956 年 6 月の勧告（プライス勧告）の中で否定的な内容が提示されたことで、琉球／沖縄全土での大衆運動に繋がった。これは「島ぐるみ闘争」と呼ばれ、譲歩を引き出す形で決着した。また、1960 年 12 月に国連総会で採択された植民地独立付与宣言には植民地主義を急速かつ無条件に終結することが表明され、この目的の一側面としてすべての人民が自己決定権を有することが述べられた。当該宣言を参照しつつ、琉球政府立法院は「施政権返還に関する要請決議」を 1962 年に採択し、信託統治制度等にも言及しながら米国の支配が住民の意思に反して行われている不当性を訴えた。これは琉球／沖縄の状況を国際的な枠組に繋げる動きの萌芽の 1 つではあったが、外国の支配という図式は結果的に改善されなかった。

　ただ、米国の軍政支配からの脱却と平和を標榜する日本国憲法の下への復帰による人権状況改善への期待等により、並行して進められてきた祖国復帰運動の高まりも受けて、1972 年の沖縄返還協定を通じて琉球／沖縄は日本に「返還」された。しかし、在日米軍専用施設の約 70％が現在まで沖縄県に集中しており米軍に関係して様々な人権侵害も継続している。先住民族としての取組は、以上の日米による支配と抑圧から植民地主義の歴史と継続という認識を踏まえて展開されてきている。

3. 先住民族という観点からの展開

　では、いつ頃からどのようにして琉球／沖縄の人々による先住民族としての活動が始まったのだろうか。

(1) 先住民族としての権利回復運動の展開

　先住民族としての権利回復運動の始まりは 1990 年代に遡る。その直接的な引き金となったのは 1995 年の在沖米兵による少女拉致強姦事件や、翌年の米軍基地代理署名拒否裁判の沖縄県側の最高裁での敗訴（最大判平成 8 年 8 月 28 日民集 50 巻 7 号 1952 頁）等の出来事であった。前者では事件を起こした在沖米軍人に対して日米地位協定により起訴前の身柄引渡しができないといった不平等性、また後者では米軍用地収用の手続における代理署名を実質的に拒否でき

ない不平等性等が改めて浮き彫りになった。つまり、これらを通じて琉球／沖縄と日米との間の非対称構造が顕在化したことに加えて、後者ではさらに裁判という国内の救済制度の限界も窺えたことで国際的な枠組に目が向けられ始めた。

　こうした背景から直接的に先住民族という立場を明確にして国連活動を開始したのは、松島泰勝による 1996 年夏の国連先住民作業部会（WGIP）への参加であった。当時彼は大学院生であり一市民の運動として開始された。WGIP では世界各地から先住民族が参加・交流し、情報共有を行うと同時に声明等を通じて人々が直面する人権侵害を国際的に提起する。松島もその参加を通じて各地の先住民族代表と交流を行い、また琉球／沖縄の人々による自己決定権の正当性に関する声明文を読み、基地問題や政治・経済的な自立に関する権利等を主張した。その後、新聞紙上での参加者の募集等を行いながら知念秀記といった市民を中心に琉球／沖縄からの参加が続いた。1999 年には知念ら国連活動の経験者を中心に琉球弧の先住民族会（AIPR）が設立され、AIPR は以来現在まで琉球／沖縄の人々による先住民族としての国連活動の中心的な役割を担ってきている。

　AIPR は「琉球民族」の歴史や現状を植民地主義の視座から捉え、その人々が固有の歴史や文化を持ち、また自己決定権を主軸とする先住民族の権利を有する存在であるという認識を共有する。その上で、歴史的に直面してきた諸課題を主に国際的な舞台で提起することにより日本政府等に働きかけ現状の改善を目指す。WGIP や「先住民族の権利に関する国連宣言」（国連宣言）草稿作業部会への参加に加えて、先住民族の権利に関する専門家機構（EMRIP）、先住民族問題に関する常設フォーラム（PFII）等の定期会合へも参加して、琉球／沖縄の歴史と現状、課題等に関する声明読み上げといった活動を通じて問題提起をしてきた。加えて、先住民族の権利に関する国連特別報告者への情報提供等も行うと同時に、アジア先住民族連合（AIPP）といったアジアの地域的なネットワークの構築にも取り組んできた。さらに、日本の人権状況について審査を行う国連人権理事会の普遍的定期審査（UPR）、人種差別撤廃委員会（CERD）や自由権規約委員会（HRC）といった人権条約機関による政府報告書審査等の際には、琉球／沖縄の状況に関するレポートの提出に加えて、国連の審査会場に行き直接委員らに情報提供するといった活動もしてきた。こうした活動を通じて国際的なプレゼンスを高め、AIPR は 2012 年に国連経済社会理事会の協議資格

も取得した。また、その活動は『うるまネシア』や『けーし風』といったいくつかの雑誌や新聞といったメディアで紹介され、先住民族という観点の議論が琉球／沖縄内にも共有されてきた。

　これら国連活動は琉球／沖縄の人々を中心に展開されるが、人権 NGO 等の支援や協働もある。とりわけ、上村英明が 1982 年に立ち上げた市民外交センター（SGC）は琉球／沖縄の人々の国連活動のきっかけを作り現在までその支援活動を担っている。例えば、松島が WGIP に参加する契機となったのは上村との会話であり、また AIPR の設立や活動には上村や他の SGC のメンバーとの定期的な勉強会で学び国連活動を行った琉球／沖縄の人々の存在もあった。SGC はまた、琉球／沖縄からの国連諸会議参加者の参加手続や声明文作成、現地での滞在やイベント、通訳、ネットワーク作り等のサポートも行ってきた。国連諸機関への情報提供レポートや声明を連名で提出することもあり、国連会議でのサイドイベントや国内的なイベント等を共催する場合もある。また、SGC 以外の団体には反差別国際運動（IMADR）も挙げられる。特に、IMADRを中心とする人種差別撤廃 NGO ネットワークは CERD の日本政府報告書審査等に向けて情報提供レポートをともに作成・提出し、また現地でのロビー活動等も行ってきた。SGC 同様、国際的・国内的にイベントや集会を企画・共催することもある。さらに、先住民族の 10 年市民連絡会は『先住民族 10 年News』というニュースレターで琉球／沖縄の人々の先住民族としての活動に関する記事を定期的に掲載してきた。

(2) 先住民族としての承認

　以上のような活動を通じて、琉球／沖縄の人々は国内的・国際的に先住民族という観点から問題提起を行いその人権保障を求めてきた。しかし、日本政府は CERD や HRC 等の国連人権条約機関への日本政府報告書において、琉球／沖縄の人々について 2010 年まで言及しない状況が続いてきた。その後、日本政府は琉球／沖縄の「長い歴史の中で特色豊かな文化、伝統」が受け継がれていることは認めているものの、先住民族としては現在まで認めていない。その理由の 1 つに先住民族の確立した定義の欠如を挙げる。日本政府はこれを国連宣言起草時から述べてきたが、2007 年 9 月の国連宣言採択時、あるいは 2014年 9 月に国連の特別総会として開催された先住民族世界会議での AIPR やSGC 等とのミーティングの場でも繰り返し述べている。他の理由として、沖縄

県民は「日本国民」であり、他の国民と平等に自己の文化の享有や宗教の信仰と実践、あるいは言語使用の権利が保障されていると述べると同時に、独自の生物学的・文化的な特徴を有している、あるいは先住民族という認識が「社会通念上」広く存在しないと主張する。また、日本政府は琉球国の歴史的な地位や認識に関する国会答弁において、当時の琉球国の主権の有無や国際法上の地位、その併合に関する意味合い等について確定的なことは述べられないといった曖昧な立場を取ってきた。

　一方、国際人権諸機関は琉球／沖縄の人々をマイノリティや独自の集団として認識することから始まり、現在は先住民族として認めている。例えば、CERD は日本政府報告書審査を通じた総括所見で、琉球／沖縄の人々が条約の適用対象であることを 2001 年に認識し、次回審査での情報提供を勧告しており、また 2010 年には琉球／沖縄の人々が直面する継続的な差別等に対する懸念を示し、その人々との幅広い協議等を勧告した。この間、2005 年に日本を訪問した人種差別に関する国連特別報告者（ドゥドゥ・ディエン）は琉球／沖縄の人々を「ナショナル・マイノリティ」に位置付け、また 2009 年にはユネスコも琉球諸語を独自の言語として認定した。国際人権機関が先住民族として琉球／沖縄の人々を明確に表現したのは 2008 年の HRC の日本政府報告書審査であった。ここで出された総括所見では、国内法によって琉球／沖縄の人々を先住民族と認め、その文化遺産および伝統的生活様式の保護・保存・促進、土地の権利の承認、ならび児童の言語・文化に関する教育を受ける適切な機会の提供等を勧告した。また、HRC は 2014 年にも日本政府が琉球／沖縄の人々を先住民族として、またその伝統的な土地・資源等の権利を承認していないことに懸念を示し、それら権利の保障等を勧告した。相互に関連して、CERD も 2014 年の審査で琉球／沖縄の人々を先住民族と認め、その権利保障や言語消滅を防ぐための具体的な措置等を勧告した。2018 年にも琉球／沖縄の人々を先住民族として認識しその権利を守る措置の強化等が勧告されている。

4.　近年の動向

　以上のように、1996 年より展開してきた琉球／沖縄の人々による先住民族としての国際的な活動は近年のさらなる動きとも繋がっている。

(1) 米軍基地と自己決定権

　琉球／沖縄における米軍基地の集中に関する動きは近年でも重大である。特に辺野古への米軍普天間基地移設問題をめぐり様々な動きがあるが、自己決定権の主張の拡がりは注目される。辺野古への基地移設に対する反対運動は長く続けられてきたが、民主党の鳩山由紀夫代表は 2009 年の第 45 回衆議院議員総選挙の選挙活動中に「最低でも県外」へ基地を移設すると発言し政権を取った。しかし、新たな移設先が見つからなかったため結果的に実現せず、2010 年の鳩山政権の交代に前後して、琉球／沖縄の人々の自己決定の権利が侵害されているという主張が増え、また自己決定権を主張する組織や国際人権メカニズムの活用も増えてきた。例えば、琉球民族独立総合研究学会（2013 年 5 月設立）、沖縄建白書を実現し未来を拓く島ぐるみ会議（2014 年 7 月設立）、琉球・沖縄の自己決定権を樹立する会（2014 年 8 月設立）、沖縄国際人権法研究会（2016 年 3 月設立）、命どぅ宝！琉球の自己決定権の会（2016 年 7 月設立）等が挙げられる。自己決定権は先住民族の権利の核となる権利でもあり、国連人権メカニズムを活用した動きはそれまで AIPR 等が行ってきた先住民族としての活動とも共鳴する。例えば、琉球民族独立総合研究学会はその設立趣意書において、「琉球民族」を 1609 年の薩摩侵攻以前から現在に至るまで独自の集団として「国際法で保障された『人民の自己決定権』を行使できる法的主体」であるという認識を示す。沖縄国際人権法研究会は琉球／沖縄にルーツを持つ人・持たない人を含め研究者やジャーナリスト、市民等多様な人々で構成される団体だが、国際人権に基づき琉球／沖縄の文脈の人権保障を求める提言や活動を行っている。また、先住民族という観点からではないが、2019 年 2 月には辺野古基地移設を問う県民投票も行われ、70% 以上が反対票を投じたことは特筆に値する。

　さらに、琉球／沖縄の政治家も自己決定権の主張や国際人権メカニズムを用いた活動に関わりつつある。例えば、沖縄社会大衆党の糸数慶子参議院議員は 2014 年 8 月の CERD の日本政府報告書審査に参加することに加えて、同年 9 月にはニューヨークで開催された国連の特別総会である先住民族世界会議に参加し、先住民族として琉球／沖縄の人々の人権保障を求める声明を読み上げた。また、翁長雄志沖縄県知事も 2015 年 9 月に国連人権理事会に参加し「沖縄の人々の自己決定権（Okinawans'right to self-determination）」の保障を求める声明を読み上げた。彼の声明は先住民族という立場に立たないが、国連人権理事会という場、自己決定権の主張、また SGC や IMADR 等からのサポートもあっ

たこと等から先住民族という観点でのこれまでの取組とも関連づけて捉えられ
うる。この時ジュネーブの国連欧州本部で行われた翁長知事を中心とするシン
ポジウムには、先住民族の権利に関する国連の特別報告者であり、自身も先住
民族であるビクトリア・タウリ＝コープスも発題を行った。これらの動きも受
けて、先住民族という観点での活動への言及や自己決定権に関する記事が琉球
新報や沖縄タイムスといったメディアでも以前より増加してきている。

(2) 遺骨返還運動

　基地問題をめぐる自己決定権の主張に加え、近年ではまた先住民族という観
点から遺骨返還をめぐる動きも進められつつある。特に、人類学者等によって
琉球／沖縄の墓地から盗掘され、国立台湾大学や京都大学等に保管されてきた
遺骨の返還に向けて、WGIP に琉球／沖縄の代表として 1996 年に初めて参加
した松島等が学知の植民地主義批判という観点から議論や活動を展開してきて
いる。2019 年には松島や遺族の方々等を中心に、遺骨返還を求める活動を展開
するニライ・カナイぬ会も発足した。

　国立台湾大学については、2019 年 3 月に 63 体の琉球人遺骨が沖縄県教育委
員会に移管され、その所管下にある沖縄県立埋蔵文化財センターに保管されて
いる。しかし、沖縄県教育委員会は遺族による返還・再風葬の要求を認めず、
また 2020 年 7 月には同遺骨の計測調査も執り行われた。国立台湾大学につい
ても、沖縄県教育委員会、今帰仁村教育委員会と結んだ「沖縄人骨移管協議書」
（2018 年 11 月）の中で遺族らが求めていた返還・再風葬が拒否されるとともに
同大学の研究者による調査が認められているが、国立台湾大学は一方で、台湾
原住民族ブヌンの遺骨 64 体を花蓮県馬遠村に返還し再埋葬を認めている。こ
れらの遺骨をめぐって、沖縄県教育委員会や今帰仁村教育委員会は日本の大学
同様に盗掘された遺骨に関する遺族の意志、琉球／沖縄の人々の信仰や葬制等
を必ずしも尊重していない姿勢や対応を取っていると指摘される場合もある。
松島はまた、これら機関が法的根拠や権利を持たないまま違法な形で遺骨を占
有し、また遺族の意向を無視しながらその取扱を決めていると述べる。

　遺族の方々と松島らはさらに、京都大学に対して 1928 年から 29 年に沖縄島
今帰仁村の百按司墓から金関丈夫という人類学者により盗掘された遺骨の返還
や再風葬も現在まで要求している。同大学は 2017 年 9 月に総合博物館での 26
体の保管は認めたものの、返還等の要求には応じないため 2018 年 12 月に遺族

の方々と松島らが提訴するに至った。また、京大教授である清野謙次の指導の下、三宅宗悦による奄美群島の奄美人の遺骨の盗掘等の事実も明らかとなっている。松島は琉球人遺骨の盗骨やその京都大学等への保管を国際法上の問題とも捉え、これら遺骨返還の動きを先住民族の自己決定権の行使であり、脱植民地化の運動として位置付ける。ここでは、国際的な先住民族の遺骨返還の潮流と琉球／沖縄の人々による先住民族としての運動も背景に、先住民族の遺骨や副葬品の返還等の権利を定める国連宣言 12 条も 1 つの根拠として参照しながら、国内活動だけでなく国連人権諸機関への声明やレポートの提出も通じて国際的な問題提起も進められている。

⑶　先住民族性をめぐる論争

　以上のように先住民族という観点からの取組やその共鳴が近年見られてきた一方、琉球／沖縄の人々による否定的な言動も見られる。その背景には、日本国民・沖縄県民という立場を長年生きてきたこと、あるいは歴史的な支配と同化を通じた日本社会の価値観の内面化等により独自の民族集団としての自己認識を持ち難い状況等も指摘される（c.f. 渡名喜 2012: 112-116）。また、民族問題として提起することで様々な「溝」が生じて基地反対といった運動の停滞に繋がるといった懸念を挙げられる場合もある。

　先住民族という観点に反対する動きには、例えば翁長知事の国連人権理事会での声明に際して、自民党沖縄県連の具志孝助幹事長らは基地問題が国内の政治問題であり「先住民である県民への差別と訴え」ないことを要請した。また、その国連人権理事会にて「琉球新報、沖縄タイムスを正す県民・国民の会」代表の我那覇真子は声明の中で、先住民族という観点からの取組が独立を扇動し、その背景に中国の支持があると述べた。なかでも、反対論の最たる例は 2015 年 12 月に沖縄県豊見城市議会が採択した「国連各委員会の『沖縄県民は日本の先住民族』という認識を改め、勧告の撤回を求める意見書」である。ここでは「沖縄県民の殆ど」が「先住民族であるとの自己認識をもっておらず、県民の知らないところで…勧告が出されている」と指摘され、先住民族の権利主張が「逆に差別を呼び込む」とされた。石垣市議会（2016 年 6 月）や宜野湾市議会（2019 年 12 月）等も類似の意見書を採択してきたが、2016 年 2 月には「国連先住民族勧告の撤回を実現させる沖縄県民の会」も設立され、全国の自治体に対する陳情活動等も行われてきた。また、宜保安孝豊見城市議の国連人権理

事会への参加（2016 年 6 月）等の国際的な活動も展開されている。2021 年 11 月
には、8 名の沖縄県内の市町村議会議員により「沖縄の人々を先住民族とする
国連勧告の撤回を実現させる沖縄地方議員連盟」も発足した。日本政府もま
た、豊見城市議会の意見書等に言及しつつ琉球／沖縄の人々を先住民族と認め
ない理由づけを行っている。2016 年 4 月の衆議院内閣委員会では、沖縄県選出
の宮崎政久衆議院議員が沖縄県民は先住民族ではないと述べ、木原誠二外務副
大臣が各人権条約機関の勧告に対して「事実上の撤回あるいは修正」を働きか
けたいと発言している。

　しかし、AIPR 代表の宮里護佐丸はこうした反対論には沖縄県民が日本人で
あり県民の知らないところで関係ない NGO が勝手に主張しているといった軸
があると整理した上で、反対論者の根拠は AIPR の動きを考えると妥当ではな
いことを指摘する。上述のように、AIPR 等が進めてきた先住民族としての運
動の主体は沖縄県民ではなく「琉球民族」であり、その人々自身が権利主張を
行い、その活動に関する共有も行われてきた。琉球民族独立総合研究学会も豊
見城市議会の意見書への反対声明を 2016 年 3 月に採択し、国連人権条約機関
の勧告は「脱植民地化運動の結果」であり、また先住民族として権利を主張す
ることでむしろ「国際法によりその集団的権利が保障され、国際的な支援を得
る」ことができると主張する。また、2020 年 11 月に沖縄国際人権法研究会は、
宜野湾市議会により採択された意見書が「人権と国際人権保障システムの理解
を欠いて」いることを指摘しつつ、先住民族（Indigenous Peoples）という国際人
権上の概念が生物学的・医学的な同一性に基づく概念ではなく、「近代国家の設
立のなかで強制的に組み込まれて同化され、それまでの生き方や土地、権利を
奪われてきた人々であり、集団として権利の回復を求めて闘い、権利を構築し
てきた誇り高い人々」を指すと述べる。加えて、勧告撤回を目指す沖縄地方議
連に対して、2021 年 12 月に琉球／沖縄の女性により琉球先住民族まぶいぐみ
ぬ会が設立された。その声明では彼女たちが「琉球人」かつ「先住民族」であ
るという自己認識が述べられ、議員や議会によるアイデンティティ強要への懸
念や反対を示しつつ日本の植民地支配の問い直しや先住民族としての権利保障
を求めている。

　さらに、以上の賛成派・反対派の二元的な立場に関わらず、先住民族の観点
からの議論が増えたことで、その文脈における琉球／沖縄の地理的な範囲や定
義、総称等に関する言説の多様化も見られる。言い換えれば、琉球／沖縄の文

脈で先住民族とその権利といった際に人々の間で理解に「ずれ」があり、そこには一定の懸念も生じてきたことから、この点に関する話し合いを1つの目的として、琉球／沖縄からのWGIP参加25周年でもある2021年に琉球先住民族ネットワーク会議が立ち上がっている。同年5月以降、WGIPに初めて参加した松島やAIPR代表の宮里をはじめ、先住民族という観点や国連メカニズムを活用してきた、あるいは関心や関係性を持つ様々な個人や団体の参加者により個々の考えを共有しつつ「琉球先住民族」の意味や定義等に関する議論、そして協働した取組の検討等も進められてきている。

5. おわりに

　以上のように、琉球／沖縄をめぐる先住民族としての権利回復運動の展開は、その歴史と現状を植民地主義という観点から捉え直し、国際人権法上の問題として再定位することで問題発見的な意義を持ち、また保障される権利を明確にしてきた。日本政府は琉球／沖縄の人々を先住民族と認めていないが、国際的にはそのように認められ、先住民族という観点からの取組は近年の辺野古基地移設をめぐる自己決定権を求める運動とも共鳴すると同時に遺骨返還運動の基盤の1つを提供している。ただし、同化の歴史的な背景から独自の民族集団としての意識を持つ難しさ等も指摘され、先住民族という観点に対する反対意見だけでなく、様々な立場の個人や団体から一枚岩ではない反応、立場の相違、言説の多様化も生じてきた。この点、先住民族という観点あるいは琉球／沖縄の文脈のおける様々な立場や言説の意味や範囲に関する共通理解や相互理解の構築・検討を行い、権利を実現していくために対話を重ねていくことの重要性も認識され、その取組も進められてきている。この対話が意味するのは、その背景に不可欠な要素として存在する琉球／沖縄の人々が経験してきた日米の植民地主義をめぐる歴史との対話でもある。それはまた、琉球／沖縄の人々の間だけでなくそうした支配と抑圧を基盤に成り立ち、加害者性を持つ日本という国家や社会、その人々にも問いかける。この点、植民者側の社会や人々には琉球／沖縄を取り巻く植民地主義の歴史と現状に対する加害当事者性への認識も踏まえつつ、関与や取り組みも求められる。そうした対話や問いかけを1つの基盤にもしつつ、琉球／沖縄という文脈において先住民族の権利回復運動や権利保障が持ちうる可能性や課題に関する検討をさらに深めていけるのでは

ないだろうか。

> **考えてみよう**
> ・琉球／沖縄の米軍基地の集中や様々な人権侵害に対して、先住民族というアプローチにはどのような有用性あるいは課題があるだろうか。
> ・アイヌ民族と琉球／沖縄の人々の先住民族としての運動には、どのような共通点と相違点があるだろうか。

【参考文献】

阿部浩己「人権の国際的保障が変える沖縄」島袋純・阿部浩己編『沖縄が問う日本の安全保障』（岩波書店、2015 年）257-286 頁

石垣直「先住民族運動と琉球・沖縄──歴史的経緯と様々な取り組み」沖縄国際大学公開講座委員会編『世変わりの後で復帰 40 年を考える』（編集工房東洋企画、2013 年）273-309 頁

上村英明「声を上げた日本の先住民族──国際連合での運動がもたらした成果と課題」深山直子ほか共編『先住民からみる現代世界──わたしたちの〈あたりまえ〉に挑む』（昭和堂、2018 年）45-66 頁

上村英明・木村真希子・塩原良和編著、市民外交センター監修『市民の外交──先住民族と歩んだ 30 年』（法政大学出版局、2013 年）

河野康子「平和条約以後の沖縄と日米外交」『外交史料館報』29 号（2016 年）41-60 頁

古関彰一・豊下楢彦『沖縄 憲法なき戦後 講和条約三条と日本の安全保障』（みすず書房、2018 年）

仲地清「国際連合と沖縄の関係──『人権』『先住民族』『自己決定権』の視点から」『地域研究』16 号（2015 年）179-189 頁

永井文也「先住民族権利運動の意義と脱植民地化の課題──琉球・沖縄の人々による国連活動を事例に」『平和研究』49 号（2018 年）87-112 頁

松島泰勝『琉球 奪われた骨──遺骨に刻まれた植民地主義』（岩波書店、2018 年）

渡名喜守太「琉球先住民族論」古川純編『「市民社会」と共生──東アジアに生きる』（日本経済評論社、2012 年）101-119 頁

執筆者紹介

所属・肩書・専門分野　＊は編者

＊**小坂田裕子**（おさかだ・ゆうこ）　中央大学大学院法務研究科教授〔専門：国際人権法〕

桐山孝信（きりやま・たかのぶ）　大阪公立大学法学部教授〔専門：国際法〕

遠井朗子（とおい・あきこ）　酪農学園大学農食環境学群環境共生学類教授〔専門：国際環境法〕

岡田真弓（おかだ・まゆみ）　北海道大学アイヌ共生推進本部／国際広報メディア・観光学院准教授〔専門：パブリック考古学・文化遺産論〕

坂田雅夫（さかた・まさお）　滋賀大学経済学部教授〔専門：国際経済法〕

小林友彦（こばやし・ともひこ）　小樽商科大学商学部教授〔専門：国際法・国際経済法〕

友永雄吾（ともなが・ゆうご）　龍谷大学国際学部准教授〔専門：文化人類学・オーストラリア研究〕

宮地隆廣（みやち・たかひろ）　東京大学大学院総合文化研究科教授〔専門：比較政治学・ラテンアメリカ地域研究〕

小内透（おない・とおる）　札幌国際大学人文学部教授／北海道大学名誉教授〔専門：社会学・教育社会学〕

＊**守谷賢輔**（もりや・けんすけ）　福岡大学法学部准教授〔専門：憲法〕

石垣直（いしがき・なおき）　沖縄国際大学総合文化学部教授〔専門：文化人類学・地域研究（台湾・沖縄）〕

＊**深山直子**（ふかやま・なおこ）　東京都立大学人文社会学部准教授〔専門：社会人類学・オセアニア地域研究〕

落 合 研 一（おちあい・けんいち）　北海道大学アイヌ・先住民研究センター准教授
〔専門：憲法・先住民族法〕

＊丸 山 淳 子（まるやま・じゅんこ）　津田塾大学学芸学部教授〔専門：人類学・アフ
リカ地域研究〕

上 村 英 明（うえむら・ひであき）　恵泉女学園大学名誉教授／市民外交センター共
同代表〔専門：国際人権法・平和学〕

永 井 文 也（ながい・ふみや）　恵泉女学園大学人間社会学部助教〔専門：人類
学・国際人権法〕

〈編 者〉

小坂田裕子（おさかだ・ゆうこ）

　中央大学大学院法務研究科教授

深 山 直 子（ふかやま・なおこ）

　東京都立大学人文社会学部准教授

丸 山 淳 子（まるやま・じゅんこ）

　津田塾大学学芸学部教授

守 谷 賢 輔（もりや・けんすけ）

　福岡大学法学部准教授

考えてみよう　先住民族と法

2022（令和4）年12月25日　第1版第1刷発行

編 者	小 坂 田 裕 子 深 山 直 子 丸 山 淳 子 守 谷 賢 輔
発行者	今 井　　貴
発行所	株式会社 信山社
装丁デザイン	小 国 美 生
アイヌ文様提供	平 良 智 子
監修認証	一 般 社 団 法 人 阿寒アイヌコンサルン

〒113-0033 東京都文京区本郷 6-2-9-102
Tel 03-3818-1019　Fax 03-3818-0344
info@shinzansha.co.jp
出版契約 No. 2022-6811-9-01011 Printed in Japan